· 四川省重点图书资助项目 ·

十年重建：

『5·12』汶川特大地震遗址区旅游开发研究及震后旅游的社会经济效应分析

SHINIAN
CHONGJIAN

傅广海 著

西南财经大学出版社

图书在版编目(CIP)数据

十年重建:"5·12"汶川特大地震遗址区旅游开发研究及震后旅游的
社会经济效应分析/傅广海著.—成都:西南财经大学出版社,2017.12
　ISBN 978－7－5504－3303－8

　Ⅰ.①十… Ⅱ.①傅… Ⅲ.①地震灾害—灾区—旅游—经济—经济
分析—研究—汶川县 Ⅳ.①F592.771.4

　中国版本图书馆 CIP 数据核字(2017)第 298304 号

十年重建:"5·12"汶川特大地震遗址区旅游开发研究及震后旅游的社会经济效应分析

SHINIAN CHONGJIAN "5·12" WENCHUAN TEDADIZHEN YIZHIQU LUYOU KAIFA YANJIU JI ZHENHOU LUYOU DE SHEHUI JINGJIXIAOYING FENXI

傅广海　著

策划编辑:孙婧
责任编辑:孙婧
责任校对:张特丽　金欣蕾
封面设计:墨创文化
责任印制:朱曼丽

出版发行	西南财经大学出版社(四川省成都市光华村街55号)
网　址	http://www.bookcj.com
电子邮件	bookcj@foxmail.com
邮政编码	610074
电　话	028－87353785　87352368
照　排	四川胜翔数码印务设计有限公司
印　刷	郫县犀浦印刷厂
成品尺寸	185mm×260mm
印　张	17
字　数	430 千字
版　次	2018 年 1 月第 1 版
印　次	2018 年 1 月第 1 次印刷
书　号	ISBN 978－7－5504－3303－8
定　价	88.00 元

序

2008 年 5 月 12 日，四川省汶川县发生了里氏 8.0 级特大地震，所造成的地震灾区地貌景观改变、地面构筑物毁坏、人民群众生命财产损失之巨仅次于 1976 年的河北唐山大地震。那地动山摇的危急时刻、那争分夺秒的生死营救和那恢复重建的中国力量，至今仍深深地烙印在四川乃至全国人民的记忆中。地震留下的灾害遗址被规划建设成特别旅游区和地震遗址公园，供世人游览，不仅起到了科学普及、警示教育和缅怀作用，而且产生了积极的社会经济效应。

在"5·12"汶川特大地震十周年来临之际，由傅广海教授为主的研究团队撰写的《十年重建："5·12"汶川特大地震遗址区旅游开发研究及震后旅游的社会经济效应分析》系统地展示了 2008 年 5 月 12 日四川汶川里氏 8.0 级特大地震重灾区——龙门山构造活动断裂带区域的地震遗迹旅游资源的调研结果，书中许多调查照片为首次披露。作者在 2008 年提出的地震旅游产品开发的原则、思路，地震旅游产品与其他旅游产品整合的战略构想，多数已经在灾后地震旅游产品的开发实践中得到体现。本书关于龙门山地震旅游产品的开发以科学发展观和系统理论为指导，遵循大尺度旅游活动规律和区位理论，综合考虑各种因素，构建了由核心产品、典型产品和特色产品构成的地震旅游产品体系。我相信，这对于现在及今后的人们了解当时的事实、灾后重建的过程与效果都能够发挥有益的引导作用。

《十年重建："5·12"汶川特大地震遗址区旅游开发研究及震后旅游的社会经济效应分析》既有对地震遗址旅游产品开发的规划构想，又有对灾后地震遗址旅游所产生的社会经济效应的系统分析。在持续地追踪调研震后遗址旅游发展现状的基础上，本书分析了研究对象区域地震遗址旅游产生的社会经济效应，进而分析了目前四川省遗址旅游发展中存在的问题并给出了有针对性的建议。

在"5·12"汶川特大地震十周年纪念日到来之际，总结灾后重建成果，分析龙门山构造活动断裂带地震遗址区旅游开发的社会经济效应，具有重要的历史意义，同时也填补了这方面研究的空白。

是为序。

刘兴诗

2017 年 8 月 5 日

前言

　　2008 年 5 月 12 日 14 时 28 分，发生在四川省龙门山构造活动断裂带（见图 1），震中在汶川县映秀镇，波及带长度近 300 千米、宽度达 45 千米的汶川地震是中华人民共和国成立以来破坏性最强、波及范围最广、灾害损失最大的一次地震灾害。震级达到里氏 8.0 级，最大烈度达到 11 度，并带来滑坡、崩塌、泥石流、堰塞湖等大量次生灾害。这次地震中，数万同胞不幸遇难，数百万家庭失去世代生活的家园，几代人辛勤劳动积累的财富毁于一旦，四川旅游业遭受重创。截至 2008 年 6 月 10 日，四川省旅游业直接损失达 4 659 214.93 万元，其中成都市、德阳市、绵阳市、阿坝藏族羌族自治州和广元市灾情最为严重，损失最大，占全省损失的 99%。

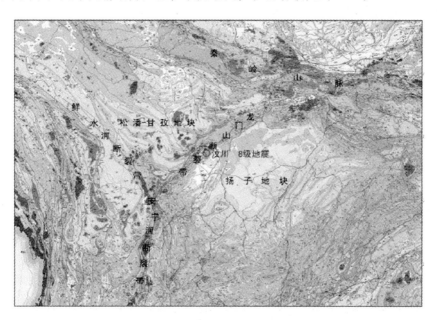

图 1　龙门山构造活动断裂带在我国大地构造中的位置示意图①

---

①　图片来源：凤凰新闻。

毋庸置疑，"5·12"龙门山构造活动断裂带特大地震这场世纪大灾难使四川省的旅游业受到了重创，但是，我们也应清醒地认识到，灾难让更多人认识和了解了成都市和四川省，也给我们留下了世界级的灾害旅游资源。地震过后，被损毁的建筑物、路面、桥梁、工厂、山体等均可成为宝贵的旅游资源，而且其开发利用效用是其他旅游资源无法代替的。经过此次大地震，人们的生态保护意识空前觉醒，这对发展四川省的生态旅游也是一个良好的契机。因此，要充分利用地震资源，转害为益，使四川省旅游业重新获得发展。

受四川省旅游协会委托，成都理工大学的刘兴诗教授、傅广海教授等人组成的项目组，深入都江堰二王庙和青城后山，彭州银厂沟和小鱼洞，绵阳的北川县城，什邡的红白镇、莹华镇和穿心店，绵竹的汉旺镇等地进行实地调研，在当地旅游行政管理部门的支持和配合下，取得了大量第一手资料。

"5·12"汶川大地震使四川拥有"全国最佳旅游城市"称号的成都市备受世人关注。成都市中心城区因其距震中映秀仅75千米而安然无恙，无任何房屋倒塌和人员死亡而为世人称奇。而同属成都市辖区的位于龙门山构造活动断裂带上的彭州市、都江堰市、崇州市、大邑县和邛崃市，尤其是彭州市和都江堰市却遭受了重创，二王庙被震毁，银厂沟的大小龙潭不复存在。但此次地震产生的大量震记和震迹等地震旅游资源已成为继九寨沟—黄龙、三星堆和大熊猫之后四川拥有的又一个吸引世界人民目光的特色旅游资源。对其进行全面开发，既能以此带动成都市乃至四川省其他旅游资源市场的蓬勃发展，又能为世界防震减灾做出巨大贡献。

位于龙门山成都段的彭州市、崇州市、都江堰市、大邑县和邛崃市五县（市）地处四川盆地的西部，生态环境条件优越，自然山水风光秀丽，四季景色宜人，历史文化遗迹众多，名胜古迹绚丽多彩，旅游资源得天独厚。但由于其正好处在龙门山构造活动断裂带上及其附近，其自然景观和人文景观在"5·12"汶川大地震中均受到不同程度的毁坏。随着灾后旅游景区的恢复和重建，其震迹和震记将成为极具市场吸引力的旅游资源。国内外的历史事实表明，人类已不自觉地将某些曾经发生过巨大灾难的地区发展为现今闻名于世的旅游胜地。我国的唐山市已成为一座国际地震旅游城市（许林，孙祖桐，2000）。与唐山市相比，成都这座国际化大都市经过"5·12"汶川大地震后更有理由成为21世纪的国际旅游城市。龙门山成都段处于距成都市核心区1小时车程的环城旅游带内，从都市核心区到达山前地带已开发旅游区的交通十分便捷。这一地带可进入性强，交通区位和经济区位优越，为地震旅游资源的开发和国内外地震旅游市场的拓展奠定了极为有利的社会经济环境基础。

此次龙门山构造活动断裂带地震破坏极其严重的极重灾区在四川省境内有 10 个县（市），包括毗邻成都市隶属阿坝藏族羌族自治州的汶川县和隶属德阳市的什邡市、绵竹市，离成都稍远隶属阿坝藏族羌族自治州的茂县，隶属绵阳市的北川县、安县（今绵阳安州区）、平武县以及隶属广元市的青川县等。在开发龙门山构造活动断裂带地震旅游产品时，我们应突出其旅游功能，考虑旅游产品的组合特性、市场效应和交通的便捷性，强调灾害旅游资源的典型性和差异性，避免同质化。我们认为，开发龙门山构造活动断裂带沿线地震旅游产品在震后四川省旅游业恢复中可以起到纲举目张的作用。

对于龙门山地震旅游产品的开发，本书以科学发展观和系统理论为指导，遵循大尺度旅游活动规律和区位理论，综合考虑各种因素，构建了科学合理的地震旅游产品体系。

本书的写作目的如下：

（1）在"5·12"汶川里氏 8.0 级特大地震十周年来临之际，系统展示龙门山构造活动断裂带上的地震重灾区开发地震遗址旅游的巨大成就，以此悼念逝去的人们，缅怀抗震救灾英雄，铭记全国人民对地震灾区恢复重建的巨大贡献；

（2）系统地分析地震遗址旅游现状和社会经济效应；

（3）为地震遗址旅游的未来发展提供思路。

本书的总体框架由傅广海提出并拟定。本书上篇"'5·12'汶川特大地震遗址区旅游开发研究"由傅广海撰写初稿，杨晓宇辅助完成；本书下篇"'5·12'汶川特大地震遗址区震后旅游的社会经济效应分析"由王琴华撰写初稿，杨晓宇辅助完成。全书由傅广海统一修改完善并定稿。

傅广海

2018 年 1 月

内容提要

"5·12"汶川特大地震的发生给居住在龙门山构造活动断裂带上的居民带来了深重的灾难,也对该区域旅游业的发展带来了巨大的冲击。但是,地震灾害的发生在改变部分原有地貌景观的同时也创造了诸多震迹和震记旅游资源。在灾后恢复发展的10年时间里,这些震迹和震记旅游资源被开发为极具市场吸引力的地震旅游产品,也成为龙门山构造活动断裂带上地震遗址区旅游的新亮点。

本书以科学发展观和系统理论为指导,遵循大尺度旅游活动规律和区位理论,综合考虑各种因素,构建科学合理的龙门山构造活动断裂带地震旅游产品体系,对"5·12"汶川特大地震地震旅游产品开发的原则、思路、策略等提出了系统的构想,并系统地分析了龙门山构造活动断裂带灾后地震遗址旅游所产生的社会经济效应。

本书对于现在及以后的人们了解当时的事实、龙门山构造活动断裂带灾后重建的过程和旅游业发展的效果都能够发挥有益的引导作用。

目录

上篇

"5·12"汶川特大地震
遗址区旅游开发研究

1　龙门山构造活动断裂带及"5·12"汶川地震的发生

1.1　龙门山构造活动断裂带简介

　　龙门山构造活动断裂带是中国最活跃的地震带——南北地震带的诸多次级地震带中的一条，沿着北东—南西方向延伸。它北起青川，经北川、茂县、汶川、都江堰一直延伸到宝兴、天全、泸定附近，与我国另外两条地震活动频发的鲜水河构造活动断裂带和安宁河构造活动断裂带呈"Y"字形交汇。龙门山构造活动断裂带长约400千米、宽约70千米，其形成经历了漫长的地质演化阶段。龙门山的最近一次构造运动是受新生代喜马拉雅运动影响。在其影响下，青藏高原隆升，在从北西向南东方向的强大推力作用下形成了现代具有独特地貌景观的龙门山逆冲推覆构造体。若干条近乎平行的大断裂将本区划分为四个构造带：松潘—甘孜褶皱带、龙门山冲断带、龙门山前陆盆地（或成都盆地）和龙泉山褶隆带（或前陆隆起）（见图1-1）。三条主干断裂（江油—灌县①断裂、北川—映秀断裂、茂县—汶川断裂）又将龙门山冲断带划分为前陆磨拉石建造带、前缘冲断带、中央冲断带和后缘韧性变形带（见图1-2）。地质学家长期的调查研究表明，青藏高原的隆升运动一直在持续，由此引发龙门山构造活动异常活跃。据文献记载，近300年来，龙门山构造活动断裂带上的地震活动频繁且强度较大，里氏6级以上的地震发生过十几次。每年龙门山都在向成都盆地进行逆冲运动，其幅度为1~3毫米。上述构造决定了龙门山的走向和奇特秀美的地貌景观，也正是上述龙门山的逆冲构造运动引发了"5·12"汶川特大地震。

---

　　①　即现在的都江堰市。

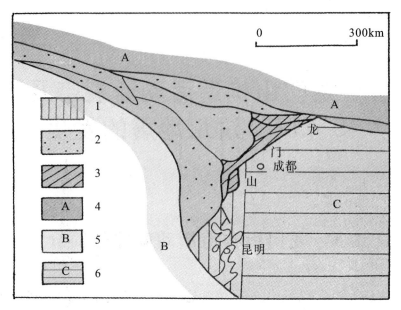

1. 川滇南北构造带；2. 巴颜喀拉—甘孜褶皱带；3. 龙门山构造活动断裂带；
4. 华北板块；5. 青藏板块；6. 扬子板块

图 1-1　龙门山大地构造位置略图（林茂炳等，1996）①

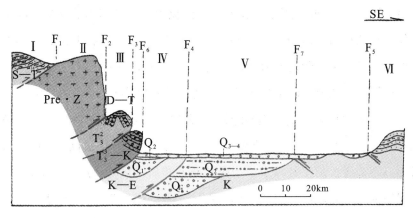

Ⅰ. 松潘—甘孜褶皱带；Ⅱ. 龙门山冲断带 A 带；Ⅲ. 龙门山冲断带 B 带；Ⅳ. 龙门山冲断带 C 带；
Ⅴ. 龙门山前陆盆地；Ⅵ. 龙泉山褶隆带；F_1. 青川—茂汶断裂带；F_2. 北川—映秀断裂；
F_3. 江油—灌县断裂；F_4. 广元—大邑断裂；F_5. 龙泉山断裂；F_6. 关口隐伏断裂；
F_7. 新津—成都隐伏断裂

图 1-2　龙门山冲断带—龙门山前陆盆地—龙泉山前陆隆起地质剖面示意图（林茂炳等，1996）②

---

① 图片来源：成都市旅游局。
② 图片来源：成都市旅游局。

1.2 龙门山脉简介

龙门山脉位于四川盆地西北边缘（见图 1-3）。2 亿年前，印度洋板块向欧亚板块俯冲导致青藏高原隆升，由此引发频繁的构造运动而形成如今四川省龙门山脉山峦起伏、重峦叠嶂、纵横交错的壮丽景象。龙门山脉呈北东—南西走向，最北端抵广元市青川县，与摩天岭相接；最南端抵成都市境内的都江堰市，止于岷江边。龙门山脉绵延 200 多千米，覆盖都江堰市、汶川县、彭州市、什邡市、绵竹市、茂县、安县（今绵阳市安州区）、北川县、平武县、青川县 5 市（州）10 县（市）。龙门山脉是成都平原与川西高原的过渡地带，海拔由盆地边缘的 1 000 余米向西逐渐攀升到 3 000 余米，崇山峻岭，气象万千；主峰九顶山海拔 4 984 米，位于龙门山脉中段绵竹市和茂县的交界处。同时，因为龙门山自四川盆地边缘拔地而起，绵延数百千米，宛若一道天然屏障，所以龙门山也成为动植物，特别是一些珍稀的动植物资源如大熊猫、珙桐等生存的重要场所。正是因为龙门山脉这一天然屏障的保护作用，这些珍稀动植物才得以生存至今，因此龙门山脉是名副其实的动植物基因宝库。

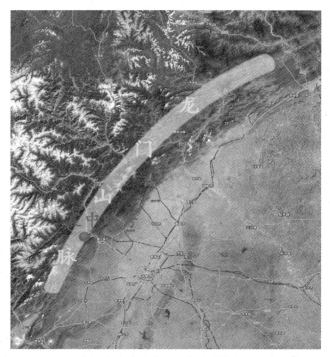

图 1-3 龙门山脉地形地貌及汶川地震中心示意图①

---

① 图片来源：百度地图，由杨晓宇编辑处理。

1.3 "5·12"汶川特大地震的发生

1.3.1 "5·12"汶川特大地震的发生时间、波及范围

2008年5月12日14时28分，龙门山构造活动断裂带发生里氏8.0级强烈地震，震中在北纬31.0度，东经103.4度的四川省阿坝藏族羌族自治州汶川县映秀镇。

汶川特大地震为逆冲、右旋、挤压型断层地震，同时，也是浅源地震，震源深度为10千米~20千米，因此破坏性巨大。包括震中50千米范围内的县城和200千米范围内的大中城市，例如，处在龙门山构造活动断裂带上的青川、平武、北川、安县、绵竹、什邡、彭州、都江堰等许多地方，受地震影响巨大，全国大半地区都有明显的震感，甚至泰国、越南、菲律宾、日本等地均有震感。之后在地震灾区还发生了数千次余震，最大余震震级为里氏6.4级，同2008年5月12日那场里氏8.0级特大地震一样，引发了大面积山体滑坡和泥石流等严重地质灾害。

1.3.2 "5·12"汶川特大地震的发展过程

汶川特大地震是板块活动的结果。进入新生代以来，南方的印度板块一直向北方推移，从而造成深远的影响。

影响之一即是经过强烈挤压，古地中海东延部分逐渐消失。在第三纪全球性的地壳运动活跃期间，印度板块以俯冲的形式，揳入青藏板块下面继续挤压，褶皱隆起生成了喜马拉雅山脉，阻碍南方海洋气团进入，致使中国西部广大地区逐渐形成了干燥的气候。

影响之二即是迫使青藏板块向东挤压扬子板块，致使处于两大板块之间的龙门山构造活动断裂带产生强烈地震。"5·12"汶川里氏8.0级地震即板块活动的具体表现。

走向为北东—南西的龙门山构造活动断裂带，包括三条平行的深大断裂。它们分别是龙门山与成都平原直接连接处的山前断裂，又名彭灌断裂；中央断裂，又名北川—映秀断裂；后山断裂，又名岷江断裂。三者平行排列，通过一些横向断层相互连接，共同组成了巨大而复杂的龙门山构造活动断裂带体系。

引发此次地震的焦点，实际上是处在中央断裂带上，以汶川境内的映秀镇牛圈沟为中心。地震波一面顺着横向断层，传播到该横向断层的两个端点，也正是其与龙门山构造活动断裂带另外两条巨大断层——岷江断裂带和彭灌断裂带的交点，所以两地也发生了强烈地震。另一面顺着三条主要的平行断裂带，继续向其延展方向传播，几

乎震动了整个龙门山。其中最主要的是中央断裂带，从南西方向的映秀镇开始，经过都江堰、汶川县城、彭州的龙门山镇、茂县、什邡蓥华镇、绵竹汉旺镇、安县晓坝镇、北川县城和陈家坝镇、平武、青川，直到川陕甘边境，无不受影响。

1.3.3 "5·12"汶川特大地震造成的人员伤亡和国民经济损失

国务院新闻办公室根据国务院抗震救灾总指挥部授权发布：据民政部报告，截至2008年8月11日12时，四川汶川地震已确认69 225人遇难，374 640人受伤，17 939人失踪。

国民经济损失严重。四川、甘肃和陕西三省10个极重灾区和41个较重灾区城乡居民住房大量损毁，北川县城、汶川县映秀镇、彭州市龙门山镇、什邡市红白镇、绵竹市汉旺镇等部分城镇和大量村庄几乎被夷为平地。基础设施严重损毁，交通、电力、通信、供水、供气等系统大面积瘫痪。学校、医院等公共服务设施严重损毁，大量自然文化遗产遭到严重破坏。产业发展受到严重影响，耕地大面积损毁，主要产业、众多企业遭受重创。生态环境遭到严重破坏，山体滑坡垮塌，森林大片被埋被毁，野生动物栖息地或丧失或破碎，野生动植物伤亡严重，生态功能退化。汶川地震共造成直接经济损失8 437.7亿元，其中损毁公路34 125千米，受损水库1 263座，受损35千伏以上变电站250座，受损输电线路61 524千米，受损学校7 444所，受损医疗卫生机构11 028个，农村居民住房倒塌10 709.6万平方米，农村居民住房严重受损9 432.2万平方米，城镇居民住房倒塌或损毁1 887.9万平方米，城镇居民住房严重受损5 836.2万平方米。[①]

---

① 转引自《国家汶川地震灾后恢复重建总体规划（公开征求意见稿）》。

2 四川省震前旅游业发展及震后旅游业受灾概况

2.1 四川省震前旅游业发展概况

天府之国，秀美四川。这里有童话般的九寨沟圣境，这里有震旦第一纪的峨眉圣山，这里有青城天下幽的道家道场，这里有蜀山之王的贡嘎神山。弯弯曲曲的黄河水流经川西高原，形成了草原上壮美的九曲黄河第一弯；滚滚岷江水经都江堰汇入成都平原，滋养了千百年来的天府平原；令人称奇的三星堆和金沙遗址，以其神秘的面纱向世人昭示着古蜀国的文明和繁荣；世代繁衍于此的大熊猫，以其憨态可掬的面容吸引着海内外游客……汶川地震之前，这里的一切都看似那么平静、祥和，以其与生俱来的美丽山水、珍稀动植物和地方民俗风情迎接着四海来宾。截至 2007 年，四川省全省共有国家 A 级旅游景区 122 个，世界遗产 5 处，世界地质公园 1 处，国家重点风景名胜区 14 处，国家级自然保护区 22 处，国家森林公园 30 处，国家级地质公园 12 处，全国重点文物保护单位 128 处，中国历史文化名城 7 座，旅游景区 4 000 多个，星级饭店 506 家，旅行社 682 家，农家乐超过 1.8 万家。国内旅游人数为 18 569.69 万人次，入境旅游人数为 170.87 万人次，旅游总收入达 1 217.31 亿元。四川省是全国第 9 个旅游总收入突破千亿元的省市，旅游业发展井然有序（见图 2-1）。

2.2 "5·12"汶川地震对四川省旅游业的影响[②]

2.2.1 灾区旅游业生产能力受到毁灭性重创

四川省 21 个市州旅游局上报的统计数据显示，汶川地震造成四川省旅游业直接

---

① 数据来源于《四川省统计年鉴》（1997—2007）。

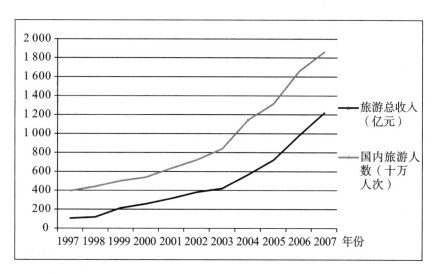

图 2-1 汶川地震前四川省旅游发展趋势①

损失达 465.92 亿元（见表 2-1），各重灾区经过数十年累计投资所形成的旅游基础设施和服务配套设施损失严重。

（1）旅游景区受灾严重，损失达 338.53 亿元。其中 361 家景区不同程度受损，占全省旅游业直接损失的 72.66%，主要包括：旅游公路等损坏 5 315 千米，景观损坏 1 979 处，供水损坏 1 605.58 千米，供电设施损坏 2 896.13 千米，通信设施损坏 2 163.9 千米，索道损坏 15 个，旅游厕所损坏 1 925 个，标识标牌损坏 14 528 个，房屋损坏 368 770 间。仅成都、德阳、绵阳、广元、阿坝、雅安 6 个重灾区就有 347 家景区受损，占全省受损景区的 96.12%，损失达 336.68 亿元，占全省损失额的 99.4%。

（2）旅游接待企业受损严重，损失达 96.85 亿元。地震造成全省宾馆、饭店设施共损失 96.87 亿元，占全省旅游业直接损失的 20.79%。其中成都、德阳、绵阳、广元、阿坝、雅安 6 个重灾区宾馆、饭店损失达 96.4 亿元，占全省受损宾馆、饭店损失的 99.5%。全省 682 家旅行社，有 200 家在地震中受灾，造成直接损失 4 181.06 万元，仅成都、德阳、绵阳、广元、阿坝、雅安 6 个重灾区的直接损失就达 4 149.18 万元，占旅行社受损额的 99.23%。地震也使四川创造的特色旅游服务——"农家乐"遭受重创，尤其是龙门山东坡山前地带的乡村旅游几乎全部受损，例如，成都彭州市龙门山镇 882 家农家乐受损严重，其中 70% 的房屋直接倒塌。银厂沟九峰村，从 1985 年开始从事旅游服务，600 余户村民中有 480 余户经营着农家乐，年收入为 1 500 多万元，全村户均资产 50 万元以上，高的有两三百万元甚至上千万元，人均收入为彭

---

① 邵琪伟. 中国旅游业应对重大自然灾害机制研究［M］. 北京：中国旅游出版社，2012.

州市乡镇第一。但因其处于龙门山区域，在汶川地震中，该区域农家乐几乎全部被毁，损失极其惨重。作为国家级农业旅游示范点的德阳绵竹市沿山乡村旅游带，也有800余家农家乐遭到了毁灭性破坏。

（3）旅游城镇损毁严重，损失达 28.92 亿元。绵竹市、什邡市、茂县、平武县、江油市、青川县以及九环线沿线的 100 多个城镇普遍受损严重，城镇内的旅游基础设施和服务设施遭受严重毁坏。其中，旅游咨询中心受损 283 个，旅游商品购物点受损 8 259 处，自驾车服务设施受损 2 085 个，其他设施设备受损 3 213 个。

（4）旅游行业系统受灾严重，损失达 1.18 亿元。地震造成许多旅游行政机关和事业单位的办公用房及设施设备严重损毁。其中，成都、德阳、绵阳、广元、阿坝、雅安 6 个重灾区旅游局办公用房、车辆及其他设施设备损失达 1.14 亿元，占县（市）旅游局受损额的 96.43%。北川、汶川、茂县、青川等旅游局办公楼全部倒塌，绵阳市、德阳市、什邡市、绵竹市、都江堰市、广元市朝天区等旅游局的办公楼均成危房，共损毁房屋 4 164 间，损毁旅游车辆 57 辆，损毁其他设施设备 1 263 个。

（5）旅游通道设施损失严重。不仅许多景区内旅游通道遭受重创，乡村道路以及城镇之间的道路体系也受到严重破坏，尤其是九环线几乎全部中断，外界车辆无法进入九寨沟、黄龙景区。

表 2-1　　　　　　　　四川地震灾害旅游业直接损失统计表①　　　　　单位：万元

地区	景区	宾馆、饭店	县区市旅游局	旅游城镇接待设施	旅行社	总计损失
成都	1 228 880.67	209 462.04	100	302.78	12	1 438 757.49
德阳	444 286	124 922	768	28 013	289	598 278
绵阳	463 694.14	119 339.92	2 380	18 357.89	375.74	604 147.69
阿坝	946 079.74	490 285.68	6 515.5	224 301.08	3 346	1 670 528
广元	269 651	14 455.25	1 585.56	15 510.53	31.44	301 233.78
雅安	14 116	5 889.6	—	399.4	95	20 500
自贡	96	32	—	36.37	—	164.37
遂宁	357	136	—	20.87	3.88	517.75
内江	1 768.4	246.5	10	—	—	2 024.9
乐山	3 706.9	588.4	22.9	629.12	—	4 947.32
南充	4 227.93	85	183	215	18	4 728.93
宜宾	354.54	58.1	124.45	—	—	537.09
广安	451	80	—	8.08	—	539.08

① 资料来源：四川省旅游局（截至 2008 年 6 月 10 日）。

表2-1（续）

地区	景区	宾馆、饭店	县区市旅游局	旅游城镇接待设施	旅行社	总计损失
达州	511.59	211.4	36	—	—	758.99
巴中	2 850.1	362.4	0.45	10	—	3 222.95
眉山	3 020	2 120	4	886.58	10	6 040.58
资阳	977	455.87		0.01		1 432.88
甘孜	314.85	8	—	73		395.85
凉山	—	—	39.28	420		459.28
合计	3 385 342.86	968 738.16	11 769.14	289 183.71	4 181.06	4 659 214.93

2.2.2　四川全省旅游业生产能力大幅下降

2008 年的"5·12"汶川地震给四川省旅游业造成了重大损失。在全省上报统计的 497 个旅游景区中，完全损坏的有 56 个，占总数的 11%；中度损坏的有 232 个，占总数的 47%；轻度损坏的有 73 个，占总数的 15%；未受影响的占 27%。在全省上报统计的 1 384 家宾馆、饭店、旅馆等旅游接待设施中，完全损坏的有 28 家，占 2%；中度损坏的有 952 家，占 69%；轻度损坏的有 404 家，占 29%。在全省报统计的 51 个县市旅游局设施中，受到完全损坏的有 8 个，中度损坏的有 26 个，轻度损坏的有 17 个。全省上报统计的 200 家旅行社受损情况中，完全受损的有 6 家，中度受损的有 98 家，轻度受损的有 96 家。在全省上报统计的 2 311 处旅游城镇受损接待设施中，完全损坏的有 2 238 处，中度损坏的有 15 处，轻度损坏的有 58 处。

四川省旅游市场消费需求大幅下降，旅游生产停滞。全省旅行社遭遇大规模退团，绝大多数旅行社关门歇业；旅游景区处于歇业关停状态；灾后酒店平均入住率不到 20%，特别是重灾区酒店基本关门，各酒店旅游从业人员全部或部分失业。四川旅游目的地安全形象遭受重创，后期的形象重塑及游客消费信心的恢复重建成为一项艰巨的任务。

2.3　震后四川省旅游业整体状况

汶川特大地震灾害前所未有，对四川省旅游业造成的破坏和损失也是前所未有的。不过，令人欣慰的是，四川省旅游产业的基本面没有受到破坏。从区域上看，地震灾害的直接破坏是局部性的。四川省地域广阔，面积为 48.6 万平方千米，共 21 个市州、181 个县。这次特大地震虽然波及面广，但所造成的巨大直接破坏主要集中在龙门山脉沿线6个市（州）的21个重灾区县，2007年这21个县旅游总收入只约占全省的11%。相对于全省大范围而言，地震灾害的直接破坏范围局限在较小的区域内，并且多数属于农村地区。省内大部分景区和旅游线路产品基本完好（见图2-2）。

汶川地震带上的彭州银厂沟、什邡西部惊奇欢乐谷、绵竹沿山乡村旅游带、安县千佛山、北川猿王洞和小寨子沟等景区遭到毁灭性破坏；景区内的供水、供电、通信、房屋、索道、藏品、景观建筑、景区厕所等毁坏严重。世界自然遗产中，都江堰和大熊猫栖息地的核心景区局部受损；九寨沟、黄龙、峨眉山、乐山大佛等世界级的旅游资源和产品基本未受损。龙门山山岳文化体系（沿着龙门山麓从广元到泸定，顺着岷江河流走向从川西高原到平原，垂直于山体从山麓到山顶）并没有因"5·12"特大地震而震断，文化的载体依然完整。北川大禹故里、盐亭嫘祖故里、金沙遗址、三星堆遗址等国家级文物几乎没有受到破坏，山脉的景观标志（如太子城等峰顶）依然挺立。尽管都江堰二王庙受损严重，但是都江堰工程完好无损。① 总的来看，四川省的自然景观没有遭到根本性的破坏。

图2-2 "5·12"汶川特大地震四川景区受灾分布图②

① 范晓，艾南山.成都平原与龙门山：环境、可持续发展与灾后重建［M］.北京：中国林业出版社，2009.

② 图片来源：四川省旅游局。

3 "5·12" 汶川地震前后
龙门山各段旅游业概况

3.1 龙门山阿坝段的汶川县和茂县

3.1.1 区位条件

"5·12" 汶川地震龙门山脉阿坝段汶川县和茂县位于成都平原西部，囊括龙门山脉南端和中部区域，南北长约170千米、东西宽约110千米，以高山地形为主（见图3-1）。它东临成都市、德阳市和绵阳市，其他三个方向与阿坝藏族羌族自治州范围内的其他各县接壤，是进入阿坝藏族羌族自治州的东南门户区域，也是进入九寨—黄龙、若尔盖湿地草原等著名旅游区域的重要节点。两县区域内交通主要以公路运输为主，"5·12" 地震之前，其辖区内有213国道、317国道、303省道和302省道4条主要交通干线与外界相连，还有2003年动工并且于2012年通车的都汶高速，东可进入成都平原，西可深入川西高

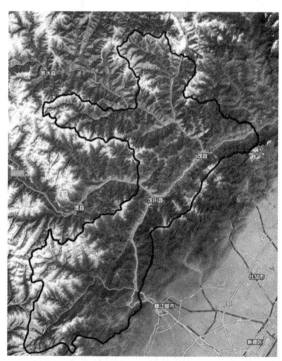

图3-1 龙门山阿坝段茂县、汶川县两县地形图①

原，北可直达黄龙、九寨，在阿坝藏族羌族自治州内交通区位优势明显。

---

① 图片来源：百度地图，由杨晓宇编辑处理。

3.1.2　震前旅游业发展概况

1. 旅游资源

汶川县和茂县两县区域以中高山地形为主,山地旅游资源丰富,高山峡谷,绿树成林,高低起伏,绵延不绝。这一段区域有奔流的大江(岷江),有涓涓而流的山泉,有波光粼粼的高山湖泊,有银装素裹的巍峨冰川。这里植被茂密,珍奇动植物种类繁多,是大熊猫的故乡——卧龙自然保护区的所在地,有金丝猴、小熊猫、雪豹、岷江柏、红豆杉、合欢树等珍稀动植物资源。"5·12"地震之前,这里有著名的三江风景名胜区、卧龙自然保护区、九顶山风景名胜区、土地岭森林公园、宝顶沟自然保护区、松坪沟、叠溪地震遗址、萝卜寨、桃坪羌寨、黑虎羌寨等著名景点。

2. 旅游业开发状况

汶川县和茂县旅游资源丰富,旅游业发展平稳,截至2007年,两县区域旅游人数共计190.92万人次,旅游收入共计5.81亿元,比2006年分别增长了17.5%和28.82%。由于该区域自然风光绮丽秀美、民风淳朴、珍奇动植物繁多,其开发的旅游产品以山水自然景观为主,兼顾人文景观,包括自然观光、休闲度假、体育探险、乡村休闲度假、山地科考等多种旅游产品类型。其中,地震之前的汶川县已经形成了三江生态旅游风景区和卧龙景区两大景区,景区内景点多,旅游项目丰富,景区周边区域的农户也以景区为依托,积极发展乡村旅游。以三江生态风景区为例,地震之前,三江生态风景区内就积极开发了瓦寺土司行宫、藏家风情园、明月湖、生态步行道等旅游景点和森林小火车、骑马、篝火晚会、野战、穿越、野营等旅游项目。处在其景区入口区域的草坪村,当地村民依托靠近景区的优势积极发展乡村旅游,截至2007年年底,草坪村已开设农家乐20余家,当地乡村旅游开始逐步走向正轨。

3. 旅游业在当地国民经济中的地位和作用

据汶川县和茂县统计局统计,截至2007年年底,汶川县和茂县分别实现国民生产总值45.08亿元和10.13亿元,其中两县旅游业分别占地区生产总值的5.18%和33.56%,作为绿色发展方式的旅游业在该区域国民生产总值中已占有重要一席。而在带动地方就业、增加地方居民收入、促进地方社会经济发展方面,旅游业也具有极强的影响力。特别是茂县,因其靠近九寨沟和黄龙的有利地理位置,过境游客的逗留消费给该县旅游业的发展带来了绝佳的契机,以至于旅游业已成为该县的重要产业,在对地方社会经济发展的带动方面起到了极其重要的作用。

3.1.3 震后旅游业损失概况

1. 阿坝藏族羌族自治州旅游业损失概况①

"5·12" 汶川地震不仅对阿坝藏族羌族自治州人民群众的生命财产造成了巨大的破坏，而且给其旅游业带来了巨大的损失。景区损毁，基础设施损毁，旅游建筑损毁，游客和工作人员滞留或伤亡，旅游企业受灾，旅游管理部门受灾等（见图3-2），一时间，四川省旅游重点区域之一的阿坝藏族羌族自治州旅游业陷入前所未有的困境中。据不完全统计，阿坝藏族羌族自治州旅游行业因地震灾害损失达167.05亿元（见表3-1）。

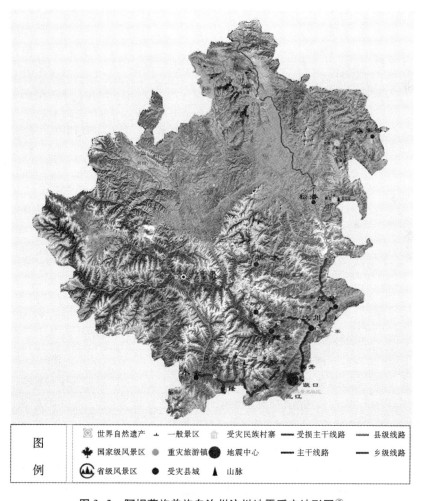

图例	◎ 世界自然遗产	▲ 一般景区	⊕ 受灾民族村寨	━ 受损主干线路	═ 县级线路
	★ 国家级风景区	◉ 重灾旅游镇	● 地震中心	━ 主干线路	═ 乡级线路
	▲ 省级风景区	● 受灾县城	▲ 山脉		

图3-2　阿坝藏族羌族自治州汶川地震受灾地形图②

---

①　邵琪伟. 中国旅游业应对重大自然灾害机制研究［M］. 北京：中国旅游出版社，2012.

②　图片来源：《2008—2015 阿坝州旅游灾后重建实施规划》。

表 3-1　　　　　阿坝藏族羌族自治州旅游行业地震灾害损失统计表

	受损项目	数量	累计损失金额（万元）
景区	供水设施	306 040 米	9 181.20
	供电设施	501 520 米	7 522.80
	通信设施	987 700 米	5 926.20
	旅游道路	116 千米	209 575.20
	房屋	15 608 间	46 825.50
	索道	2 个	8 060.00
	藏品	280 个	4 204.00
	景观	201 个	100 716.80
	景区厕所	64 个	3 192.50
	景区标识标牌	953 个	1 430.00
	景区其他设施设备	580 个	40 660.00
	停业关闭的旅游景区	阿坝藏族羌族自治州所有景区都停业关闭，包括五个重点景区（九寨沟、黄龙、四姑娘山、达古冰川、卧龙景区）	
	合计		437 294.20
宾馆、饭店	房屋	95 396 间	333 886.65
	供水设施	1 265 793 米	37 973.80
	供电设施	1 913 153 米	28 697.30
	通信设施	165 678 米	9 940.70
	车辆	61 辆	1 837.00
	宾馆其他设施设备	845 个	36 352.09
	合计		448 687.54
州、县旅游局	办公楼和住宿楼	718 栋	3 595.00
	车辆	32 辆	856.00
	其他设施设备	93 个	1 391.50
	疏散滞留游客费用		1 053.00
	对伤亡或死亡游客的安置费及其他费用		6 895.50
	合计		
旅游城镇接待设施	旅游咨询服务中心	171 个	85 340.00
	旅游购物商店	1 920 个	153 614.30
	旅游自驾车服务设施	24 个	9 300.00
	基础设施	2 630 个	526 048.60
	合计		774 302.90

表3-1（续）

受损项目		数量	累计损失金额（万元）
旅行社	办公用房	248 间	1 244.00
	车辆	26 辆	784.00
	其他设施设备	264 个	1 321.00
	合计		3 349.00
合计损失			1 670 529.14

（1）旅游景区损失极其严重，损失达 43.73 亿元。其中，供水设施损坏 306 040 米，供电设施损坏 501 520 米，通信设施损坏 987 700 米，旅游道路损坏 116 千米，农家乐、民族村寨等房屋不同程度损毁 15 608 间，索道损坏 2 个，藏品损坏 280 个，景观损坏 201 处，景区厕所损坏 64 个，景区标识标牌损坏 953 个，景区其他设施设备损坏 580 个，九寨沟、黄龙等州内所有景区都停业关闭。

（2）旅游城镇接待设施损毁严重，损失达 77.43 亿元。城镇内的旅游基础设施、旅游服务设施遭受严重毁坏。其中，旅游咨询中心受损 171 个，旅游购物商店受损 1 920 个，自驾车服务设施受损 24 个，其他设施设备受损 2 063 个。

（3）宾馆、饭店受损严重，累计损失达 44.86 亿元。宾馆、饭店破坏严重，95 396 间客房受损，61 辆旅游用车受损，宾馆内各类设施设备损毁严重，损失达 4.07 亿元。旅行社固定资产损失 0.33 亿元。

（4）旅游行业管理部门受灾严重，损失达 0.69 亿元。地震造成州内许多旅游行政机关和企事业单位的办公用房及设施设备严重损毁。汶川、茂县等旅游局办公楼全部倒塌，整个阿坝藏族羌族自治州旅游行业系统共损毁房屋 718 间，损毁旅游车辆 32 辆，损毁其他设施设备 93 个。

2. 汶川县旅游业受灾情况

"5·12"汶川特大地震从汶川蔓延到大半个中国，破坏区域超过 10 万平方千米，而位于震中的汶川县无疑是受灾最为严重的区域之一。截至 2008 年 9 月 25 日，"5·12"汶川大地震共造成 15 941 人死亡，34 583 人受伤，7 930 人失踪，建筑物基本被毁，山体垮塌，道路中断。地震发生后，整个汶川县都笼罩在撕心裂肺的哀号声中。

在此次特大地震面前，整体受灾的汶川县旅游业也未能幸免于难，境内羌族历史文化遗迹在地震中受到不同程度的损毁，其中萝卜寨房屋严重受损，而地震中造成的羌族原住民的大量伤亡也使羌文化的传承面临着巨大的危机。

另外，道路桥梁等基础设施损毁严重（见图 3-3），213 国道和 317 国道被完全阻断，短期内无法恢复使用，而其他省道、村道也受损严重。受制于交通条件，卧龙大熊猫保护区（见图 3-4）、三江生态风景区一度无法进入，境内绝大多数旅游景点基

图 3-3　震后汶川境内唯一通往卧龙自然保护区的道路被阻①

图 3-4　震后被毁的卧龙大熊猫保护区②

---

① 图片来源：搜狐新闻，http://news.sohu.com/20080523/n257046231.shtml。
② 图片来源：新华网，http://66wz.com/system/2008/05/24/100553964.shtml。

本处于歇业关闭状态。地方旅游生态基地面临巨大危机，境内国家级和省级自然保护区共计13处遭受不同程度破坏，受损面积共计206.67平方千米，该县境内的珍惜野生动植物面临着严重的生存危机。

与此同时，受大地震影响，汶川县境内旅游企业遭受巨大损失。宾馆、饭店受损严重，宾馆客房、旅游车辆、宾馆内各类设备均不同程度受损。旅行社基础设施、办公用房、旅游车辆及其他重要设施设备受损严重，以至于全县整个旅行社行业全部歇业。因用房倒塌、基础设施受损、从业人员伤亡，全县境内农家乐受损也极其严重。例如，三江镇草坪村的20余家农家乐在地震当中房屋基本倒塌，进出通道或断裂或被阻塞，从业人员伤亡严重。该村经过数年发展起来的农家乐行业在地震发生的一瞬间几乎全部被毁，损失严重。

3. 茂县旅游业受灾情况

"5·12"汶川特大地震导致茂县全县受灾，山体垮塌，河流阻塞，道路被毁，房屋、建筑倒塌，通信中断，供水供电设施被毁，人员伤亡，受灾严重。截至2008年9月25日，全县受地震影响，共死亡3 933人，受伤8 183人，失踪336人，受灾人口近15万，伤亡惨重，损失严重。

在旅游业方面，茂县作为九寨—黄龙通向成都的门户、龙门山珍稀动植物所在地、中国历史文化名城，地震前旅游业处于平稳发展阶段。然而，一场突如其来的大地震致使全县26家宾馆、饭店受损，全县农家乐、旅游商铺等不同程度受灾。因地震影响，地震当天，茂县境内旅游大巴（见图3-5）和7 573名游客被困山中，其中部分旅游大巴与车上游客因地震引起的山体滑坡被埋，另有几十名游客因建筑物倒塌和山体滑坡而受伤。同时，旅游道路被损毁。乡村道路和122千米的县乡公路全面瘫痪，进出困难，一时间难以恢复，加上通信中断，地震发生那一刻的茂县成了山中与世隔绝的孤岛。而九顶山风景名胜区、土地岭森林公园、宝顶自然保护区、黑虎羌寨、松坪羌寨等景区景点也不同程度受灾，全县景区景点处于歇业关闭状态。旅游建筑倒塌、旅游道路被毁、旅游景点受损、旅游企业受灾、旅游基础设施设备损毁、旅游从业人员和游客伤亡等对茂县旅游业的发展带来了严重的冲击和伤害。

图 3-5　汶川地震中茂县境内被困的旅游大巴①

3.2　龙门山成都段五县（市）概况

3.2.1　区位条件

龙门山成都段受灾严重区域涉及五个县（市）区域，包括彭州市、都江堰市、崇州市、邛崃市、大邑县，东西长 113 千米，南北宽 136 千米，总面积为 6 382 平方千米，其中省道 106 线和国道 318 线以西的龙门山成都段面积为 4 133 平方千米（见图 3-6）。

龙门山成都段五县（市）内部交通主要有成温邛、成灌、成彭、成雅、都汶等高速公路，成青快速通道，邛新一级公路，国道 108 线、318 线，省道 106 线，县道、乡道等，形成了以成都市为中心、干支结合、城乡一体的公路交通网络。

外部交通主要依附于成都市，成都市是西南地区的交通通信枢纽，有西南地区最大的航空港——双流国际机场。双流国际机场同时也是全国四大航空港之一，现已开通了国际国内航线 170 多条。成渝、宝成、成昆和达成铁路交会于此。除成渝、成绵、成乐、成雅、成灌高速公路外，还有 3 条国道通过，形成了以川陕、川藏、川甘

---

① 图片来源：新浪微博，http://blog.sina.com.cn/s/blog_59a7e3370/00ahbg.html。

和成渝、成阿等23条省级以上公路为骨干的放射型公路网络。便捷的交通、优越的区位把龙门山成都段与全国各地紧密地连接在一起，架起了通向世界各地的桥梁。

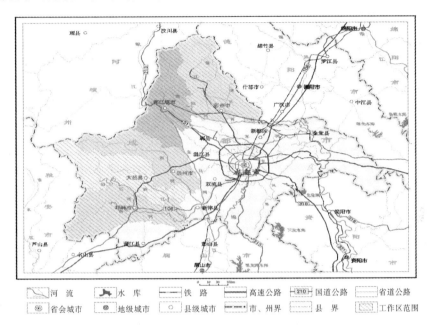

图 3-6　龙门山成都段五县（市）分布图①

从世界范围来看，龙门山成都段是大熊猫栖息地的主要区域，是大熊猫生态走廊；从全国范围来看，是连接西藏、云南、重庆等中国西部城市的主要节点；从四川省旅游区位来看，处于"成都门户旅游区"和"川西生态旅游区"的结合部，是通往世界自然遗产地九寨沟—黄龙、"熊猫之乡"——卧龙国家级自然保护区等的必经之路；从成都市旅游区位来看，本区属于《成都市旅游发展总体规划（2006—2025）》中的龙门山生态旅游带。

3.2.2　震前旅游业发展概况

龙门山成都段位于龙门山构造活动断裂带的中南段，是龙门山最具代表性的部分。

1. 自然景观旅游资源

龙门山构造活动断裂带地质环境和地理环境的特殊性，孕育出了十分丰富的自然景观。有独特的天象景观（雪海、云瀑、日出、佛光、神灯、雾海），有险峻的高山、亚高山山岳景观（太子城、九峰山、马鬃岭、天台山、鸡冠山、光光山、苗基岭），有推覆构造形成的飞来峰世界构造奇观（葛仙山—塘坝子、太子城、天台山、尖峰

---

① 图片来源：成都市旅游局。

顶、白鹿顶），有幽深的龙门山大峡谷（银苍峡、回龙沟、五道河和白水河），有秀美的溪流潭池和瀑布跌水（大龙潭、小龙潭、飞天瀑布、百丈瀑布、落虹瀑布、珠帘瀑布），有冰蚀作用形成的地貌（太子城冰斗、角峰、刃脊、U形谷、羊背石、卷毛岩冰坎、擦痕、冰斗湖），还有珍稀的动植物景观（大熊猫、金丝猴、原始森林、珙桐、冷杉、高山杜鹃、高山草甸）。以地质构造奇、生态环境佳、峡谷沟壑幽、山峦群峰险、植物动物稀、瀑布潭池秀为特色，景区景观类型多样，奇异度高，对不同层次的游客均有较高的吸引力。

2. 历史文化旅游资源

龙门山脉悠久的历史文化渊源和独特的自然地理条件，孕育出了龙门山脉独具特色的历史文化资源。有"天府金彭"之称的彭州，是孕育灿烂的古蜀文明的摇篮，是三星堆和金沙文化的发源地。而"天府南来第一州"的邛崃，以其便利的交通成为南方丝绸之路和茶马古道上的一颗明珠。岷江穿城而过，李冰父子创造了史无前例的都江堰水利工程，为龙门山的历史文化又添上浓厚的一笔。同时，该区域宗教文化繁荣，"洞天福地，人间仙境"的青城山和"道教发源地"的鹤鸣山，为龙门山乃至中国本土宗教——道教的发展，奠定了深厚的基础，并衍生出了多元化的宗教艺术形式。不仅如此，由龙门山聚落文明发源而来的城镇文化也同样繁盛，平乐古镇、怀远古镇、圆通古镇、街子古镇等，都是川西古镇的典型代表。

龙门山成都段文化生态环境优良，历史文化类型多样。古蜀文明、宗教文化、民俗文化以及南方丝绸之路和茶马古道等多元文化的交融，使龙门山成为一条历史悠久的文化走廊。

该区域历史文化旅游资源按特性划分为遗迹遗址、民间及现代习俗、名人故居与历史纪念地、宗教文化、博物馆、特色城镇村落六个大类。

3. 龙门山成都段五县（市）旅游产业开发状况

"5·12"汶川特大地震之前，龙门山成都段已经开发出众多国家级旅游资源（见表3-2），旅游市场快速增长，旅游产业迅速发展，旅游收入在当地国民经济中占据重要的地位。与相邻的德阳市和绵阳市相比，无论是接待国内外旅游者人数抑或是旅游总收入均占据绝对优势（见表3-3）。

表3-2　　　龙门山成都段五县（市）地震灾区国家级旅游资源一览表①

类　型	名　　称	地理位置
世界遗产地（2个）	都江堰—青城山世界文化遗产	都江堰
	四川卧龙—夹金山—蜂桶寨大熊猫栖息地世界自然遗产	崇州、大邑、邛崃、都江堰部分区域

---

① 资料来源：成都市旅游局。

表3-2（续）

类　型	名　称	地理位置
国家级风景名胜区（4个）	青城山—都江堰	都江堰
	龙门山	彭州
	天台山	邛崃
	西岭雪山	大邑
国家地质公园（1个）	龙门山国家地质公园	彭州
国家级森林公园（4个）	天台山	邛崃
	西岭雪山	大邑
	龙池	都江堰
	白水河	彭州
国家级自然保护区（2个）	白水河	彭州
	龙溪—虹口	都江堰
国家5A级旅游景区（1个）	青城山—都江堰	都江堰
国家4A级景区（1个）	刘氏庄园博物馆	邛崃
中国优秀旅游城市（3个）	都江堰市	都江堰
	崇州市	崇州
	邛崃市	邛崃
国家历史文化名城（1个）	都江堰市	都江堰
国家历史文化名镇（2个）	安仁古镇	大邑
	平乐古镇	邛崃
全国重点文物保护单位（7个）	都江堰	都江堰
	什邡堂邛窑遗址	邛崃
	邛崃石塔寺石塔	邛崃
	成都平原史前城址	崇州、都江堰
	领报修院	彭州
	彭州佛塔（正觉寺塔、云居院白塔、关口白塔）	彭州
	邛崃石窟	邛崃

表 3-3　　　2007 年四川省及成都市、绵阳市、德阳市旅游产业各项指标表①

项目	区域	指标值	比重
旅游总收入（亿元人民币）	四川省	1 217.31	100%
	成都市	414.49	34.05%
	绵阳市	80.94	6.65%
	德阳市	58.00	4.76%
国内旅游总收入（亿元人民币）	四川省	1 179.90	100%
	成都市	395.41	33.51%
	绵阳市	79.76	6.76%
	德阳市	57.72	4.89%
入境旅游总收入（万美元）	四川省	51 242.84	100%
	成都市	26 141.54	51.02%
	绵阳市	1 618.68	3.16%
	德阳市	351.54	0.69%
国内旅游人数（万人次）	四川省	18 569.69	100%
	成都市	4 253.69	22.91%
	绵阳市	1 134.56	6.11%
	德阳市	1 109.28	5.97%
入境旅游人数（万人次）	四川省	170.87	100%
	成都市	73.68	43.12%
	绵阳市	8.05	4.71%
	德阳市	1.15	0.67%

4. 旅游业在当地国民经济中的地位和作用

龙门山成都段五县（市）是四川省旅游业相对发达的地区。成都市是四川省中心旅游城市，是重要的旅游目的地和集散地。都江堰、彭州等五县（市）2007 年的旅游总收入达 55.34 亿元，旅游业总收入占成都市旅游总收入的 13%；接待国内外旅游者 2 136.2 万人次，占成都市的 49%。都江堰市、崇州市及邛崃市都是全国优秀旅游城市，尤其是都江堰市，旅游业发展迅猛。截至 2007 年年底，都江堰市以旅游业为主的第三产业产值占该市地区生产总值的 50% 以上。

3.2.3　震后成都段旅游业受损情况

龙门山成都段五县（市）受灾地区是四川省，乃至全国旅游资源富集区。其旅游

---

① 注：本表根据成都市旅游局、绵阳市旅游局、德阳市旅游局提供的数据整理而得。

资源分布情况如下：北部为龙门山国家地质公园板块，中部为青城山—都江堰世界自然遗产和文化遗产板块，西部为大熊猫栖息地世界自然遗产板块，南部为南方丝绸之路遗产廊道旅游板块。该区域有2个世界级遗产，4个国家级风景名胜区，2个国家级自然保护区，1个国家地质公园、4个国家级森林公园、1个国家5A级旅游景区，1个国家4A级旅游景区，7个国家重点文物保护单位，1个全国农业旅游示范点，3个中国优秀旅游城市，1个国家历史文化名城，2个国家历史文化名镇。在我国山地型旅游区中，龙门山成都段是旅游资源类型最丰富、分布最集中、距离特大城市最近的山地旅游地。

"5·12"龙门山构造活动断裂带发生的里氏8.0级特大地震，使龙门山成都段五县（市）的旅游业遭受重创（见表3-4）。

表3-4　　　　　成都市龙门山成都段五县（市）旅游业损失调查表①

受灾部门	受灾县（市）	受灾情况
主要景区	都江堰市	都江堰市的数个景区在地震中都遭到不同程度的破坏。青城山—都江堰受损较为严重，许多珍贵古建筑遭到严重破坏；青城山后山受损最严重，内部各种设施几乎完全损坏，景观变化大；龙池和虹口景区受损也非常严重，生态环境遭到严重破坏，基础设施被毁。青城山外山、王婆岩、赵公山、灵岩山、翠月湖等景区建筑物、基础设施和生态植被同样遭到严重损坏
	彭州市	彭州九个旅游景区不同程度受损。银厂沟景区及大、小龙潭等主要景点全部被毁，白鹿镇景区的领报修院（国家重点保护文物）、中法桥、白鹿古镇等景点全被摧毁，回龙沟2A级景区被两岸垮塌的山体掩埋，丹景山景区大门、游道、大部分寺庙被毁，阳平观、桂陶古龙窑遗址、葛仙山景区等损毁十分严重
	崇州市	各景区都受到不同程度的破坏。其中鸡冠山景区、九龙沟景区受损非常严重，分别损失景点5个、35个。街子古镇景区受损程度为中等，琉璃坝景区、白塔湖景区、凤栖山景区轻微受损
	大邑县	共有7个旅游景区在地震中受到破坏。其中，西岭雪山景区、滑雪场和鹤鸣山受损程度为中等，其他景区如安仁古镇、建川博物馆等受损较为轻微
	邛崃市	邛崃市受地震破坏的旅游景区主要集中在天台山、平乐古镇和临邛古城三大主景区。其中天台山景区受损景观主要集中在第一、二级阶梯部分，两处景观轻微受损，步道和供水等基础设施受损轻微，文物保护单位石塔寺石塔塔身出现裂缝；平乐古镇景区主要街区建筑风貌受损；临邛古城景区主城区大北街建筑风貌、文君井、回澜塔文物保护单位轻微受损

① 资料来源：成都市旅游局。

表3-4(续)

受灾部门	受灾县(市)	受灾情况
旅游城镇	都江堰市	都江堰城区：市区受损严重，80%以上建筑被严重摧毁或需重建 虹口旅游集镇：农家乐被全部摧毁，虹口镇被彻底损坏 龙池旅游集镇：农家乐被全部摧毁，龙池镇被彻底损坏
	彭州市	龙门山镇、小鱼洞镇、白鹿镇受损严重，城镇内的旅游基础设施、旅游服务设施遭受严重毁坏，损毁程度达80%~90%
	崇州市	三郎镇、鸡冠山乡、文井江镇受灾严重，街子镇受灾较轻微
	大邑县	西岭镇旅游接待设施受损较为严重；安仁镇受损比较轻微，旅游服务设施大部分保存，只有少部分受损；花水湾镇旅游接待设施受损也较轻
	邛崃市	全市旅游城镇体系损失主要集中在平乐古镇和临邛镇。其中，受损宾馆、饭店4家，占原有比例的75%；旅游购物设施受损35家，面积为1 050平方米，占原有比例的80%；旅游游乐设施受损5家，面积100平方米，占原有比例的90%。城镇房屋受损约760间，受损程度较轻
农家乐	都江堰市	都江堰市农家乐损失最严重的是青城山镇、虹口镇、中兴镇，全市农家乐损毁数量达1 386家
	彭州市	农家乐受损严重，全市1 033家农家乐中，有977家出现房屋倒塌和受损
	崇州市	全市323家农家乐受到不同程度的破坏，占到全市农家乐的79.4%，其中三郎镇、街子镇农家乐损毁非常严重，分别受灾190家和72家
	大邑县	农家乐普遍受损较轻微，其中西岭雪山有25家农家乐需恢复加固，花水湾有5家农家乐需恢复加固
	邛崃市	据初步统计，全市农家乐旅游接待设施受损55家，面积约9 800平方米，受损较轻，均属于简单和加固维修范围
旅游通道	都江堰市	龙池旅游公路：受损严重，多处路面断裂、路基沉陷、桥梁坍塌，沿路山体滑坡较多 成青旅游快速通道：受损轻微，道路基本通畅 青城山旅游公路：受损较重，尤其是在后山 都江堰至虹口旅游通道受地震破坏严重
	彭州市	旅游交通受损严重，旅游道路损毁共计157千米
	崇州市	鸡冠山旅游公路、九龙沟旅游公路、鸡冠山—琉璃坝旅游公路、川西旅游环线崇州段(含新建街子新环线段)、怀华路(崇怀段)旅游公路受损严重，道路一侧存在几十处滑坡、塌方。其中九龙沟旅游公路受损40千米，鸡冠山旅游公路受损6.5千米
	大邑县	地震毁坏景区公路29千米，桥梁66座，游道3 000平方米，索道2条
	邛崃市	据初步统计，全市旅游通道受损主要集中在景区的旅游公路和内部游道。其中步游道受损约6.4千米，旅游公路受损0.3千米

表3-4(续)

受灾部门	受灾县(市)	受灾情况
旅游企业	都江堰市	都江堰市宾馆损失严重,许多宾馆已无法修复,如国宴宾馆需要重新建设。旅行社也损失惨重
	彭州市	彭州宾馆、饭店损失惨重,多数客房受损,宾馆内各类设施设备损毁严重。旅行社固定资产损失严重
	崇州市	损毁的宾馆酒店主要集中在崇州北部,市中心崇阳镇有2家星级酒店受到轻微损伤。九龙沟景区的11家宾馆全部受损,受到严重损毁的有8家。崇州光大旅行社受到轻微损坏
	大邑县	共有16家宾馆受到不同程度的破坏,其中损失设施351件
	邛崃市	据统计,全市宾馆、饭店损失总计约10家,旅游餐饮企业受损62家,旅游游乐企业受损35家,受损程度较轻,均属简单维修范围。旅行社未遭受损失
旅游行业管理机关	都江堰市	都江堰旅游办公大楼遭到损坏,无法使用
	彭州市	旅游行业系统受灾严重,地震造成许多旅游行政机关和企事业单位的办公用房及设施设备损毁
	崇州市	崇州市旅游局受损严重,办公用房完全损坏33间,轻微损坏31间,损失金额达106万元
	大邑县	旅游各部门未见严重损坏
	邛崃市	邛崃市旅游行业部门损失较小,未统计
次生地质灾害	都江堰市	次生地质灾害主要为山体滑坡和泥石流,以及河道淤积形成的堰塞湖
	彭州市	银厂沟、小鱼洞等景区生态环境和自然景观面目全非,山体错位碰撞,河谷改道,泥石流垮塌严重,景观变形。彭州市地质灾害总计100处
	崇州市	各景区内都有不同程度的滑坡、崩塌等地震灾害。其中九龙沟、鸡冠山最为严重,分别有45处、21处地质灾害。街子古镇景区、白塔湖景区、凤栖山景区等景区受损较轻
	大邑县	西岭雪山风景名胜区有一处严重、三处中等次生地质灾害。滑雪场有三处严重、三处中等次生地质灾害。鹤鸣山有一处严重、一处中等次生地质灾害
	邛崃市	全市地质灾害和次生地质灾害主要集中在天台山和临邛古城景区,有5处
旅游公共服务设施	都江堰市	都江堰游客中心遭受严重损毁,啤酒广场等公共设施损毁较轻
	彭州市	彭州市各景区基础设施受灾严重,银厂沟、回龙沟等景区接待设施遭受毁灭性打击,景区厕所、标识标牌也不同程度地受损
	崇州市	游客服务中心、旅游购物商店、景区标识标牌、公共厕所等公共服务设施受到较大的破坏,尤其是九龙沟景区受损特别严重,其景区标识牌受损120个,厕所受损7个。街子古镇景区游客中心受损1间,购物商店受损80个
	大邑县	全市旅游公共服务设施受损轻微,主要集中在西岭雪山滑雪场、西岭雪山风景名胜区及鹤鸣山景区,景区厕所有一定程度的损坏。其他景区的旅游公共服务设施受损轻微
	邛崃市	全市旅游公共服务设施受损轻微,主要集中在景区景点的旅游公共服务设施。其中旅游标识标牌受损21处,旅游厕所受损6处,天台山游客服务中心建筑部分损坏,旅游停车场等其他公共服务设施受损轻微,基本没有损坏

3.3 龙门山德阳段的什邡市和绵竹市

3.3.1 区位条件

龙门山德阳段涉及什邡和绵竹两市（见图3-7），为四川省直辖县级市，均由德阳市代为管理。两县（市）东西长46千米，南北宽74千米，总面积为2 066.3平方千米，其中两县（市）西部龙门山德阳段山地（见图3-8）面积为1 102.73平方千米，约占两县（市）总面积的53.37%。

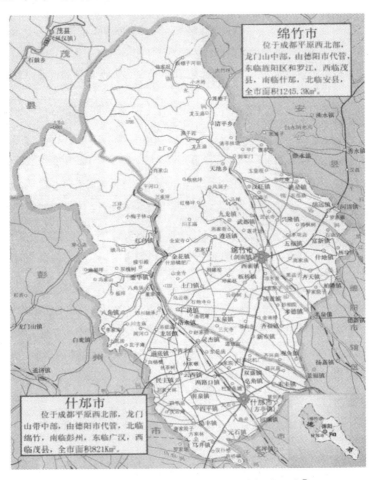

图3-7 龙门山德阳段什邡、绵竹两市行政区域①

---

① 图片来源：查字典网，由杨晓宇编辑处理。

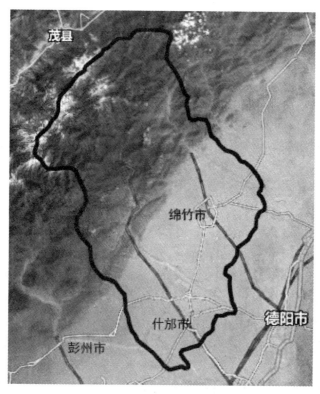

图3-8 龙门山德阳段什邡、绵竹两市地形图①

"5·12"汶川地震前，龙门山德阳段什邡市和绵竹市有省道106线和省道105线两条，东南—西北向货运铁路两条。两市辖区内的交通系统以德阳和成都两市交通辐射为基础，又分别立足于两市的市政府所在地向四周辐射。东部平原区域省道、县道、乡道相互交织，路网密集，西部山地县道、乡道沿山势盘旋而建，交通便利，既满足了东部平原交通现代化的发展要求，又基本上满足了西部山地可进入性需求。

龙门山德阳段位于成都平原西北部，龙门山中段，既是龙门山生态走廊的重要组成部分，又是成都平原不可或缺的一部分。这里由高山过渡到平原，由原始森林过渡到农耕地带，西部是高山峡谷，东部却是一马平川。从四川省区位来看，这里是成都、德阳、绵阳重要的辐射区域，更是成都平原通向茂县的重要节点。

3.3.2 震前德阳段什邡市和绵竹市旅游业发展概况

1. 旅游资源

龙门山德阳段的什邡市和绵竹市素有"七十二福地"之美名，春可赏花，夏可纳

---

① 图片来源：百度地图，由杨晓宇编辑处理。

凉，秋可品果，冬可观雪。旅游资源丰富，主要集中于什邡、绵竹两市西部山地地带，有蓥华山风景名胜区、九顶山国家级自然保护区、云湖国家森林公园、西部惊奇欢乐谷、钟鼎寺、沿山乡村旅游带、土门温泉、李冰陵、龙居寺、吉祥寺、麻柳坪旅游度假区等。除此之外，什邡、绵竹两市的平坝区域还有马祖故里、诸葛双忠祠、剑南老街、剑南春森林公园、罗汉寺、慧剑寺、什邡八景等各类旅游资源。

2. 旅游业开发状况

“5·12”汶川地震前，绵竹市沿山区域已初步形成长 60 千米，涉及 7 个乡镇以万亩梨花资源为基础，以浅山生态为背景的沿山乡村旅游干线，以及以遵道、九龙、汉旺段的大型度假村和众多农家乐为主要形式的沿山乡村旅游带。在中高山区域，清平乡的银杏沟、王家坪、云湖森林公园、楠木沟、天池乡化石沟、金花镇玄郎沟、九顶山自然保护区等地旅游业也异常发达，主要发展方向为休闲避暑、生态体验旅游，发展农家乐 290 余家，旅游度假村和高档宾馆 60 余家。除此之外，绵竹市城区以剑南镇酒文化特色街区为依托，以祥福寺、双忠祠、天益老字号、关帝庙、年画村等为基础，形成了绵竹历史文化名城的文脉轴线。

在什邡市，山地旅游是其西部区域主要旅游类型。其山地区域由南向北是洛水镇李冰陵、钟鼎寺风景区、西部惊奇欢乐谷、蓥华山风景名胜区、麻柳坪旅游度假区五大旅游景区，共发展农家乐、大型度假村、大型宾馆和运动康乐设施 820 余家。其中蓥华山风景名胜区在 2007 年投资 2 亿多元建成两条长 2 千米的索道，西部山地旅游业呈现出一派繁荣的景象。同时，什邡城区以“川西佛都”罗汉寺、郊区的马祖故里为依托，大力发展宗教文化旅游产业，吸引了省内外众多游客纷至沓来。

据德阳市统计局统计，截至 2007 年，龙门山德阳段什邡市和绵竹市的旅游人数共计 278.2 万人次，占德阳市旅游人数的 26%；旅游生产总值共计 18.27 亿元，占德阳市旅游生产总值的 31%；旅游从业人员人数共计 16 200 人，占德阳市旅游从业人员总数的 64.5%。

3. 旅游业在当地国民经济中的地位和作用

德阳市是中国著名的重大技术装备制造基地，工业生产是全市的主导产业，全市除中江县以外，旌阳区、什邡、绵竹等半山及平原地区的第二产业所占比重较大，第三产业所占比重较低（见表 3-5）。

据德阳市统计局统计，2007 年德阳市全市旅游收入为 58.2 亿元，分别占全市生产总值和第三产业产值的 8.98% 和 34.26%，而龙门山德阳段什邡市和绵竹市的旅游收入占德阳全市旅游收入的 31.39%，旅游从业人员占什邡市和绵竹市总人口的 1.7%。其旅游发展主要集中于其范围内的龙门山山地区域和沿山区域，以乡村旅游和山地旅游为主，充分带动了沿山及山地区域地方人民的就业，在一定范围内增加了地方人民的收入和地方财政收入，以生态、安全、和谐、可持续的方式带动着地区经济的绿色发展。

表 3-5 2007 年德阳市三次产业分布情况

市 州		第一产业		第二产业		第三产业		总产值（亿元）
		比重（%）	产值（亿元）	比重（%）	产值（亿元）	比重（%）	产值（亿元）	
德阳市	德阳	18.88	122.42	54.92	356.10	26.20	169.88	648.40
	什邡	11.98	15.24	64.50	82.09	23.52	29.93	127.28
	绵竹	11.59	16.51	68.60	97.77	19.81	28.23	142.52
	广汉	15.25	16.81	51.00	56.23	33.75	37.21	110.26
	罗江	31.48	9.50	48.16	14.56	20.36	6.15	30.22
	中江	37.64	39.85	32.12	34.01	30.24	32.01	105.88
	旌阳	11.07	17.47	57.65	91.03	31.29	49.41	157.92

3.3.3 震后德阳段什邡市和绵竹市旅游业受灾情况

1. 德阳市旅游业整体受灾情况

"5·12" 汶川地震造成龙门山德阳段什邡市和绵竹市的蓥华山、九顶山的山地风景和生态旅游资源受损严重，同时广汉三星堆古蜀文化旅游区、罗江三国蜀汉文化旅游区也受到不同程度的破坏。德阳市旅游业直接损失总量约为 59.83 亿元（见表 3-6），其中包括景区 43.9 亿元（见表 3-7），宾馆、饭店 6.45 亿元，其他设施 9.36 亿元。总损失值相当于 2007 年德阳市旅游业总产值（58.20 亿元）的 102.8%，2007 年德阳市生产总值（648.4 亿元）的 9.23%。地震灾害对区域经济、区域旅游经济发展的基础都造成了巨大破坏，尤其对地震之前已经形成旅游经济规模的市域西部龙门山麓的中高山、沿山景区以及乡村休闲度假旅游带带来了毁灭性的打击，且这些景区恢复重建的任务十分艰巨，恢复建设资金量需求巨大。

表 3-6 德阳市地震灾后旅游业固定资产损失统计 单位：万元

地区	景区	宾馆、饭店	县区市旅游局	旅游城镇接待设施	旅行社	总计损失
德阳	439 050	64 525	808	93 606	289	598 278

表 3-7 德阳市旅游景区直接损失统计 金额单位：万元

供水设施		供电设施		通信设施		旅游道路		房屋		索道	
千米	金额	千米	金额	千米	金额	千米	金额	间	金额	个	金额
138.76	1 332.1	269.35	2 047.06	136.65	409.95	1 271.6	89 012	133 680	267 360	2	6 400

表3-7（续）

藏品		景观		景区厕所		景区标识标牌		地质灾害		其他设施设备	
个	金额	个	金额	个	金额	个	金额	处	金额	个	金额
65	14 535.3	471	25 684	71	1 010.3	1 501	180.12	297	10 265	4 941	26 049.45
总计损失金额：444 285.28											

2. 绵竹市旅游业受灾情况

在"5·12"特大地震灾害中，绵竹市是58个受灾县（市）中地区生产总值最高的县（市），也是受灾最严重的地区之一，经济损失总计达1 423亿元。其中地震灾害对绵竹市的旅游业造成了严重的损害，地震导致其主要旅游资源地带龙门山和沿山地区发生地质改变，旅游基础及服务设施受到毁灭性破坏，旅游资源及动植物资源遭受严重损毁。在此次特大地震灾害中，旅游业受损主要包括旅游景区基础设施和旅游服务设施两个方面。具体如下：

（1）旅游景区道路受损严重。主要包括：九顶山前山景区的德阿公路，银杏沟景区道路，王家坪疯狂石头谷景区、楠木沟景区、花石沟景区、云湖国家森林公园以及玄郎沟景区进山路，老熊沟景区进山路、游道及登山道，沿山乡村旅游公路、登山道及游道（见图3-9），年画村景区道路，剑南老街景区道路。

（2）景区设施受损。主要包括停车场、电力设施、通信设施、旅游厕所、旅游景观、招呼站、乡村年画馆等。

（3）全市酒店不同程度受损。主要包括剑南春大酒店业务用房、王家坪酒店、麓堂山温泉酒店、万兴大酒店、金都大酒店、恒丰大酒店、东汽宾馆、剑南春森林公园酒店、云湖度假山庄、老熊沟山庄、楠木沟假日酒店。

（4）各旅游接待中心受损严重。主要包括九顶山前山接待中心、平川龙广场接待中心、遵道梨花广场、棚花村接待中心、九龙清泉广场等。

（5）农家乐受损严重。主要包括龙泉山庄、九龙山庄、假日酒店、龙吟山庄、银杏山庄等以及沿山480多家农家乐、20多家大型旅游度假村。

（6）城镇旅游建筑受损严重。城区部分仿古建筑墙体出现裂损和垮塌，年画博物馆、祥符寺、严仙观（见图3-10）等公园有所损坏，遵道、九龙、汉旺三个旅游城镇需要恢复重建。

图 3-9　地震中被毁的绵竹乡村旅游带①

图 3-10　地震中被毁的绵竹严仙观②

①　图片来源：新浪微博。

②　图片来源：新浪博客，《四川省道教协会五届理事会工作回顾》，http://blog.sina.com.cn/s/blog_6bbdla8d0100oj5i.html。

3. 什邡市旅游业受灾情况

什邡市是德阳市重要的旅游发展区域，"5·12"汶川地震前，这里的旅游业发展呈现欣欣向荣的景象。据德阳市统计局统计，2007 年全年什邡市共接待国内游客 92 万人次，入境游客 2 032 人次，较 2006 年增长 54.3%，旅游收入达 9.3 亿元，较 2006 年增长 27.3%，旅游外汇收入达 65.5 万美元。而在 2008 年，因受"5·12"汶川地震影响，什邡市接待国内游客 26.5 万人次，较 2007 年下降了 71.2%，旅游收入为 3.2 亿元，较 2007 年下降了 66.1%，旅游外汇收入为 20.7 亿美元，较 2007 年下降了 68.4%，且其游客接待和旅游收入主要产生于 2008 年 5 月 12 日之前。可见"5·12"汶川地震的发生给什邡市的旅游业带来了极其严重的影响。此次大地震中龙门山区域旅游业受灾最严重的莫过于其基础设施和旅游服务设施。什邡市旅游业基础设施及服务设施受灾情况具体如下：

（1）山地景区由南向北 5 大旅游景区受损严重，周边农家乐遭受毁灭性打击。其中，洛水镇李冰陵旅游沟谷带 100 多家农家乐大部分损毁，钟鼎寺风景区为山地生态休闲度假旅游所建的 200 多家宾馆、农家乐全部损毁，西部惊奇欢乐谷周边 200 多家农家乐全部损毁（见图 3-11）。蓥华山风景名胜区受损严重，刚投资 2 个多亿元建成的两条 2 千米索道还未正式投入使用就全部损毁，与蓥华山风景名胜区配套的麻柳坪旅游度假区有 20 多家大型宾馆和运动康乐设施尚未营业就已全部被毁。据德阳市统计局统计，汶川地震共造成钟鼎寺、西部惊奇欢乐谷、蓥华山风景名胜区和麻柳坪旅游度假区共计 800 余家农家乐和大型度假村几乎全毁。区域内经历数十年积累修建的旅游基础设施在地震短短数分钟内全部被毁，旅游业遭受了史无前例的巨大损失。

（2）旅游城镇和旅游道路损毁严重。与中高山生态旅游关系密切的红白镇、蓥华镇等旅游城镇几乎全部毁坏，需要重建。在旅游道路方面，除通至红白镇的公路外，其他旅游公路全部损坏。

（3）平坝区域宗教文化旅游区及佛光寺、蓥华寺、海汇堂、大王庙（见图 3-12）等佛教寺庙均不同程度受损。

图 3-11　地震中什邡西部惊奇欢乐谷中被毁的农家乐①

图 3-12　地震中毁损的什邡大王庙②

① 图片来源：天府早报，http://news.sina.com.cn/c/2009-04-16/035415473105s.shtml。
② 图片来源：新浪博客，《四川省道教协会五届理事会工作回顾》，http://blog.sina.com.cn/s/blog_6bbdla8d0100oj5i.html。

3.4 龙门山绵阳段的安县、北川县和平武县

3.4.1 区位条件

龙门山绵阳段位于绵阳市西部区域，包括安县（今安州区）、北川县和平武县。该区域以山地丘陵为主，其中安县为丘陵县，北川县和平武县为山地县（见图3-13）。三县区域南北长约185千米，东西宽约116千米，占地面积为10 030.83平方千米，占绵阳市总面积的49.46%。三县区域距离四川省省会城市成都市150余千米，南临德阳市，西临阿坝藏族羌族自治州，北临广元市和甘肃省文县，东临绵阳市主城区和江油市。其紧邻四川通向中国北部省份的大通道宝成铁路和G5京昆高速，且通向九寨沟的九环线东线从其境内穿过，是连接成都和阿坝州各旅游地的主要通道之一，更是四川北部及西北旅游目的地的重要节点。

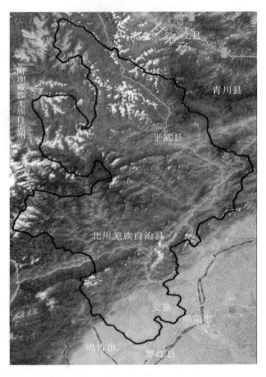

图3-13 龙门山绵阳段安县、北川县、
平武县三县地形图[①]

3.4.2 震前旅游业概况

（1）旅游资源

绵阳市旅游资源丰富，其中龙门山一带安县、北川县和平武县三县区域旅游资源尤为丰富。"5·12"汶川地震之前，这里北拥大熊猫故乡王朗、雪宝顶两处国家级自然保护区，有享有"深山故宫"美誉的古代建筑典范、国家级重点文物保护单位报恩寺，还有龙池坪森林公园、泗耳、虎牙、小河谷等一大批特色鲜明的旅游景点；南有世界之最的深水海绵生物礁地质遗迹和国内罕见的砾岩岩溶地貌，寻龙山3A级旅游景区、罗浮山省级风景名胜区和白水湖国家水利风景名胜区，飞鸣禅院建筑群、开喜寺、太平桥、奎星塔、李调元故里等保护性文物穿插其间；中部有以猿王洞群为门

---

① 图片来源：百度地图，由杨晓宇编辑处理。

户，以大禹为品牌，以千佛山、小寨子沟、禹穴沟为开发重点，以羌寨民族风情为特色的"神禹故里"，还有养生胜地药王谷、休闲胜地九皇山等。这里头枕九寨，背倚黄龙，千峰竞秀，风格各异，既是通往九寨、黄龙的重要交通节点，又是各类自然、人文旅游资源富集地，更是龙门山绵阳段重要的旅游区域。

2. 旅游业开发状况

绵阳市是四川省旅游业相对较发达的地区，是仅次于成都市的四川省第二大旅游城市。截至 2007 年年底，绵阳市接待国内旅游者共 1 134.56 万人次，国内旅游收入为 79.76 亿元，在四川省仅次于成都市，位居第二位；共接待海外旅游者 8.05 万人次，旅游外汇收入达 1 618.7 万元，位居四川省第三位；旅游总收入达 80.94 亿元人民币，雄踞四川省第二位。其中，安县、北川县、平武县龙门山一带三县区域国内游客接待人数为 257.19 万人次，占绵阳市全市的 22.67%，实现旅游收入 13.82 亿元，占绵阳市全市的 17.33%。

3. 旅游业在当地国民经济中的地位和作用

绵阳市总体产业结构是以第二产业和第三产业为主，其比重分别为 44.8% 和 33.7%，第一产业所占比重相对较小，平原和山区产业结构差异显著。地处平原地区的绵阳市涪城区和江油市等地，第二产业和第三产业占据突出地位；地处山区的安县、北川县和平武县等县的产业结构表现出"二一三"的特点，第三产业基础相对比较薄弱。

3.4.3 震后旅游业损失概况

1. 绵阳市全市旅游业整体损失概况

"5·12" 汶川地震给绵阳旅游业造成了严重的损失，据绵阳市统计局统计，截至 2008 年 6 月 10 日，绵阳市旅游行业固定资产受损额高达 604 147.69 万元，占四川省全省汶川地震灾害损失的 13.0%，列居全省第三位。其中，绵阳市全市近 40 家旅游景区损失 468 000.62 万元，占全省受灾旅游景区的 17.34%，位列全省第二位。而绵阳市境内的江油市、平武县、北川县和安县等旅游城市及城镇受损严重，旅游基础设施、旅游服务设施遭受严重损毁，旅游城镇（不含北川县）总计损失 11 056 万元，占全省旅游城镇损失的 1.11%，而北川县旅游城镇受损率接近 100%。同时，其乡村旅游损失惨重，安县、北川县、平武县三县龙门山脉区域农家乐的经营用房几乎全部倒塌，旅游通道受损严重，旅游道路共损毁 690.8 千米，其中 345.8 千米旅游道路全毁，345 千米旅游道路部分损毁，旅游标识标牌、旅游通道服务设施多处受损，损失达 16.34 亿元。沿山区域经过数十年积累起来的乡村旅游产业几乎全部被毁。

除此之外，汶川地震还导致绵阳市旅游饭店、旅行社和其他企业受损严重，累计损失达 122 701.07 万元。其中宾馆内各类设施设备损毁达 122 335.33 万元，旅行社固定资产损失 375.74 万元。地震也造成了许多旅游行政机关和企事业单位办公建筑及设施设备严重损毁，造成的直接损失达 2 380 万元。

2. 安县旅游业损失概况

安县位于成都平原西北部，绵阳市西南部，龙门山中段。它南临德阳市绵竹市和罗江县，西面与阿坝藏族羌族自治州茂县隔龙门山相望，北临北川县，东临绵阳市主城区和江油市，占地面积 1 189 平方千米，是绵阳市工业和旅游业大县。

2008 年的汶川大地震给安县几十年来逐步发展起来的旅游业带来了巨大的灾难，景区景点毁坏、基础设施损毁、建筑物倒塌、人员伤亡惨重、旅游目的地形象遭受破坏等一系列影响一时间直接导致安县旅游业陷入瘫痪状态，旅游经济损失惨重，旅游直接损失达 9.2 亿元。截至 2008 年 6 月，地震对安县旅游业固定资产所造成的损失达 17.3 亿元（具体见表 3-8），占绵阳市汶川地震固定资产损失的 28.64%。其中据绵阳市统计局统计，损毁的固定资产建筑物面积共计 125 331.09 平方米，占所统计安县震前固定资产建筑面积的 90.11%。而在所统计的 15 处旅游业固定资产中，有 11 处固定资产严重损毁，其中安县寻龙山、安县罗浮山羌王城、安县罗浮山会议中心、安县安州宾馆、安县小坝至千佛山公路、安县旅游局 6 处旅游固定资产建筑损毁面积占比 100%，损失极其惨重。

表 3-8　　　　　　　安县旅游业灾后损失情况一览表

序号	名称	震前建筑面积（平方米）	损毁情况				合计损失（万元）
			损毁建筑	损毁状况	面积（平方米）	损毁主要设备	
1	安县地质公园管理处	620	办公用房、道路、路灯等公共设施	部分损毁	280	办公设备、路灯、电杆	4 385
2	安县温泉公司	3 504	办公用房、温泉井	部分损毁	1 592	水电气管网	10 435.5
3	安县千佛山	—	栈道、酒店、艺术宫、道路、景观等	损毁	—	—	82 885
4	安县寻龙山	17 185	办公用房、客房、接待处、道路、供电、供水、龙隐镇、溶洞、景观	严重损毁	17 185	办公用品、客房设施	12 010.5
5	安县白水湖	24 483	办公用房、客房、餐厅、道路、景观	严重损毁	21 646	水电管线、水利设施	15 478.43
6	安县罗浮山羌王城	2 320	办公用房、羌王寨大门、接待中心、索道、景观	严重损毁	2 320	客房、餐厅等相关设施	8 900

表3-8(续)

序号	名称	震前建筑面积(平方米)	损毁情况				合计损失(万元)
			损毁建筑	损毁状况	面积(平方米)	损毁主要设备	
7	安县羌山醉民族风情大酒寨	3 420	主楼、水疗中心、别墅区、员工宿舍	严重损毁	—	客房、餐厅等相关设施	455
8	启明星温泉酒店	—	主楼、水疗中心、别墅区、员工宿舍	严重损毁	—	客房、餐厅等相关设施	1 047.57
9	泰丰源温泉酒店	13 450	主楼、水疗中心、别墅区、员工宿舍	严重损毁	12 450	客房、餐厅等相关设施	3 320
10	安县罗浮山会议中心	13 607.09	主楼、水疗中心、别墅区、员工宿舍	严重损毁	13 607.09	客房、餐厅等相关设施	2 364
11	安县中洋温泉酒店	4 050	主楼、水疗中心、别墅区、员工宿舍	严重损毁	2 730	客房、餐厅等相关设施	294
12	安县飞鸣温泉酒店	4 592	主楼、水疗中心、别墅区、员工宿舍	严重损毁	1 670	客房、餐厅等相关设施	671.8
13	安县安州宾馆	10 601	餐厅部大楼、员工宿舍楼及客房	严重损毁	10 601	客房、餐厅等相关设施	753.2
14	小坝至千佛山公路	33 750	旅游公路	严重损毁	33 750	道路	27 000
15	安县旅游局	7 500	办公楼及宿舍	损毁	7 500	电器、办公用品	3 000

总结汶川地震对安县旅游业的影响，主要有以下几点：①旅游景区受损严重，例如，安县千佛山风景名胜区山体倾斜位移、塌方、泥石流随处可见，地形地貌完全变样，景观景点被埋（见图3-14）；安县金霞洞受损严重（见图3-15）；肖家桥两座大山合围一起，形成了堰塞湖，森林覆盖率由灾前的95%变为灾后的不足50%，林地损毁面积达30平方千米，景区内建筑物和基础设施或垮塌或被土方掩埋，整个景区几乎彻底被毁，直至2016年年底仍未全面恢复。②旅游业基础设施损毁严重，索道、桥梁、步游道、公路、指示牌、休闲区座椅及建筑物等全部被毁。例如，安县小坝通往千佛山的15千米道路因地震影响，或被埋或断裂，几乎完全损毁。③旅游企业受损严重，其中酒店宾馆、农家乐、旅行社等因办公建筑物的倒塌和相关基础设施的毁坏而损失惨重。④旅游市场遭受空前打击，旅游目的地安全形象遭受影响，有一段时间，游客不愿前往该区域开展相关旅游活动。

图 3-14　地震中被毁的千佛山景区①

图 3-15　地震中毁损的安县金霞洞②

3. 北川县旅游业损失概况

北川县全名北川羌族自治县，是中国唯一的一个羌族自治县。该县位于四川盆地西北部，绵阳市西部，东临江油市，南临安县，西临茂县，北临松潘和平武两县。该县占地面积为 2 867.83 平方千米。突如其来的"5·12"汶川大地震直接将北川县城夷为平地，14.2 万人无家可归，全县 16.1 万人全部受灾，造成直接经济损失 585.7 亿元。北川县是汶川大地震中龙门山绵阳段受灾最严重的县。

①　图片来源：四川新闻网。

②　图片来源：新浪博客，《四川省道教协会五届理事会工作回顾》，http://blog.sina.com.cn/s/blog_6adcbe760101a29.html。

据绵阳市统计局统计，截至 2008 年 6 月底，绵阳市北川县旅游业固定资产直接损失为 169 465 万元（具体见表 3-9），受损建筑面积为 335 375 平方米。其中，西羌九皇山景区、猿王洞（见图 3-16）、小寨子沟、药王谷、大禹纪念馆、北川旅游局的接待设施、宾馆建筑、景观建筑、办公楼及其他建筑设施受损率达 100%，受损情况极其严重。

表 3-9　　　　　　　　　　北川县旅游业受灾情况一览表

序号	名称	震前建筑面积（平方米）	损毁情况				合计损失（万元）
			损毁建筑	损毁状况	面积（平方米）	损毁主要设备	
1	西羌九皇山景区	250 000	宾馆、别墅及其他接待设施、景观	损毁	250 000	索道、溜索等旅游设施设备	98 000
2	小寨子沟	46 000	接待中心、羌寨、宾馆、景观等	损毁	46 000	景区基础设施、接待设施	38 000
3	药王谷	21 000	旅游接待设施、景区基础设施、景观	损毁	20 000	景区基础设施、接待设施	18 000
4	大禹纪念馆	15 000	景区基础设施、接待设施、景观	损毁	15 000	主体建筑、景区道路（80 千米）、桥梁、祭祀广场、山门、展品、展柜以及原生态珙桐林等	12 000
5	北川旅游局	4 375	办公楼、职工宿舍	损毁	4 375	办公设备、宿舍	3 465

图 3-16　震后北川县被毁的猿王洞风景名胜区①

① 图片来源：新浪博客，《地震：川西旅游景点严重受损》，http://blog.sina.com.cn/s/blog_5250a3f30100gj4p.html。

4. 平武县旅游业损失概况

平武县位于四川盆地西北部,绵阳市北部,龙门山偏北段区域,东临广元市青川县,南临绵阳市北川县,西临阿坝藏族羌族自治州松潘县,北与甘肃省文县接壤,历来有"天下大熊猫第一县"之美称,是九环东线上通往九寨、黄龙的门户,也是汶川地震中10个极重灾县之一。

据绵阳市统计局统计,截至2008年6月,绵阳市平武县固定资产损失达112 500万元(具体见表3-10)。其中报恩寺(见图3-17)、平武宾馆、虎牙景区、平武县旅游局和平武县全县农家乐建筑受损率达100%。白马王朗景区、虎牙景区和平武旅游购物中心的办公用房、接待设施、旅游道路、供电供水等基础设施几近全毁,或倒塌或断裂或被埋,只剩下震后的一片废墟矗立于原地。在地震之后,平武县旅游市场也遭受严重冲击,旅游者信心遭受打击,旅游景区门庭冷落。所有景区平均80%以上的基础设施及建筑物需要重新规划、修建或修缮,灾后恢复工作艰巨,又因市场信心受挫,旅游经济发展几乎瘫痪。

表 3-10 平武县旅游业受灾情况一览表

序号	名称	震前建筑面积(平方米)	损毁情况				合计损失(万元)
			损毁建筑	损毁状况	面积(平方米)	损毁主要设备	
1	报恩寺	7 868	古建筑、文物、库房、办公用房、职工宿舍、景观	危房	7 868	安防设施、办公设施、部分文物	12 898
2	白马王朗景区	37 500	景区办公用房、接待设施、景区75千米道路、供电、供水、景观	损毁	35 500	发电设备、办公设备	41 261
3	平武宾馆	9 550	会议餐饮、客房	危房	9 550	接待用品、家电	762
4	富华大酒店	12 800	客房、餐饮、职工宿舍	危房	10 400	家电、家具、办公用品	1 150
5	宽坝休闲基地	2 800	房屋屋顶和主体、地基	危房	2 100	家电、酒类、餐具	177
6	虎牙景区	1 500	景区19.8千米道路、在建游客中心、景观	道路损毁、危房	1 500	—	43 750
7	农家乐	13 560	住宿、餐饮、娱乐用房	危房	13 560	空调、电视、餐具	1 996

表3-10(续)

序号	名称	震前建筑面积（平方米）	损毁情况				合计损失（万元）
			损毁建筑	损毁状况	面积（平方米）	损毁主要设备	
8	平武旅游购物中心、接待中心及其他	—	办公用房及其他设施	损毁	—	办公设施	10 403
9	平武县旅游局	400	办公用房	危房	400	电器、办公用品	103

图3-17　地震中受损的平武县报恩寺①

3.5　龙门山广元段青川县

3.5.1　区位条件

广元市青川县位于四川盆地西北部，广元市西部，龙门山脉北端，北临甘肃省陇南市和陕西省汉中市，东接广元市利州区、朝天区和剑阁县，南临绵阳市江油市，西

---

① 图片来源：四川博物院官网，《"5·12"汶川地震灾后文化文物重建成果图片展》，http://www.scmuse-um.cn/soft/zhzx/2011/12/08/101501106.html。

接绵阳市平武县。全县面积为 3 216 平方千米。其地形地貌以中低山为主（见图 3-18）。地震之前，全县境内有宝成铁道、国道 212 线、省道 105 线 3 条进出川大通道，同时，兰渝铁路、广甘高速、西成铁路客运专线也通过青川。

图 3-18　龙门山广元段青川县地形图①

3.5.2　震前旅游业发展概况

1. 旅游资源

广元市境内自然风光秀美，名胜古迹众多，有国家级旅游资源 11 处、省级旅游资源 17 处、红色旅游资源 9 处。这里有女皇武则天祀庙皇泽寺，有被誉为"历代石刻艺术陈列馆"的千佛崖，有"一夫当关，万夫莫开"的天下雄关剑门关，有"三百里程十万树"的翠云廊，有"中国古今交通博物馆"的明月峡，有昭化古城、诸葛亮北伐曹魏的中军帐筹笔驿、姜维墓、阴平古道等三国遗址，有国家级自然保护区唐家河，还有白龙湖、天台山等十余处国家级、省级旅游风景区。

龙门山广元段青川县旅游资源尤以唐家河自然保护区最为有名，其山水壮丽，原始森林茂密，还有大熊猫、金丝猴、扭角羚等珍稀动物，景观资源独特，是青川县最具代表性的旅游资源区。而位于青川县南部区域的金子山风景区，山势雄伟，怪石嶙峋，鸟鸣獐跳，山清水秀，花果飘香。县城北部毛寨自然保护区重峦叠嶂，沟谷纵

---

① 图片来源：百度地图，由杨晓宇编辑处理。

横，历来就有"鸡鸣三省惊五县"的美誉。同时青川县还有青溪古镇、阴平古道等三国遗址，而阴平古道旁，还隐藏着明十四陵华严庵。

2. 旅游业开发状况[①]

据广元市统计局统计，截至 2007 年年底，广元市旅游接待人数为 560.37 万人次，实现旅游总收入 31.41 亿元，成都市依然是其传统的客源市场，客源量基本稳定；同时，来自西安、郑州、兰州等地的游客数量也在迅速增加。地震之前，广元市全市有旅游景区 18 个，星级饭店 11 家，市级星级农家乐 150 余户，床位 22 000 张，旅行社 13 家，旅游汽车运输公司 1 家，水运旅游公司 1 家，旅游业从业人员 10 万余人。旅游业发展呈现一片欣欣向荣的景象。

汶川地震中龙门山广元段极重灾区青川县，其震前旅游业发展突飞猛进。据青川县统计局统计，2003 年至 2006 年期间，青川县共接待游客 92.86 万人次，年平均增长率为 85%，旅游总收入为 3.534 8 亿元，年平均增长率达 306%。在此期间，青川县旅游接待服务设施建设也有较大的发展，青川宾馆升为二星级宾馆，唐家河保护区建成唐家河避暑山庄，其他宾馆也都进行了设施改造。到 2005 年，平阴古道风景区顺利申报为省级风景名胜区，东阳沟、毛寨自然保护区也顺利申报为省级自然保护区。与此同时，青川县乡村旅游也于此启动，且建成了阴平、大沟两个乡村旅游集中区和阴平村乡村旅游示范点。到 2006 年，青川县共发展各类农家乐 140 余家，其中星级农家乐 30 家，可同时接待游客 2 000 余人。

进入 2007 年，青川县旅游局正式成立，青川县旅游产业的发展也进入了新的历史阶段。2007 年，青川县共接待游客 48.47 万人次，实现旅游总收入 2.08 亿元，占广元市全市旅游总收入的 6.62%。截至"5·12"汶川大地震之前，青川县共有 18 家主要的宾馆、饭店和度假村，共有各种档次床位 1 106 张。其中，乔庄镇拥有 728 个床位，清溪镇和唐家河保护区拥有 258 个床位，沙州镇和营盘乡拥有 120 个床位。同时，全县乡村旅游也呈现出异常繁荣的景象。其主要表现为农家乐由 2006 年的 140 余家发展到了 2007 年的 218 家，其中星级农家乐 83 家，市级星级农家乐 33 家，住宿接待能力为 3 000 人左右，餐饮接待能力为 5 000 人左右，乡村旅游接待游客共 8.15 万人次，实现旅游收入 570.5 万元。

3. 旅游业在当地国民经济中的地位和作用

广元市第三产业发展势头强劲，由 2005 年的 26.3% 增长到 2007 年的 35.3%，逐步成为广元市地区生产总值的主要经济来源。其中，旅游产业作为第三产业的龙头，作用显著，旅游产业对广元市国民经济的贡献率增长趋势明显，由 2005 年的 9.73%增长到 2007 年的 13.23%，旅游业成为全市国民经济的支柱产业。随着全市旅游业的全面发展，广元市青川县旅游业为县域经济所做出的贡献也与日俱增，截至 2007 年，

---

① 资料来源《青川县旅游发展总体规划（2005—2020 年）》。

青川县旅游总收入占全县地区生产总值的 15%，旅游业成为县域经济的三大支柱产业之一。

3.5.3 震后旅游业损失概况

2008 年 5 月 12 日，一场突如其来的地震灾害使广元市遭受了百年来最为严重的损失，作为广元市支柱性产业的旅游业遭受了巨大的损失。截至 2008 年 5 月 26 日，广元市在汶川地震中直接经济损失达 37.78 亿元（见表 3-11）。

表 3-11   "5·12"汶川地震广元市旅游行业受损情况一览表

受损项目		受损数量	直接经济损失（万元）
景区	供水设施	42 000 米	269 651
	供电设施	95 000 米	
	通信设施	50 000 米	
	旅游道路	景区公路 137 千米，步游道 36.5 千米	
	房屋	12 000 间	
	索道	1 个	
	藏品	16 个	
	景观	63 处	
	景区厕所	23 个	
	景区标识标牌	3 300 个	
	地质灾害	61 处	
	景区其他设施	1 207 个	
宾馆、饭店	客房	1 400 间	14 455.25
	供水设施	—	
	供电设施	—	
	通信设施	—	
	车辆	—	
	宾馆其他设施	—	
市、县旅游局	办公用房	370 间	1 330.17
	车辆	2 辆	
旅游城镇接待设施	旅游咨询服务中心	1 个	56 712.03
	旅游购物商店	4 个	
	旅游自驾车服务设施	3 个	
	其他设施	19 个	

表3-11(续)

受损项目		受损数量	直接经济损失 （万元）
旅行社	办公用房	80 间	112.18
	其他设施	56 个	
乡村旅游	房屋及接待设施	1 636 间	35 526
合计损失			377 786.63

青川县作为龙门山脉最北端区域，因山地面积广、高山峡谷多，且正处于龙门山构造活动断裂带之上，所以也是此次汶川地震中广元市受灾最严重的区域。该区域内历经数十年发展起来且正处于突飞猛进时期的旅游业遭受到极其沉重的打击。具体如下：

1. 旅游资源遭受严重破坏①

唐家河风景区自然景观因地质结构变化严重受损，供水供电线路完全损坏无法使用，接待用房损毁 30 088 平方米，接待及服务设施损毁严重；青溪古镇损毁惨重，供水、供电、通信、道路等基础设施全面瘫痪，青溪古城墙部分垮塌；白龙湖国家级风景名胜区沿线道路受损严重（见图 3-19），白龙湖宾馆全部垮塌，白云关、景谷峡等景点严重损坏，游客接待中心已成危房；青竹江百里森林大峡谷的 9 座旅游公厕全部被毁，275 个旅游标识标牌全部损毁，位于峡谷沿线的 11 处旅游休憩点、亲水休闲点全部被毁；名胜古迹禹王宫损毁严重（见图 3-20）。

图 3-19　地震中受损的白龙湖景区沿线道路②

① 马星. 灾后青川县乡村旅游发展研究［D］. 杭州：浙江农林大学，2011.
② 图片来源：四川省广元市白龙湖风景名胜区管理局官网。

图 3-20 地震中毁损严重的青川县禹王宫①

2. 旅游企业受灾严重

截至 2008 年 5 月 26 日，青川县全县 140 余家农家乐、56 家乡村旅游购物点、46 家乡村旅游餐饮点房屋均不同程度受损，90%以上严重受损，已成危房，无法继续使用，并损毁电脑、电视、冰柜等设施近 2 000 台，床铺 3 000 余张。同时，川珍实业有限公司、白龙茶叶加工厂、七佛贡茶加工厂、树仙茶厂、向阳茶厂、红石河蜂蜜加工厂、天赐蜂蜜酒厂、黎渊石砚加工厂等一定规模旅游企业的厂房大部分垮塌，生产设备严重损毁，大部分成品、半成品旅游商品被埋于废墟之中，损毁山珍、蜂蜜、橄榄油等货物价值 100 余万元。

3. 旅游交通大部分遭受破坏

内部交通破坏严重，金子山至唐家河、乔庄至转嘴子、乔庄至凉水、青溪至马鬃关、乔庄至沙州、姚渡至水磨 6 条旅游专项通道 116 处出现塌方、路基沉降、桥涵损毁、道路损毁等 290 余千米。

---

① 图片来源：新浪博客，《四川省道教协会五届理事会工作回顾》，http://blog.sina.com.cn/s/blog_6bbdla8d0100oj5i.html。

4 "5·12"汶川地震灾后地震旅游资源调查

4.1 地震旅游资源界定

地震所产生的灾害性旅游资源属于特种旅游资源，可分为震迹和震记两种类型。震迹是破坏性地震以爆发的形式，造成的具有旅游功能的自然遗存景观，可分为五种类型，即陷落型、古建筑遗址型、现代建筑遗址型、山地构造断裂型和河流堰塞型。其旅游意义在于观赏性和科考性。震记是为记载、纪念地震而保存下来的人文类碑记、石刻，纪念建筑物，展览实物等，可分为三种类型，即碑刻型、纪念型和展览型。其旅游价值在于地学观览和灾史研究，某些碑刻还是书法艺术研究的实物资料。[①]

上述定义最早由我国学者卢云亭先生（1990）提出。此定义由于受时代的限制和科技发展水平的制约，对震记旅游资源的界定不够全面，缺少卫星照片、航拍照片、现场实拍的数码照片和视频影像这一反映地震发生过程和灾情状况以及抗震救灾过程的数码信息静态和动态要素。我们认为，震记旅游资源的定义应该修改为：震记是为记载、纪念地震而保存下来的影像、照片、文献、碑记、石刻、纪念建筑物、展览实物等，可分为四种类型，即文献型（含照片、影像）、碑刻型、纪念型和展览型。

2008年5月12日14时28分，起源于汶川县映秀镇波及整个龙门山构造活动断裂带的特大地震，留下了极为丰富的自然遗存景观和万众一心抗震救灾、体现中华民族精神和世界各国人民爱心的文化遗产，以及用现代科技手段实景记录下来的数码影像资料。与1976年的唐山7.8级大地震相比，我们国家现在的综合国力完全有能力保护和保存这些震迹和震记资源，使其为全人类利用，为四川省灾后旅游业的恢复重建利用。

[①] 任葆德. 对我国地震旅游资源开发利用的探讨［J］. 灾害学，1993（4）：86-91.

4.2　震迹旅游资源

我们不可能也不应该把此次地震中倒塌的几百万间城镇和乡村的房屋以及损毁的城市、城镇、公路、桥梁等都作为震迹旅游资源来保护和开发。但根据典型性和差异性原则，我们通过对位于龙门山地震带上的龙门山镇、白鹿镇、都江堰市的二王庙及青城后山、北川县城、什邡市蓥华镇的穿心店、绵竹市的汉旺镇及东汽工厂生产区和家属区等地的实地考察，并与当地旅游行政管理部门的相关人员进行座谈，结合官方媒体报道和网络信息搜索，遵循《国家汶川地震灾后恢复重建总体规划（公开征求意见稿）》的精神确定出以下适合开发的震迹旅游资源。

4.2.1　汶川震中震迹旅游资源

★映秀镇废墟（山地构造断裂型、陷落型、现代城镇建筑遗址型、震中纪念地）

汶川县映秀镇是"5·12"汶川特大地震的震源所在地，这里四面环山，高山云雾缭绕，江边碧波悠悠。而在"5·12"汶川地震中，位于峡谷地带的映秀镇居民聚居区却遭受重创，一幢幢房屋或坍塌或倾倒，道路及基础设施或被埋或损坏，通信及供水设施损毁，人员伤亡惨重。2008年5月12日的那一天，这里成了一座孤岛，也是在那一天，这里成了汇聚世界各地人民目光的焦点所在。

"5·12"汶川特大地震后，为向世人展示地震带来的巨大破坏力，共同见证这一巨大灾难背后中华民族团结一致抗震救灾的伟大精神，进一步研究探索地震学、地质学、建筑学等，以提高科学抗灾能力，经中央批准，汶川地震中部分建筑废墟被保留了下来，用以建成地震遗址纪念地。其中，被震得七零八碎的汶川县映秀镇漩口中学（见图4-1）就以地震遗址的方式被保留了下来，供世人参观和纪念。

图4-1　映秀镇漩口中学①

_____

① 图片来源：新华网。

4.2.2　都江堰—青城山震迹旅游资源

★紫坪铺水库大坝（现代抗震水利工程）

紫坪铺水库大坝位于都江堰市与汶川县交界处，国道213线旁，岷江上的紫坪铺镇，距都江堰市区约9千米，距"5·12"汶川地震震源中心映秀镇约20千米，是2006年建设完工的现代大型水利工程，是我国实施西部大开发首批开工建设的十大标志性工程之一，也是国家和四川省"十五"时期基础设施建设的重点工程。

紫坪铺水库是距"5·12"汶川特大地震震中最近的大型水利工程，在汶川特大地震中，坝区遭受的地震基本烈度达9度。地震发生的一瞬间，它如悬在天府平原上的一把利剑，一旦受地震影响而溃坝，整个成都平原都将雪上加霜。万幸的是，这座具有现代抗震技术的大型水利工程抵御住了汶川特大地震的冲击，仅有紫坪铺大坝面板发生裂缝，厂房等其他建筑物墙体发生垮塌，局部沉陷，避雷器倒塌，整个电站机组全部停机，而大坝依然矗立于原处，抵抗住了"5·12"特大地震的侵袭（见图4-2）。

图4-2　震后紫坪铺水库坝体①

★都江堰市中医院（现代建筑遗址型、抗震救灾纪念型）

都江堰市中医院位于都江堰市老城区繁华的建设路旁，由门诊大楼和住院大楼两座大楼组成，地震之前早已名声在外，是都江堰市有名的国家二级甲等中医院。地震发生的瞬间，都江堰市中医院约7 000平方米住院大楼和约1 000平方米的辅助业务用房全部损毁（见图4-3）。特别是住院大楼损毁极其严重，在地震中直接倒塌，大楼内病人和陪床家属以及医护人员数百人被埋。震后1小时内，都江堰市中医院首先

---

① 图片来源：图4-2至图4-18由傅广海、李庆文在实地调研时拍摄。

自发组织内部医护人员在损毁的住院大楼和门诊大楼内抢救被困人员，没有工具就用手刨，楼梯没了就用消防带从门诊大楼上接送被困的人员，待外部救援力量到来后，又配合前来的救援人员一起进行生死大营救。经过 8 天 9 夜的连续救援奋战，都江堰市中医院门诊大楼中有 49 名被困人员被成功营救，从住院大楼废墟中被抢救出来的被埋人员有 9 人得以生还。据统计，"5·12"汶川特大地震共造成都江堰市中医院直接经济损失 1 950 余万元，163 人在地震中遇难，其中医院医护人员 31 人，病人及其家属 132 人。

2008 年 5 月 12 日的这一天本是医护人员每年庆祝的国际护士节，然而在这一天，都江堰市中医院却有 27 名护士在突如其来的灾难中不幸遇难。震后，在这片废墟之上，在余震不断的情况下，医护人员在悲痛中同前来的救援队员一道展开了一场与时间赛跑的生死大营救，展现出了一幅团结一致、抗震救灾的大爱画面，更突显了中华民族坚强不屈、众志成城的抗震救灾精神。

图 4-3　地震中被毁的都江堰市中医院

★都江堰市聚源中学（现代建筑遗址型、抗震救灾纪念型）[1]

都江堰市聚源中学紧靠走马河畔，倚国道 213 线和成灌高速，距离都江堰市区约 8 千米，距离"5·12"汶川地震震中映秀镇直线距离约 30 千米。地震当天，聚源中学约 80 米长的两栋 4 层教学楼除两个楼梯间外，在地震波的强烈冲击下突然坍塌，瞬间化为约 4 米高的瓦砾堆，700 余名师生被困在倒塌的教学楼中。

据震后统计，仅震后两小时，通过群众自救，就有 58 名被埋的聚源中学的学生

---

[1]　杨丽梅，王复国. 都江堰市聚源中学"5·12"综合救援案例评析［M］//魏礼群. 应急管理国际研讨会论文集. 北京：国家行政学院出版社，2010.

被救出；截至2008年5月12日18点，整个聚源中学现场已抢救出被困师生200余人、被埋师生100余人，其中约80%的被救者存活。在军队和专业救援队伍赶到之前，众多学生家长和附近居民除了用手刨外，还自发找来吊车，更有家长找来大型起重和运输工具，提前救出一大批被困师生，为后来的专业救援队伍的营救工作赢得了宝贵的时间。在军队和专业救援队伍到来后，人民群众自发为他们让路、开路，主动配合救援工作，提供救援工具，疏导交通。通过军民合作和政府的正确指导，各方救援力量通力合作，全面完成了被埋人员的救援和各种次生灾害的防治工作。经过3天的综合救援，获救师生达400人。这一次的生死营救书写了中华民族抗震救灾史中可歌可泣的长篇史诗，为震后的安抚和重建工作奠定了良好的基础。

震后的聚源中学（见图4-4）满目疮痍，或倒塌或倾斜扭曲的教学楼依然立于原地。我们在废弃的钢筋混凝土之间依然能够感受到强震带来的冲击，从被刨开的砖墙瓦砾中依然能够感受到当初各方救援力量的生死大营救，几朵被吹动的白菊寄托着人们对遇难师生的哀思。大难之后，有伤痛也有感动，这里有太多的人和事值得纪念和歌颂。

图4-4　地震中被毁的都江堰市聚源中学

★青城后山泰安古镇（现代建筑遗址型、抗震救灾纪念型）

泰安古镇坐落于群山环抱的青城后山，依山傍水，味江环绕。这里有千年古刹泰安古寺、百年老树古银杏，这里曾是成都平原西入大小金川驿道上的重镇，历来商贾云集，车马往来不绝。地震之前，这里已开发为成都市重要的乡村旅游休闲度假区，一幢幢仿古建筑和现代建筑依次排列于街道和河道两旁，清幽的环境、清凉的溪水和淳朴的民风吸引着成都周边乃至全国的游客前来驻足。

然而，2008年5月12日14点28分的那一瞬间，昔日繁荣的古镇转瞬变为残墙断壁，街道上砖瓦散落满地，青石牌坊的两根柱子在原地摇摇欲坠，而有的建筑则完全垮塌。其中，具有悠久历史的泰安古寺遭受到了毁灭性的打击，寺内除了一座建于清代的大雄宝殿和一尊珍贵的乌木观音像外，其余建筑和佛像几乎全部被毁，寺内寺外一片狼藉（见图4-5）。而在地震发生后，泰安古镇当地居民冒着生命危险自发上山救援被困游客，以古镇为中转站，接送游客转移到安全地带，为游客提供食物、饮水和药品，并待专业救援队伍到来后积极配合救援，第一时间保障了游客的生命安全。

"5·12"汶川地震发生之后，泰安古镇被毁的建筑在原址上重新修建，这也为泰安古镇迎来了新的发展契机。通过修旧如旧和灾后恢复重建，这里成了汶川地震重要的灾后重建纪念地，也吸引着更多的游客参观停留，共同感受抗震救灾和灾后恢复重建的伟大胜利。

图4-5　地震中被毁的青城后山泰安古镇

★都江堰水利工程及二王庙（古代建筑遗址型）

都江堰水利工程坐落于都江堰市城西玉垒山旁岷江的主河道上。它是公元前3世纪中叶蜀郡太守李冰父子主持完成的中国著名的无坝引水水利工程，是中国古代劳动人民勤劳、勇敢、智慧的结晶，是中国上千年来宝贵的文物遗迹。都江堰水利工程一旁玉垒山山坡上的二王庙是南北朝时期为纪念都江堰水利工程的开凿者李冰父子而修建的，历史上几经破坏。汶川地震之前的二王庙建筑群系清末民初在被毁的二王庙原址上建立起来的，是世界文化遗产都江堰的重要组成部分，屹立于玉垒山之上，见证着天府平原在都江堰灌溉下的日益繁荣。

然而，"5·12"汶川特大地震使这里珍贵的文化遗产遭受沉重的打击。特别是玉垒山上的二王庙，损毁严重，庙门残缺不全，地上四处是残砖断瓦，建筑群内的多个大殿坍塌；庙内红砖青瓦已不复存在，处处是墙壁倒塌后露出的悬崖和陡坡；一度是俯瞰都江堰水利工程的最佳观景楼的秦堰楼，更是只留下几处残垣断壁（见图4-6至图4-8）。相对于二王庙来说，都江堰水利工程则经受住了此次汶川特大地震的冲击。

在此次特大地震发生后余震不断的情况下，因古人在其建筑设计上考虑了高度的防震性，所以都江堰水利工程安然无恙，仅有景区大门受到轻微的损伤。这也是都江堰水利工程经历 2 000 余年仍能在今天发挥其防洪灌溉作用的重要原因。

　　汶川特大地震之后，都江堰水利工程这处具有抗强震性的千年"活"文物必将成为典型的抗震文物，而二王庙以原文物遗物修旧如旧的恢复重建方式也必将成为灾后文物修复的典型案例。二者在未来漫长的历史发展长河中，必将为世人谨记，更会成为中国文物保护中抗击汶川特大地震和灾后恢复的重要遗迹，供世人参观、研究和学习。

图 4-6　震后的二王庙（一）

图 4-7　震后的二王庙（二）

图 4-8　震后的二王庙（三）

★都江堰虹口深溪沟地震遗址（山地构造断裂型、科普教育型）

都江堰虹口深溪沟地震遗址位于都江堰市虹口乡深溪村燕岩路，距都江堰市城区约 15 千米，距汶川特大地震震中映秀镇牛圈沟约 14 千米。地震遗迹点共计 12 处，包含房屋破坏遗迹、交通设施破坏遗迹、山体斜坡变形破坏遗迹和地震地质剖面出露遗迹 4 类。

"5·12"汶川特大地震发生时，由龙门山映秀大断裂形成的破裂带直穿深溪沟区域，使深溪沟一带地震烈度达 11 度；同时，形成了该区域 2.5 千米范围内，地面最大垂直位移达 6 米、水平位移达 5 米，多处地面与路面出现断错、拱曲、倾斜、变形和开裂的地震遗迹（见图 4-9 至图 4-12）。其中，该区域燕岩路是整条汶川地震断层中同震位错幅度最大的地段。

受此次地震的影响，龙门山构造活动断裂带深溪沟断裂处的上下盘运动形迹也在该区域明显地表现出来。而位于断裂带上下盘不同位置的建筑物和基础设施所遭受的同震而不同程度的影响也在此处表现得淋漓尽致。例如林家私房群变形破坏遗迹位于断裂带下盘，其受地震影响而变形破坏的程度与位于断裂带上盘房屋遭受的破坏程度差距甚大。因处于该处断裂带下盘，林家私房群地震遗迹房屋整体遭受地震的破坏并不严重，该处房屋整体稳定性依然较好；给其带来最大破坏的反而是因地震影响而引起的山体崩塌。又例如杨学云私房地震遗迹，该私房遗迹位于断裂带上盘与断裂破碎带上，在地震中整体受损严重，主体房屋地基错段抬升约 5 米，房屋主体被错断，倾斜严重，部分房屋主体沉陷在断陷沟中直接变为废墟。[1]

---

① 谌文武，张景科，向忠阳，等. 都江堰深溪沟地震遗迹现状及初步保护方案 [J]. 敦煌研究，2010（6）：46-53，129-132.

图4-9 深溪沟滑坡遗址（一）

图4-10 深溪沟滑坡遗址（二）

图4-11 深溪沟八角村地层断裂滑动擦痕（一）

图4-12 深溪沟八角村地层断裂滑动擦痕（二）

都江堰虹口深溪沟地震遗址是典型的地震断裂错位移动遗址点，而位于该区域的建筑和地震活动所出露的地质剖面都将是地震研究和抗震建筑研究的一处宝贵研究基地，也将是一处非常典型的且具有深远教育意义的地震科普教育基地，更将是一处纪念"5·12"汶川特大地震和感受特大地震巨大破坏力的重要遗址地。因此，震后该区域成立了都江堰市虹口乡深溪沟地震遗迹保护地。该地是国家花巨资在四川地震灾区规划建设的四处"5·12"汶川地震遗迹保护地中的一处，是汶川地震中一处极具代表性的地震遗迹。

4.2.3 彭州市震迹旅游资源

★小鱼洞大桥遗址（现代建筑遗址型）

小鱼洞大桥遗址位于成都彭州市小鱼洞镇。该大桥总长187米，主桥跨4孔共40米，宽12米，于1998年开工修建，于1999年竣工通车，是彭州市龙门山镇、小鱼洞镇近3万群众和数十万游客进出龙门山风景名胜区的必经之路。

2008年"5·12"汶川特大地震共造成四川省境内21条高速公路、16条国道和省道干线公路、24 000千米农村公路、国道和省道干线670座桥梁不同程度受损，交通损毁严重。小鱼洞大桥就是其中最具代表性的、受地震影响而遭受严重损毁的桥梁之一。在地震发生过程中，小鱼洞大桥靠彭州市一侧两跨桥面从中部折断后垮塌，落于河床之上，和桥墩形成了一个"W"的垮塌形状；而靠白水河一侧的桥面稍有破坏却没有垮塌，同时大桥两边引道发生严重变形，大桥靠近白水河一侧的盖梁和桥台之间发生了30厘米的右行错动。[①]

在汶川特大地震中，小鱼洞大桥遭受到了毁灭性的破坏，以至于不能再通行（见图4-13）。但是，该处地震遗迹成为地质学家、交通工程专家、建筑学家对地震和抗震性桥梁道路研究的资料宝库。同时，小鱼洞大桥遗址作为震后道路桥梁的典型遗址，也成为地震知识科普教育和纪念汶川地震的重要场所，供游客参观和感受汶川特大地震带来的巨大破坏力，让前来参观的游客和当地居民了解地震、认识地震、感受地震和纪念"5·12"汶川特大地震。

图4-13 被地震扭曲的小鱼洞大桥

---

① 资料来源：苏生瑞，李松，郝莉莉，等. 汶川地震小鱼洞大桥的变形破坏特征与机理［J］. 灾害学，2011（4）：19-23.

★消失的谢家店子遗址（现代村落建筑遗址型）

谢家店子古名"棺木崖"，是位于彭州市龙门山镇银厂沟风景名胜区入口处公路旁的一个居民集中居住区。汶川地震之前，这里本是居住着18户村民和经营着20余户农家乐的一处依山傍水的小平地，来往于银厂沟风景名胜区的游客也大多喜欢在这里歇脚、吃饭、喝茶和玩牌，悠闲惬意的生活气息弥漫在这块山沟中不大的平地之上。

然而，汶川特大地震发生后，这里不再是曾经那块悠闲自在的小平地，而变成了满目疮痍、高低起伏的小山包。汶川地震引发的罕见高速远程滑坡将巨石、砂砾和泥土等滑坡体如"爆炸"般抛向半空后散落堆积于这块面积不大的平地之上，60多位村民和游客以及当地所有建筑物在瞬间被埋于散落下来的堆积物之下，长眠于此（见图4-14）。震后，幸免于难的当地群众常把汶川地震引起的这次山体高速远程滑坡形容为"地开花"现象。其中《中国青年报》记者林天宏、贺延光在采访了经历此次灾难的当地村民后，在《变成坟墓的村庄》中报道称："初到此处的人们，以为这是山体滑坡造成的惨剧，可是，他们很快就会发现，土山后面的大山、植被十分完整，没有一点滑坡的痕迹。原来，大地震的时候，大坪村所在的这块空地，竟然发生了剧烈的山体喷发，无数的泥土和巨石被巨大的力量推出了地面，像炮弹一样飞上几十米高的天空，摧毁了道路和平地……"① 而文中的"大坪村所在的这块空地"指的就是谢家店子。地质专家李忠东在与当地居民交流后在发表于《人与生物圈》杂志上的《"地开花"，埋了整个村子——银厂沟风景区纪实》文章中写道："我注意到，在他们的谈话中，三人都多次提到'地开花'三个字，而且对这三个字表现得十分恐惧，这引起了我的极大兴趣。在所有地震引发的自然现象中，最常见的有地裂、地鼓包、地陷、喷沙等，但从来没有听说过'地开花'，这是一种什么现象呢？按他们的描述，地震爆发时，那里的大地像爆炸一样，大量石块和泥土从地里喷射出来，将地面的一切物质全部掩埋……"②

汶川地震之后，谢家店子被列为彭州市内的一处地震遗址，供专家学者对汶川特大地震进行相关科学研究使用。同时，它吸引了众多的游客前往凭吊，同本地村民和汶川地震中的遇难者家属、亲人等共同祭奠这片消逝的村庄，纪念在汶川特大地震中遇难的同胞。

---

① 林天宏，贺延光. 变成坟墓的村庄 ［N］. 中国青年报，2008-06-15.
② 李忠东. "地开花"，埋了整个村子——银厂沟风景区纪实 ［J］. 人与生物圈，2008（4）：20-30.

图4-14 被喷发堆积物掩埋的谢家店子

★银厂沟遗址（山地构造断裂型）

银厂沟位于成都彭州市龙门山镇，距成都市89千米，与汶川地震震中映秀镇直线距离约40千米，是四川省著名的国家级风景名胜区。"5·12"汶川大地震之前，这里分布着大小龙潭、银苍峡栈道、长河古栈道、苍峡阁、珠帘瀑布、落虹瀑布、幻影瀑布、百丈瀑布等独具特色的景观景点，是成都市及周边居民休闲度假、避暑纳凉的好去处。

"5·12"汶川地震发生后，银厂沟风景名胜区内遭受重创，当地百姓和景区游客伤亡惨重，直接经济损失达15亿元。其中，著名景点大小龙潭因两侧的山体滑坡被掩埋而直接消失，银苍峡栈道和百丈瀑布等完全被损毁。地震的一瞬间，景区内的各类大小景点几乎全部被毁，地质地貌景观在一刹那间发生了翻天覆地的变化（见图4-15、图4-16、图4-17、图4-18）。震后放眼望去，景区内山体错位，河谷改道，泥石堆弃，巨石散布，堰塞湖形成，整个景区变得满目疮痍。同时，汶川地震也给银厂沟的植被和野生动物带来了巨大的灾难：大量滑坡、泥石流使树木连根拔起，草坡、灌木被破坏严重；因地震影响在上游形成的堰塞湖也使下游河流干涸，原始鱼类、两栖类动物数量锐减。

虽然汶川地震给银厂沟风景名胜区带来了深重的灾难，但是，这里也产生了新的地震遗址遗迹旅游资源，吸引着游客和周边百姓前往参观和吊唁，例如大龙潭龙门山中央断裂带、银厂沟鸳鸯石鼓包、银厂沟谢家店子滑坡体等。同时，这里众多的地震遗迹也为地质专家和地震专家对地震和地质灾害防御的进一步研究创造了条件，是宝贵的地震遗迹资源。

图 4-15　彭州银厂沟遗址

图 4-16　震后造成的彭州银厂沟滑坡

图 4-17　彭州银厂沟小龙潭遗址

图 4-18　彭州银厂沟大龙潭遗址

★白鹿镇领报修院（近代宗教建筑遗址型）

　　白鹿镇领报修院（见图 4-19）位于彭州市白鹿镇回水村西北 1.5 千米处，距彭州市区约 23 千米，是成都周边震前保存较为完好的天主教建筑群。领报修院建筑群占地面积近 25 000 平方米，有上书院和下书院两处。它是 1895 年法国天主教传教士为在四川传播天主教而主持修建的，是四川天主教成都教区的宗教中心之一，曾为分布在四川各地的天主教会培养了大批神职人员。经社会变迁，1949 年后，领报修院建筑群中的上书院被改建为白鹿小学校舍，下书院被改建为白鹿中学校舍，于 2006 年被列入中华人民共和国重点文物保护单位。

　　白鹿镇领报修院是典型的近代外来宗教建筑群，汶川地震前屹立于彭州市白鹿镇近1个世纪，见证了成都及其周边百年来的兴衰发展，虽偶有小灾小难造成部分损伤，但建筑群主体基本上保存完整。"5·12"汶川特大地震的突然降临让这座百年建筑遭受到了毁灭性的创伤，经清理，现场可见的建筑残体有：东楼（前厅）前弧形台阶、东楼北端四孔坍塌的券廊和其背后的数间地下窨室、东南角约三间楼房屋盖以下的部分结构墙体、西楼中央礼堂正面山花以下部分的墙体和后面的部分墙体、其他几处高度2米以下高低不等的残柱墩和残墙、首层建筑台基、少量附属房屋的残墙等，其余建筑均在地震中塌落而不复存在。①

　　彭州市白鹿镇领报修院是全国重点文物保护单位，虽在"5·12"汶川特大地震中遭受了灭顶之灾，损失惨重，但震后经文物专家对震毁的建筑进行抢救性施工，利用能够使用的原材料按照原样在原址进行修复和重建，让这座饱受摧残的领报修院重新屹立于世间，成为一处游客观光和纪念"5·12"汶川地震的重要地震遗址纪念地（见图4-20）。

图4-19　震前的领报修院教堂②

①　韩扬. 彭州领报修院的震后修复研究［J］. 中国名城，2009（4）：51-56.
②　图片来源：王怀茂. 百年教堂瞬间逝 记忆长存教友心——四川白鹿镇领报修院［J］. 中国宗教，2008（7）：62-63.

图 4-20　震后的领报修院遗址①

4.2.4　德阳市震迹旅游资源

★绵竹汉旺地震遗迹（现代工业建筑遗址型、抗震救灾纪念型）

绵竹汉旺地震遗址位于成都平原西北部绵竹市汉旺镇境内，距成都市约 105 千米，与汶川地震震中映秀镇直线距离约 80 千米，西、北两面有群山环绕，东、南两面坐看天府平原。地震之前的汉旺镇是坐落于龙门山中段的一个工业重镇，曾荣获"全国工业示范镇"和"四川省全省百强乡镇"等荣誉称号。这里有世界上最先进的汽轮机制造厂商——东方汽轮机厂；同时，还有近 100 家与东方汽轮机厂相配套的工厂企业、近万名工厂职工和大量往来的商贩，大小商铺数百家，小镇经济曾异常繁荣。

然而，昔日一切的繁华似乎都止步于 2008 年 5 月 12 日的那一刻，就像屹立于汉旺镇的那座钟楼，时间永远停留在了 2008 年 5 月 12 日 14 点 28 分，不再走动。"5·12"汶川特大地震的突然降临使这座原本繁华的工业重镇在一瞬间变为废墟，东方汽轮机厂厂房大量坍塌，居民住宅楼大量倒塌，学校、商铺建筑大量垮塌，桥梁道路等基础设施损毁严重，人员伤亡惨重。地震发生的前一秒，这里是欢歌笑语，满眼繁华，地震发生的后一秒这里却变成人间炼狱，哀号声四起。据统计，在此次特大地震中，绵

---

① 图片来源：图 4-20 至图 4-40 由傅广海、李庆文在实地调研时拍摄。

竹市汉旺镇遇难和失踪人员近 5 000 人，建筑房屋倒塌率为 60%，造成经济损失近 400 亿元，是整个四川省受灾情况最严重的乡镇之一。

地震之后，东方汽轮机厂及其配套企业整体搬迁，东汽中学整体搬迁，整个汉旺镇异地重建。曾经的汉旺镇留下的仅有废弃的工厂、时间被定格的钟楼、或坍塌或破裂的住房商铺、散落着的砖石瓦砾和钢筋混凝土、支离破碎的道路桥梁等地震遗址。从这些残垣断壁间，人们依然能够感受到汶川特大地震的巨大破坏力。汉旺镇地震遗址是整个"5·12"汶川地震震区建筑破坏类型最为多样的工业遗址地，也是数万汉旺人曾经的居住地，更是汶川特大地震抗震救灾的主要"战场"之一。所以，经中央政府批准，地震后汉旺镇的东汽厂区、东汽宿舍区和汉旺镇三大片区被建成汉旺地震遗址公园，主要用于纪念在汶川特大地震中逝去的同胞亲人，为地震专家和建筑专家等学者提供一个研究的基础平台，为游客和当地百姓科普地震灾害和防震抗震知识（见图 4-21 至图 4-23）。

图 4-21 永远定格在 14 点 28 分的汉旺大钟

图4-22 被地震严重损毁的汉旺东方汽轮机厂

图4-23 汉旺中心幼儿园遗址

★穿心店宏达集团化工基地遗址（现代工业建筑遗址型、抗震救灾纪念型）

穿心店宏达集团化工基地遗址位于什邡市蓥华镇仁和村，总占地面积为1.5平方千米，分生产和生活两个区，是四川宏达股份有限公司磷化工公司于1958年修建的生产基地。"5·12"汶川地震之前，宏达集团的这一处化工生产基地共有在厂职工近700人，年生产销售磷肥等化工产品价值近10亿元。一幢幢员工宿舍、厂房车间、办公大楼屹立于此，厂区进出车辆络绎不绝，生产生活一片繁忙景象。

然而，受"5·12"汶川特大地震影响，忙碌而繁荣的景象在一夜之间消失不见，留下的只有一幢幢破败不堪、倒塌的大楼和工厂车间。据统计，该处生产基地内遇难75人，受伤61人，造成厂区直接经济损失4.3亿元。同时，因为是化工生产基地，受地震影响而造成部分液氨、硫酸等高危化学品的泄露，一时间更是加重了这里的灾情。经过连续数天的抢险，这些泄露的高危化学品才得以控制住。

大震之后，这里的一切几乎毁于一旦，但是，也创造出了众多的地震遗迹资源，如倒塌的干燥塔、破碎的萃取厂房、变成危房的中控分析楼、垮塌的磷铵办公室、被泄露的硫酸烧毁的硫酸分厂、曾经造成巨大威胁的氨站、生产设备全部损毁的复合肥分厂、或倒塌损毁或依然屹立的职工宿舍等（见图4-24至图4-27）。这些地震遗迹都是我国对工厂抗震抗灾，特别是危险化工厂抵御自然灾害，避免重大伤亡损失进行研究的宝贵资料和重要依据。同时，穿心店宏达集团化工基地遗址也是灾区人民不屈不挠、坚忍不拔，全国上下万众一心、空前团结崇高精神高度凝聚的所在地，更是"5·12"汶川特大地震重要的工业遗址纪念地。

图4-24　什邡穿心店宏达集团生产基地倒塌的干燥塔遗址

图4-25　什邡穿心店宏达集团生产基地硫黄车间遗址

图 4-26　什邡穿心店宏达集团生产基地遗址

图 4-27　什邡穿心店宏达集团生产基地氨站遗址

4.2.5　绵阳市震迹旅游资源

★北川县城遗址（现代城市建筑遗址型、山地构造断裂型、陷落型、河流堰塞型）

北川县城地震遗址位于中国科技城绵阳市境内的北川县曲山镇，距绵阳市城区约 40 千米，距成都市城区约 160 千米。该遗址占地面积约 1 平方千米，沿唐家山与景家山之间的河谷地带呈条带状分布，是汶川地震之前北川羌族自治县的中心城区。

"5·12"汶川特大地震以前的北川老县城，作为绵阳市北川县的政治、经济和文化中心，有人口约 3 万人，约占全县总人口的 18%。震前的北川老县城交通发达，南可经 105 省道通往绵阳市，北可由 302 省道通向江油市，西可经龙尾隧道通往唐家山、禹里、茂县和小寨子沟旅游区；同时，县城内混合布局着众多具有地方民族特色的居住用房、商业办公用楼和市政基础设施建筑，商业经济发展平稳，人民生活安居乐业。

汶川特大地震发生后，原本和谐安宁的北川老县城在地震的冲击之下损失惨重（见图 4-28 至图 4-38）。曾经一幢幢的高楼有的破碎倾斜，有的一楼和二楼直接陷入地下，有的直接坍塌，居民住房、商业大楼、政府建筑、学校医院等建筑设施在地震的一瞬间几乎全部被毁。同时，因大量建筑物倒塌，被埋人员不计其数，整个县城人员伤亡极其惨重。据统计，汶川特大地震中，北川羌族自治县是受灾最严重的地区之一，造成直接经济损失达 661.7 亿元，县城 80% 以上的房屋被毁，100% 的建筑成为危房。全县共有 16 000 余人死亡，3 800 余人失踪，其中仅在北川老县城内死亡的人数就超过了 15 000 人，完整幸存下来的家庭不到震前整个县城的 10%。

震后，因北川老县城损毁严重且地质灾害变得更加复杂高发，经中央政府批准，北川县城整体搬迁至距离老县城 23 千米的永昌镇。因为北川老县城受"5·12"汶川特大地震的影响，灾害类型多样，工程破坏类型齐全，且具有极高的科研价值、精神价值、教育价值和旅游价值，所以北川老县城被划为地震遗址保护区，供世人参观、研究和学习。

图 4-28 被地震彻底摧毁的北川县城全景图（一）

图 4-29 被地震彻底摧毁的北川县城全景图（二）

图 4-30 被地震彻底摧毁的北川县城曲山街遗址

图 4-31　被滑坡掩埋了近三分之二的北川老县城遗址

图 4-32　北川县城金锣巷遗址（一）

图 4-33　北川县城金锣巷遗址（二）

图 4-34　北川县城客运中心遗址

图 4-35　北川县城被山体滑坡摧毁和掩埋的建筑遗址

图 4-36　北川县城被地震和唐家山堰塞湖泄洪毁坏的公路遗址

图 4-37　被地震损毁的北川大酒店遗址

图 4-38　被滑坡巨石彻底掩埋的北川县城中学

★唐家山堰塞湖（河流堰塞型）

唐家山堰塞湖位于绵阳市北川县老县城上游 4 千米处。它是受汶川特大地震影响，两侧山体垮塌堵塞湔江河道而形成的。在地震之后不久的 2008 年 5 月 17 日，国土资源部首次公布了四川地震灾区形成的 13 个地震堰塞湖。2008 年 5 月 22 日，国土资源部公布四川境内的堰塞湖数量增加到 34 个，其中蓄水量在 300 万立方米以上的大型堰塞湖有 8 处，100 万立方米至 300 万立方米的中型堰塞湖有 11 处，100 万立方米以下的小型堰塞湖有 15 处。2008 年 5 月 23 日，公布的堰塞湖数量又增加到 36 处。实际上，震区形成的堰塞湖数量远不止此数，公布的是经分析筛选后，确定的规模较大、危险性较高的堰塞湖。而唐家山堰塞湖（图 4-39 至图 4-40）堰塞坝体整体长 803 米、宽 611 米、高 82.65~124.4 米，最大库容量达 3.2 亿立方米，是众多堰塞湖当中最危险的一个。它就像一把高悬的达摩克利斯之剑，一旦溃坝，其下游区域数百万人民的生命财产安全将遭受威胁，后果极其严重。所以，经媒体报道后，全国各界都投来了关注的目光，而这也使"堰塞湖"成为地震后普及程度最高的科学名词之一。

2008年6月11日，经地方政府、相关专家学者和现场抢险施工人员的共同努力，通过开挖泄流槽的方式，唐家山堰塞湖泄流出现了人们预期的最好结果，库区水容量降至0.876亿立方米，这也把悬在全国人民心中的一把利剑完美地卸下。经中央政府批准，排险成功后的唐家山堰塞湖将作为"次生灾害展示与自然恢复区"，与北川老县城地震遗址和北川地震博物馆共同组成北川国家地震遗址博物馆，供科学研究和游客参观，并向世人展示汶川特大地震的巨大破坏力和中华民族团结一心抗震救灾的伟大胜利。①

图4-39 唐家山堰塞湖（一）

图4-40 唐家山堰塞湖（二）

① 范晓. 地震堰塞湖从达摩克利斯剑到新景观 [J]. 中国国家地理，2008（9）：16-18.

★安县茶坪乡地震遗址

安县茶坪乡位于安县、北川和茂县三县交界处，地震之前是一个依托千佛山风景名胜区发展旅游业的山中小乡镇，地震后却一度成为山中孤岛，满目疮痍。"5·12"汶川特大地震的来袭，造成茶坪乡镇90%以上的房屋倒塌，全乡死亡、失踪1 067人，无数山体形成的塌方体阻塞河流、道路，形成了肖家桥堰塞湖（见图4-41）等地震遗迹。境内的千佛山风景名胜区也遭受巨大的冲击，部分景区景点不复存在。地震发生后，安县茶坪乡本地居民积极开展抗震自救，并成功解救千佛山景区内近500名工作人员和参观游客，待外部救援力量到达后又积极配合专业救援队开展救援工作。

安县茶坪乡在"5·12"汶川特大地震中无论是人员伤亡情况，还是建筑、基础设施，都受损极其严重。但是，因为地震的影响也形成了诸多的地震遗址遗迹，且在灾难中突显了自救和互救的重要性，更展现了中华民族坚强不屈、众志成城的伟大抗震救灾精神。

图4-41　肖家坝堰塞湖遗址[①]

4.2.6　广元市震迹旅游资源

★青川县东河口地震遗址群

青川县东河口地震遗址群位于广元市青川县西南部，包括红光乡东河口村、石坝乡青龙村、马公乡窝前村和苏河乡三凤村等区域，占地面积近50平方千米。汶川特大地震之前，该区域主要以农业发展为主，因地处山地区域，山洪、泥石流、滑坡等

---

① 图片来源：新浪博客，《安县地震重灾区》，http://blog.com.cn/s/blog_50aea6a20100d6ry.html。

山地自然灾害时有发生，但总体上并未对当地自然环境和人民生命财产安全造成较大的影响和伤害。

"5·12" 汶川特大地震发生后，位于青川县红光乡和官庄镇交界处的东河口一带，地震引起的大规模的山崩、滑坡掩埋了该区域大量的村庄和道路，造成大量人员群体性死亡，其中仅东河口村王家山山崩和石板沟滑坡就导致该区域村民和过路群众780余人死亡（见图4-42、图4-43）。虽然汶川特大地震的降临给整个四川省带来了极其深重的灾难，但是也创造出了很多地震遗址资源，供世人参观、学习和研究。其中，青川县东河口地震遗址是本次地震地质破坏形态最丰富、体量最大，地震堰塞湖最多、最集中的地震遗址群。该地震遗址区内集中了崩塌、地裂、隆起、断层、褶皱等多种地质破坏形态，并且由地震引起的滑坡和泥石流还形成了石板沟、东河口、红石河等36处形态各异的堰塞湖。同时，也是因为汶川特大地震的影响，该区域多处地热和地下天然气资源得以发现，从而丰富了东河口地震遗址群内的地质资源形态。①

图4-42 青川县东河口地震遗址滑坡②

---

① 曾秀梅，谢小平，陈园园. 青川东河口地震遗址公园景观与旅游解说系统的构建分析 [J]. 云南地理环境研究，2010（6）：76-79，95.

② 图片来源：青川旅游网。

图 4-43　青川县东河口地震遗址山体滑坡遇难群众被埋点①

除了丰富的地质类地震遗址资源外，这里还形成了东河口小学地震遗址、富有地方特色的穿斗式构架房屋民居遗址等众多人文景观类地震遗址。震后，东河口地震遗址群被建设成地震遗址公园，并于 2008 年 11 月正式开园，是"5·12"汶川特大地震后最早开园的地震遗址保护纪念地。该区域通过对各类地震遗址的保护和对外开放，以实现对遇难者的追思和对"5·12"汶川特大地震的纪念，并充分利用其丰富的地震遗址资源形态促进我国地震科研事业的发展和地方旅游业的发展。

4.3　震记旅游资源

"5·12"汶川大地震留下了无数遇难者的遗物以及抗震救灾过程中保留下来的物品，更有许许多多相关的文字报道，特别是真实记录灾难发生及营救过程的大量的来自媒体（中央电视台、四川电视台、成都电视台、绵阳电视台、德阳电视台以及香港凤凰卫视等）、单位（德阳东方汽轮机厂等）和个人的静态彩色数码照片及动态的视频。这些珍贵的精神文化资源极大地丰富了地震旅游资源的内涵。适当地异地搬迁展示典型实物，包括遇难者纪念物以及涉及遇难人员的照片、姓名、年龄的纪念墙和其他设施，是保护震记旅游资源的重要内容。

①　图片来源：麻辣社区论坛——凭吊东河口，http://www.mala.cn/thread-4233949-1-1.html。

灾后拟兴建的地震纪念碑、纪念馆、博物馆等既是震记旅游资源的载体，又是广义的震记旅游资源。

4.3.1 文献型震记资源

★ 照片震记资源

"5·12" 汶川特大地震发生后，全世界的目光都聚焦于地震灾区，而很多照片资料无疑成为记录灾区灾情和灾后灾区变化，展现中华民族团结一致、众志成城抗震救灾精神的重要载体。随着时间的流逝，那一张张记录灾情和灾后灾区变化的照片则成为灾区重要的震记资源。通过展示这些照片资源，可以吸引大批游客驻足观看，感受2008 年那场突如其来的大地震给灾区人民带来的深重灾难，了解震后灾区的突变，纪念地震中遇难的同胞，鼓励人们珍惜生命和眼前来之不易的幸福。

对于灾区人民来讲，那一幅幅照片不仅是他们曾经的亲身经历，更是鼓励他们有勇气继续生活下去的动力；对于游客来讲，那些记录了一幕幕生离死别、坚强不屈、众志成城、大爱无疆的照片，一次又一次地触动着他们的心灵。特别是那些震后经典的照片资源，它们被放在网上，被存放在博物馆里，被印在书本里，被刊登在各类媒体上，成了中国人民永恒的记忆，向世人讲述着那场大灾难中的悲壮故事。

下面两幅照片由网友拍摄于汶川地震极重灾区绵竹市的武都小学。其中图 4-44 中被埋的孩子在从倒塌的教学楼中被刨出时已经离世，但他的手上还紧紧地握着一支钢笔；图 4-45 中一名被埋在废墟下的女孩伸长手臂，渴望着救援人员把她从废墟中救出。

图 4-44　被埋的孩子（一）①

图 4-45　被埋的孩子（二）②

---

① 图片来源：新华网。
② 图片来源：新华网。

下图均为身处前线的新闻记者所拍摄的珍贵照片。

下图中，图4-46是新闻记者拍摄的空降兵某部15名官兵在震后天气状况不明的情况下，从4 000多米的高空空降到茂县，对灾区进行救援；图4-47由网友拍摄并上传网上，图中救援人员行走在灾区废墟之上，冒着余震的危险抢救受伤的群众。

图4-46　空降兵空降茂县①

图4-47　救援人员冒着余震危险抢救伤员②

图4-48是汶川地震发生后的第3天，新华社记者搭乘直升机从汶川地震震中映秀镇高空拍摄下来的震后满目疮痍的映秀镇，是非常珍贵的高空照片震记资源。

---

① 图片来源：新浪网。
② 图片来源：新华网。

图 4-48 震后的映秀镇①

类似以上诸多经典照片，它们来自灾区群众、救灾官兵、前方记者、救灾志愿者、网友等。他们用镜头记录下了灾区点点滴滴感人的瞬间，记录下了震后万众一心、团结一致的抗震救灾精神，更记录下了中华民族战胜这场特大灾难的整个过程，是极其珍贵的震记旅游资源。

★ 视频影音震记资源

自 20 世纪起，科技的进步给人类的生产生活带来了巨大的便利，到 21 世纪初，自媒体的发展让丰富多彩的视频资源尽展于人类的眼前。因此，对事件的记录不仅有静态的照片资源，更有动态的视频资源，而这些动态的视频资源也能更详尽地记录事件的原委，并将所记录的事件资料更真实地展现在人们的面前。对于那些视频资源里的事件主体，那一幕幕动态的视频画面是他们曾经过往的记忆；而对于其他观看这些视频资源的人来说，那一幕幕动态的视频画面或给予其生活的启示和感悟，或开阔其眼界，增长其智慧等。随着时间的流逝，那些记录了"5·12"汶川特大地震中重要事件片断的视频资源也会逐渐变得弥足珍贵，当将其用于旅游事业的发展时，必将成为一种重要的视频类旅游资源。如 2008 年汶川地震后社会上涌现的各类记录灾情、记录抗震救灾的视频资源，它们就是重要的震记旅游资源。这些视频影音类震记旅游资源包括新闻媒体报道的视频资料，媒体记者在灾区前方记录下的视频资料，企业、单位和灾区百姓所记录下的视频资料；同时，还包括为祝福灾区、鼓励生者坚强地活下去、感谢来自四方救援力量而创造出来的一首又一首在灾区、在全国传唱的抗震救灾歌曲及其音乐短片。

―――――――――

① 图片来源：新华网。

汶川地震发生后 32 分钟，中国中央电视台新闻频道就在其新闻节目中插播了第一条关于汶川地震的消息，并在 52 分钟后就推出新闻直播特别节目《关注汶川地震》，让全国乃至全世界人民在第一时间知道了汶川地震的情况。地震当天 16 时，成都电视台开始播出地震新闻，并对政府公告和地震灾情状况进行现场直播，至下午 18 时开始 24 小时直播《抗震救灾，众志成城》特别节目。地震发生当天的 18 时，四川电视台也推出了第一档《汶川地震特别报道》节目，并于当晚 24 时开始进行全天候 24 小时滚动播出。随着时间一分一秒地过去，有关灾区灾情和抗震救灾最新进展的视频资料通过前方记者的拍摄录制，源源不断地在新闻媒体有关汶川地震的特别报道中 24 小时循环播报放送。[①] 同时，地震发生后的数天内，由企业、单位和个人在灾区所拍摄记录下的一批视频影音资料和大批抗震救灾公益歌曲也不断地出现在新闻电台和网络媒体上。

这些视频资料中，有失去亲人和孩子的灾区人民伤痛欲绝的面容和响彻天际的嘶吼呐喊；有灾区人民坚韧不屈、顽强抗争的影像；有一片又一片的地震废墟和地质灾害隐患点；有国家领导人奔波于灾区的身影和鼓舞人心的讲话；有英勇的士兵冒着余震的危险在废墟上展开救援的画面；有来自各地的志愿者、医疗队、救援队等在灾区忙碌的身影；还有灾后重建中那些忙碌的背影和重新屹立起来的学校、医院和民居等。救灾完成后，这些视频成了宝贵的动态影音资源。它们有的被放置在网络上供世人观看纪念；有的被刻录在光盘中以留作永久纪念；有的出现在震后新建的博物馆中，永久循环播放，供游客参观纪念。

4.3.2 碑刻型震记资源

那一刻——14 点 28 分：地崩天折，山河易容。

那一天——5 月 12 日：那么多生命，遭受了毁伤；一些惊呼，未曾发出就被窒息；剧烈的创痛，犹如抽打肉体与心灵的闪电。

那一年——2008 年：举国同悲，全民一心，我们都是中国人，我们都是汶川人！情感的旋风，动人的声音传遍世界！

那一刻——14 时 28 分：中国，沉睡的情感猛醒过来！

那一天——5 月 12 日：中国人都在呼喊！给死难的同胞，我们的泪！给受伤的同胞，我们的血！给饥饿的同胞，我们的水，我们的粮食，和我们的衣裳！给一切蒙难和幸免于难的人，以最深切的情感，以诗歌的崇高与美丽！是的，我们将永远记得，那一天，诗歌成为最早最美丽的花朵，在地震的废墟开遍。

---

① 邱沛篁.汶川地震报道中我国传媒力量透视 [J]. 西南民族大学学报（人文社科版），2008（11）：185-188.

那一年——2008年：我们的确用久违的诗歌召唤回了远遁的情感！叫做哀悯的情感，叫做慈悲的情感，叫做爱，叫做大爱，叫做感恩的情感，叫做奋起与不屈的情感！

今天，我们刻石于此，作为那一刻，那一天，那一年永久的纪念。

——什邡穿心店地震遗址诗歌墙序《那一刻，那一天，那一年》

上述诗歌来自什邡市穿心店地震遗址公园诗歌纪念墙，属碑刻型震记旅游资源。汶川特大地震之后，为纪念在地震中遇难的同胞和伟大的抗震救灾活动，像这样的碑刻型震记旅游资源在灾区还有很多。如绵竹市年画村"苏州援建"石刻，映秀镇地震遗址抗震救灾石刻墙和"5·12震中"石刻，都江堰市虹口乡入口处"5·12"地震石刻，彭州市小鱼洞大桥遗址石刻和谢家店子遇难者石碑，北川县"5·12"地震石刻，青川东河口地震遗址公园内的留言石刻等。这些碑刻将作为地震灾区重要的震记旅游资源和"5·12"汶川地震发生的见证，与世人永远祭奠2008年5月12日14时28分地震发生那一刻逝去的亲人同胞，永远纪念"5·12"汶川特大地震悲痛欲绝的那一天，永远记住全国人民万众一心、抗震救灾的那一年！它们以诗歌、记述、精神口号、感恩的字词、灾情画面、救灾抢险画面等为主体，被雕刻于建筑墙体、坠石、岩壁等载体上（见图4-49、图4-50、图4-51、图4-52、图4-53、图4-54、图4-55、图4-56），形成了众多的碑刻震记资源，以描述汶川特大地震这场巨大的灾难，表达灾区人民对帮助灾区渡过难关的各族各地区人民的感谢，以此纪念这场伟大的抗震救灾史。

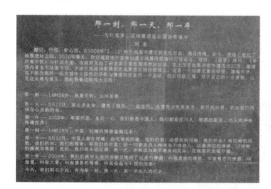

图4-49 什邡市穿心店地震遗址公园诗歌纪念墙①

其中，青川东河口的留言石刻上有这样三句留言让世人为之动容。其中刻着的一句是被埋70多个小时后在被救出的最后送医关头而逝世的北川男孩陈坚在被埋期间对记者所说的话——"我要坚强，我必须坚强，为了每一个深爱我的人，一定要活下去"，然而命运的死神还是在最后的关头将这个坚强的男孩带走。另一句是一位母亲

---

① 图片来源：由编写团队成员杨晓宇拍摄。

留给自己襁褓中孩子的手机短信,上面写道"亲爱的宝贝,如果你能活着,一定要记住,我爱你",短短的一行字,突显出的是母爱的伟大。留言石刻上还刻着这么一句写给东河口小学遇难师生的话——"孩子,别哭,离开了老师,有老师陪着你,去天堂的道路,你并不孤单"。

图4-50 青川县东河口地震遗址公园内的留言石刻①

图4-51 映秀镇"5·12"震中石刻②

① 图片来源:中国新闻网,http://news.163.com/0910512/01/5930G6L6000120GO.html。
② 图片来源:图4-51至图4-53,图4-55至图4-56由编写团队成员杨晓宇拍摄。

图 4-52　映秀镇漩口中学抗震救灾石刻墙

图 4-53　北川县老县城"5·12"地震石碑

图4-54　彭州市龙门山镇谢家店子遇难者石碑①

图4-55　什邡市红白镇感恩石

---

① 图片来源：《四川彭州银厂沟：保留最"原始"农村灾区》，http://news. sohu. com/20090508/n263850312.shtml。

图 4-56　绵竹市年画村"苏州援建"石刻

4.3.3　纪念型震记资源

纪念型震记资源是为纪念地震发生这一重大事件和地震中的遇难人员以及救援力量的救援帮助而保护、修复和创作的纪念碑、纪念广场、纪念墙、纪念馆、纪念雕塑等纪念性建筑物和纪念性诗文等。

汶川地震后率先涌现的是一篇篇纪念性的诗文，如《青春祭——给"5·12"罹难的少男少女》《生命的礼赞——献给地震废墟中存活的人们》《孩子，快抓紧妈妈的手》《震感—活着》《患难见真情，抗震救灾展现人性》等。这些诗文在震后两个月内已达数百篇，以文字呼唤和呐喊的方式纪念那些在地震中遇难的人们，鼓励幸免于难的人们，感谢来自各地的支援力量。

而在震后三年内的灾后恢复重建中，地震灾区纷纷修复和建起了一座座纪念"5·12"汶川特大地震和抗震救灾伟大胜利的纪念碑、纪念广场、纪念墙、纪念馆和纪念雕塑等纪念性建筑物（见图 4-57、图 4-58、图 4-59、图 4-60、图 4-61、图 4-62），以此为纪念平台，祭奠那些在地震中遇难的同胞，纪念那场特大地震，感恩各方的抢险救援和对口援建。如映秀镇漩口中学纪念时钟、映秀镇遇难者公墓纪念墙、彭州市小鱼洞大桥"5·12"纪念雕塑、什邡市穿心店汶川地震遗址纪念碑、汉旺镇永远停留在 14 时 28 分的大钟、北川"5·12"汶川特大地震纪念馆、北川新城地震纪念广场、青川"5·12"汶川特大地震遇难同胞纪念台等。

图 4-57 映秀震中纪念馆①

图 4-58 北川"5·12"汶川特大地震纪念馆②

---

① 图片来源：新浪博客，http://blog.sina.com.cn/s/blog_67787ee90100meOC.html。

② 图片来源：马蜂窝网，http://www.mafengwo.cn/photo/63526/scenery_3387921-1.html。

图 4-59 什邡市穿心店汶川地震纪念碑、墙、广场①

图 4-60 北川新城地震纪念广场②

① 图片来源：由编写团队成员杨晓宇拍摄。
② 图片来源：视觉中国网，http://www.vcg.com/creative/804412806。

图 4-61　彭州小鱼洞大桥"5·12"地震纪念雕塑①

图 4-62　青川"5·12"汶川特大地震遇难同胞纪念台②

---

①　图片来源：新浪博客，http://blog.sina.com.cn/s/blog_6967f85501017hk2.html。
②　图片来源：地质公园之家——地震遗迹景观，http://www.geoparkhome.com/detail.aspx？node＝348&id＝2168。

4.3.4 展览型震记资源

展览型震记资源是指收藏于地震博物馆、地震纪念馆和地震展览馆内面向世人展出的各类有关地震和灾后恢复重建中留下的人文类遗物、影像、图片、文本书籍（见图 4-63、图 4-64、图 4-65）和因地震影响而坠落的岩体等自然类物品，以及各类地震遗迹模型和震后区域恢复建设的城镇沙盘等。同时，展览型震记资源还包括室外向世人展出的较大型的地震遗迹和灾后恢复建设的展览性资源等。

"5·12" 汶川特大地震发生后，废墟之上留下了很多废弃的生活物品、被损毁的车辆、地震中遇难人员的遗物、从山坡上垮塌的岩体等。作为这场大地震的见证，这些物品中的一部分被搬运到了灾后修建的地震博物馆、纪念馆、展览馆和室外展览场地等区域，并向世人展出，以缅怀逝去的同胞亲人和纪念那场突如其来的特大地震，让前来参观的游客通过对这些物品的近距离观看亲身感受到 "5·12" 汶川特大地震带来的巨大灾难。同时，一起被展出的还有在抗震救灾过程中和灾后恢复重建过程中使用过的各种救灾工具和援建队伍使用过的各类物品，地震前后所拍摄的各类影像照片和出版编制的各类文本书籍，家园重建后的各类新城、新镇、新村的照片和沙盘等。

这些展览型震记资源在地震灾区的旅游发展中已然成了重要的震记旅游资源，通过对外展览让世人永记 "5·12" 汶川特大地震及其震后的那些年！

图 4-63　汶川县博物馆展出的汶川各乡镇地震灾后重建规划文本①

---

① 图片来源：图 4-63、图 4-64 由编写团队成员杨晓宇拍摄。

图 4-64　北川老县城展出的地震中受损的交通工具

图 4-65　青川地震博物馆展出的地震及救灾照片①

---

① 图片来源：广元新闻网，《宣传干部参观青川县三基地》，http://www.gyxww.cn/GY/GYYW/201012/81469_4.html。

5 "5·12"汶川地震旅游产品开发的建议

5.1 地震旅游资源转化为地震旅游产品的可行性

"5·12"汶川特大地震灾害对四川省旅游业造成的破坏和损失前所未有。据统计，在长约 300 千米、宽约 45 千米的地震重灾区范围内，集中了四川省最核心的旅游资源，包括九寨沟、黄龙、青城山—都江堰、大熊猫栖息地四处世界自然遗产，窦圌山、罗浮山、白水湖、蓥华山、九峰山、四姑娘山、猿王洞等风景名胜区，王朗、蜂拥寨、卧龙等自然保护区，龙池国家森林公园，龙门山国家地质公园、江油李白故居等旅游景区。"5·12"汶川地震发生后，川内众多旅游企业濒临破产，全省旅游企业基本处于歇业状态，仅 2008 年 5 月份全省旅游总收入就下降了 64.7%。这对拥有40 万直接旅游从业人员和近 180 万相关行业从业人员的四川来说，无疑是一个巨大的挑战。但是，第一，四川受灾地区实际上只限于龙门山脉区域（汶川、北川、青川沿线），而川东、川南、川西南的五大主力旅游产品依然完整，四川旅游产业的基本面没有受到太大的破坏。第二，地震所形成的特有的，甚至是稀有的地质景观，可以成为供开发的旅游资源。合理地保护、开发和利用这些地震旅游资源，不仅可以打造出一批旅游新亮点，而且可以成为全省旅游恢复发展中的重要力量。将地震旅游资源转化为地震旅游产品是完全可行的，具体可从以下几个方面来看。

第一，各级政府对四川旅游发展的高度重视和支持。

（1）党中央、国务院对灾区旅游发展高度重视。根据国家对地震灾区恢复重建的总体规划，旅游产业已经被明确为优势产业和先导产业。所以，我们应该认识到四川省旅游行业发展的基础还在，优势尚存，尽管困难重重，但是前景仍然广阔。

（2）国家旅游局对四川省旅游行业恢复重建给予了全力支持。早在指导抗震救灾阶段，时任国家旅游局局长的邵琪伟就对四川省旅游行业恢复重建做了重要的安排部署，要求做到早谋划、早决策、早安排，要科学判断、科学谋划、科学决策。进入恢复重建阶段后，邵琪伟同志又带领大批专家来到四川指导恢复重建工作，为四川省旅游产业科学规划恢复重建工作提供了强有力的技术保障。

第二，四川具有坚实的旅游发展基础和依旧美丽的景色。

四川是公认的旅游资源大省。地震发生前的 2007 年，四川省旅游业总收入已经超过 1 000 亿元，相当于地区生产总值的 11.6%，旅游产业的支柱地位基本确立。在国际国内旅游市场需求增长旺盛的有利条件下，四川旅游业既有较强的风险承受能力，又有巨大的发展潜力。

从区域上看，地震灾害的直接破坏是局部性的。四川省地域广阔，占地面积达48.5 万平方千米，共辖 21 个市州、181 个县。这次特大地震虽然波及面广，但所造成的巨大直接破坏，主要集中在龙门山脉沿线 6 个市（州）的 21 个重灾区县，而在2007 年，这 21 个县旅游总收入只约占全省的 11%。相对于全省大范围而言，地震灾害的直接破坏范围局限在较小的区域内。所造成的破坏主要集中在龙门山构造活动断裂带上，山崩、滑坡、泥石流大多集中分布在这个区域。距离其不远处，往往不过一两千米，甚至仅仅数百米，青山依然在，毫无破坏痕迹。省内大部分景区和旅游线路产品基本完好，世界自然遗产中，都江堰和大熊猫栖息地的核心景区只是局部受损，九寨沟、黄龙、峨眉山、乐山大佛等世界级的旅游资源和产品基本未受损。大多数海外游客参观较多的优质旅游景区安然无恙，风光依旧。四川省旅游精品线路中，除了极重灾区的九环线、三国线等旅游线沿线的旅游基础和配套服务设施遭到较大程度损毁外，其他区域的绝大多数旅游线路仍然完好。总的来看，全省的自然景观没有遭到根本性的破坏。

第三，地震资源本身就是独具特色的旅游资源。

地震遗迹属于旅游资源中地质旅游资源中的一类。地震所形成的特有的，甚至是稀有的地质景观，都可能成为可供开发的旅游资源。地震所带来的更宝贵的财富则是强大的中国人民众志成城、抗震救灾的精神。2008 年 5 月 12 日 14 点 28 分汶川发生地震，14 点 30 分第一支抢救部队已经抵达灾区，在整个抢救过程中所发生的一切——党中央的高度重视，灾区人民的坚韧不屈、互助互救，社会各界的慷慨解囊以及志愿者的忘我精神等，无不显示出我们国家民族的强大。自然灾难是可怕的，但是在我们中华民族面前，它又并不可怕，因为我们有 13 亿中国人，再大的困难除以 13 亿，也会变得微不足道，再小的力量乘以 13 亿，也足以战胜一切困难。这些都是宝贵的人文旅游资源，不仅可以激发中华民族的自豪感，又是很好的爱国主义教育和自我教育的绝佳材料。同时，开发地震旅游资源不仅可以加快灾区恢复建设的进程，还能对游客进行科普教育。通过参观，游客不仅可以学到一些避难的知识，更能学会珍爱生命，珍惜眼前平平安安的幸福生活。

5.2 地震旅游产品开发的原则

5.2.1 保护第一的原则

要开发地震旅游产品首先就要保护好这些震迹和震记资源。没有这些资源，地震旅游产品的开发和发展将失去其原有的动力和原本的文化内涵。要借鉴日本阪神地震遗址纪念馆建设和遗址保护经验，以及国内唐山地震遗址公园的建设经验，把地震遗址和遗迹永久保留和保护起来，以体现"对自然的敬畏、对生命的关爱、对科学的探索、对历史的追忆"。

5.2.2 整合统筹的原则

四川龙门山地震旅游产品是一个系列产品，它需要整合龙门山构造活动断裂带上"5·12"地震极重灾区所有的典型地震遗址和遗迹资源。这些地震遗址和遗迹需要科学整合成一个世界级的专项旅游产品，供全国乃至全世界的游客参观和考察。同时，四川龙门山地震旅游产品仅仅是四川旅游产品集合的一个组成部分，应该同四川其他旅游产品有机整合起来，形成丰富而统一的四川旅游品牌。

5.2.3 典型化和差异化原则

地震旅游产品的开发要避免同质化，杜绝一窝蜂兴建地震博物馆的现象。警惕灾后旅游业恢复重建时盲目投资，争相建设地震遗址公园的非理性和不经济行为。博物馆不宜过多，建设一个集中反映"5·12"龙门山构造活动断裂带特大地震灾难发生过程、破坏程度、救援过程和抗震救灾感人事迹的普及地震科学知识的大型综合博物馆即可。地震遗址公园和地震遗址保护点要有代表性和互补差异性，不主张遍地开花。可以从汶川地震震中标志物、城市遗址、工业城镇遗址、产业园区遗址、国家地震遗址公园、堰塞湖遗址等方面统筹考虑，并在此基础上设计地震遗址旅游环线。

5.2.4 居民参与的原则

四川龙门山地震旅游产品的开发与灾区居民密不可分，灾区居民既是旅游资源中的一部分，他们的利益又同旅游业的发展密切相关。在地震旅游产品开发中要赢得他们对旅游业的支持与理解，从而实现共同发展，使旅游业的发展与当地居民的生产生活相互带动、相互促进，以此帮助居民尽早恢复生产和生活。

5.2.5　生态安全原则

地震引发的地质灾害呈现出范围广、程度深、持续时间长的特征。因此，要做好灾害调查与评估，要对灾区群众负责，对历史负责，对子孙后代负责。应对环境进行科学评价、科学分区，尊重自然规律，明确适宜重建、适度重建、不适宜重建的区域范围；重建项目要充分考虑环境承载力及地质条件，要避开地震断裂带上的高危区域，在项目选址、建筑设计、建筑材料、建筑管理等方面要充分满足防震避灾的要求。

5.2.6　可持续发展的原则

"5·12"汶川特大地震的发生使灾区旅游硬件设施损毁严重，这需要灾后投入更多人力、物力、财力，并运用新的技术手段。地震旅游产品的开发也必将有一个过程，需要分期、分批进行，并坚持科学发展、可持续发展。

5.3　地震旅游产品开发的思路

"5·12"汶川地震作为世界罕见的巨大地震，在人们心中留下了无形的伤痛，也在地球表面的这一块区域留下了有形的物质遗产。尽管这种遗产包含了沉重的生命代价和令人触目惊心的灾难场景，然而随着时间的推移，人们会愈加发现这些遗产具有的警示、启迪、求知、缅怀的深远意义和巨大价值。

"5·12"汶川特大地震所遗留的大量震迹旅游资源，其自然独特的灾害景观、奇异神秘的灾害内涵、惊险的灾害过程、悲壮惨烈的灾害场景，都会激发人们的多种旅游动机，如文化动机（欣赏奇异风光、地学教育、科普宣传、科学考察、警世教育）、心情动机（凭吊遇难者、敬仰英烈、追思回忆）、探险猎奇动机（挑战自然、挑战自我、体验和感受灾难）、身体健康动机（休闲、运动、疗养）等。它蕴含着"残缺美""悲剧美""社会美"，蕴含着人们所需求的多种感受体验，满足了旅游者求新、求异、求知的需求，对旅游者有着极大的吸引力。

"5·12"汶川特大地震龙门山脉地震旅游产品开发的总体思路是：全面贯彻落实科学发展观，坚持以人为本、生态保护优先、科学规划、精心谋划、统一部署的思想，在都江堰市建立反映龙门山构造活动断裂带运动的深溪沟地震遗址纪念地；在世界自然和文化遗产地设立面向全世界的"5·12"汶川大地震中华民族精神展示窗口和地震科普教育基地；在彭州建立地震遗址公园，并与已有的龙门山国家地质公园整合；在震中映秀镇建立震中纪念地和标志性纪念建筑；在绵竹市汉旺镇建立工业城镇地震遗址纪念地；在什邡市蓥华镇穿心店宏达集团化工生产基地建立工业遗址纪念园；在北川县城遗址建立综合反映"5·12"汶川特大地震的地震遗址博物馆；等等。坚持科学发展、可持续发展，分阶段分批次实施，必将显示出地震旅游资源巨大的潜力。

在地震旅游产品的规划、设计、开发过程中，要重视对灾难事件、地震遗址区人文价值和普世价值的挖掘和展现，注意对典型地震遗址、遗迹的保护。要借鉴波兰奥斯维辛集中营博物馆和纪念地的建造思路和做法，对于历史灾难事件留下的痕迹，不需要多余的装饰，只需保持原貌，让游客静静地聆听历史的回音就足够了。同时，一开始就要意识到"后地震旅游效应"，即灾难本身不具备持续吸引力。随着媒体和人们对地震关注度的降低，前往地震遗址观光的游客将逐渐减少，要在地震遗址区发展观光农业、乡村旅游、养生旅游、养殖农业、文化产业等，探索地震遗址旅游带动现代农业和其他服务业发展的可持续发展之路。

龙门山构造活动断裂带上的"5·12"地震遗址区环境比较脆弱，旅游要素的配置要与当地的自然环境、地形地貌和风土人情相协调。游客服务中心要进行科学选址。对地震遗址区旅游要素的配置要从以下几方面入手。

一是各种要素布局要合理。遗址参观区要与生活区域（吃、住、购）相分离，并有一定距离，保持纪念馆或遗址纪念地肃穆、安静的环境。

二是各类要素与纪念地氛围协调。生活区的建筑外观应体现当地民族文化特色。机动车道路和游步道两侧可栽种较多的柏树。

三是防止旅游要素过度商业化，不要让游客感觉拜访地震遗址是一次购物过程。

四是地震遗址旅游产品要具有显著的教育功能，地震遗址应充分体现科普宣传、爱国主义教育和环境生态教育的场所功能。

五是地震遗址旅游的开发应与当地老百姓脱贫致富有机结合，让社区居民积极参与其中。

5.4 地震旅游系列产品

5.4.1 核心产品

"5·12"汶川特大地震在近 300 千米长、50 千米宽的范围内产生了大量的地震遗迹和次生地质灾害，带来了极其丰富的震迹和震记旅游资源。2008 年年末，在遵循保护第一原则和典型化、差异化发展原则的前提下，由国家"5·12"地震遗址遗迹保护建设专家组提交的《"5·12"汶川地震遗址、遗迹保护及地震博物馆规划建设方案》通过了中国地震局、国家文物局专家委员会的审批,决定在北川、映秀、汉旺、虹口4地进行"5·12"汶川地震遗址、遗迹保护和地震旅游资源开发建设重点项目,并努力使其成为极具吸引力和震撼力的地震核心旅游产品。这4处地震遗址、遗迹保护和地震旅游资源开发项目是:北川地震遗址博物馆、汶川地震震中纪念地、汉旺工业遗址纪念地和虹口深溪沟地震遗迹纪念地。它们将各怀使命,从不同角度向世人展示汶川特大地震的巨大破坏力和中华民族英勇顽强的抗震救灾精神。

★ 北川地震遗址博物馆

北川地震遗址博物馆(见图5-1)包括老县城整体遗址、任家坪"5·12"汶川特大地震博物馆场馆、唐家山堰塞湖3处区域,占地面积共27平方千米。其中重点维护的核心遗址区超过1.5平方千米,保留了222栋损毁建筑(包括北川中学教学楼遗址)。地震对城市的毁灭性破坏影响,典型的地裂断层、巨大的山体滑坡灾害遗迹、曾危及河流下游区域的堰塞湖遗迹,以及砖混、框架等几乎涵盖了所有建筑结构类型的受损状况,都可以在这里找到样本。这对于地震学、抗震建筑设计学、地质灾害学等自然学科的研究具有极高的参考价值。同时,若是从高处俯瞰,任家坪上"5·12"汶川特大地震博物馆的独特设计、北川老县城的满目疮痍、唐家山堰塞湖的巨岩堆弃,足以震撼每一位游客;若是步入其间,更能让游客进一步体验到生命的意义。

图 5-1 北川地震遗址博物馆①

---

① 图片来源:"5·12"汶川特大地震纪念馆管理中心、马蜂窝网和杨晓宇拍摄,由杨晓宇后期编辑处理。

★ 汶川地震震中纪念地

汶川地震震中纪念地（见图5-2）位于汶川县映秀镇，包括漩口中学地震遗址纪念区、"5·12"汶川特大地震震中纪念馆、"5·12"震中纪念广场、"5·12"汶川特大地震遇难者公墓等。其中，漩口中学地震遗址纪念区是映秀镇保留的较大规模的地震破坏遗址地；而在"5·12"汶川特大地震遇难者公墓，埋葬着汶川县6 000余名遇难者遗体和部分因抗震救灾而牺牲的官兵，是汶川地震较大规模的遇难者公墓之一。

图5-2 汶川地震震中纪念地①

★ 汉旺工业遗址纪念地

汉旺工业遗址纪念地（见图5-3）位于绵竹市汉旺镇老城区，主要由原东汽厂房区遗址、东汽员工宿舍区遗址、汉旺镇遗址、纪念广场、广场大钟遗址、绵竹清平—汉旺国家地质公园博物馆等组成。其中，原东汽厂房区遗址、东汽员工宿舍区遗址和汉旺镇遗址均完整保留了"5·12"汶川地震对地面建筑物的破坏状况，展现了工业厂房和工业重镇在汶川特大地震中的各种受损情况，是地震学、厂房建筑设计、工业城镇建筑学等学科的珍贵研究资料，更是感受地震、体验地震、纪念地震的重要工业

① 图片来源：橡树摄影网、耳游网、新浪博客和杨晓宇拍摄，由杨晓宇后期编辑处理。

遗址纪念地。同时，在汉旺地震遗址的广场上，有一座地震期间曾被各大媒体广泛报道的著名建筑——汉旺广场上时间永远定格在 2008 年 5 月 12 日 14 时 28 分的大钟。屹立着的钟楼上，指针静静地定格在地震发生的那一刻，成为"5·12"汶川特大地震极具纪念意义的建筑物。

图 5-3　汉旺工业遗址纪念地①

★ 虹口深溪沟地震遗迹纪念地

虹口深溪沟地震遗址纪念地（见图 5-4）位于都江堰市虹口乡，遗址核心纪念区占地面积 56 000 平方米，包括地层断层展示馆、都江堰抗震救灾回顾展示馆、地震科普演示体验馆等，并选定了 5 处遗迹点进行加固保护。虹口深溪沟地震遗迹向世人展示了"5·12"汶川地震过程中断裂的地层错位的变化状况，以及处于地震错位断裂点上的建筑物的受灾情况，是地震学、地质学和建筑学进行科学研究的重要研究平台，也是进行地震、地质和防灾减灾重要教学和科普的实践平台，更是参观者感受汶川特大地震，体验汶川特大地震巨大破坏力的重要场所。这里长约 3 千米地段内的多处水泥路面、山坡地面因地震断层断裂、拱曲变形和开裂，民房严重移位，树木随断

————————————

① 图片来源：新浪博客、绵竹市人民政府网、四川在线—华西都市报、美国中文网，由杨晓宇后期编辑处理。

层推覆体呈现不同角度的倾斜状况，行驶中的汽车悬于高度倾斜的路面上，也将带给参观者强烈的视觉冲击。

图 5-4 虹口深溪沟地震遗迹纪念地①

5.4.2 典型产品

"5·12"汶川特大地震之后，为缅怀和纪念地震中遇难的同胞、科普地震和地质灾害知识、发扬伟大的抗震救灾精神、促进地方旅游业发展，灾区地方政府和民营博物馆积极对具有一定参观价值和科普价值的地震遗址遗迹和震记资源进行收集和保护，并建立了地震遗址公园和与"5·12"汶川特大地震相关的博物馆、纪念馆、展览馆等，供世人参观纪念。例如，什邡穿心店地震遗址公园、彭州龙门山地震遗址公园、青川东河口地震遗址公园和大邑县建川博物馆内的抗震救灾主题展馆等。这些都是地方政府和民营博物馆在保护第一的前提下相继建立起来的非常典型、非常有纪念意义和科普教育价值的震后系列震迹和震记旅游产品。

★ 什邡穿心店地震遗址公园

什邡穿心店地震遗址公园（见图 5-5）位于什邡市蓥华镇，以在地震中被毁的宏

---

① 图片来源：新浪博客、马蜂窝网，由杨晓宇后期编辑处理。

达化工厂遗址为主题。遗址公园内有化工厂厂房和生活遗址区、"5·12"汶川特大地震纪念碑、地震纪念广场、地震诗歌纪念墙等。该遗址公园主要突出了"5·12"汶川特大地震对工厂建筑造成的巨大破坏和中华民族英勇不屈的抗震救灾精神,以地震遗迹为体验载体,纪念缅怀地震中逝去的同胞亲人,对参观游览者进行地震知识的科普教育,并弘扬伟大的抗震救灾精神。

图 5-5　什邡穿心店地震遗址公园①

★ 彭州龙门山地震遗址公园

彭州龙门山地震遗址公园(见图 5-6)包括龙门山镇和白鹿镇的小鱼洞大桥遗址、中法桥断桥遗址、白鹿中心学校遗址和灾后重建的白鹿领报修院四大"5·12"汶川地震遗址景观,是距成都市最近的地震遗址公园,也是成都市民参观地震遗址遗迹、学习地震知识、纪念遇难同胞、感受抗震救灾精神最便利的地震遗址公园。同时,站在小鱼洞大桥遗址还可以远眺在"5·12"汶川特大地震中受损极其严重的银厂沟景区和被山体滑坡所掩埋的谢家店子入口区。

---

① 图片来源:新浪博客,由杨晓宇后期编辑处理。

图 5-6 彭州龙门山地震遗址公园①

★ 青川东河口地震遗址公园

青川东河口地震遗址公园（见图 5-7）位于广元市青川县红光乡东河口及其周边乡镇村落，距离省会城市成都市约 290 千米，距离广元市城区约 120 千米。2008 年 9 月，青川县开启了东河口地震遗址公园保护与建设的工作，并于 2008 年 11 月 12 日正式开园对外开放。青川东河口地震遗址公园是"5·12"汶川特大地震后第一个开园的地震遗址保护纪念地。该公园涵盖了丰富的地震地质遗迹点，是汶川地震影响下地质变化形态最丰富、体量最大、堰塞湖形成数量最多且最为集中的地震遗址公园。同时，东河口地震遗址公园也是"5·12"汶川地震中青川县人员伤亡最惨重的区域之一，滑坡体上插满了一个个十字架，那下面都是被埋的遇难者。东河口地震遗址公园不仅是缅怀地震中的遇难同胞和纪念"5·12"汶川特大地震的重要场所，还是地震和地质专家学者深入研究地震发生和地质变化的第一手资料宝库，更是向参观者科普地震和地质知识的重要场地。

★ 大邑县抗震救灾主题展馆

大邑县抗震救灾主题展馆（见图 5-8）坐落于有"中国博物馆小镇"之称的成都

---

① 图片来源：搜狐旅游网、就爱阅读网、新浪博客，由杨晓宇后期编辑处理。

图 5-7　青川东河口地震遗址公园①

图 5-8　大邑县抗震救灾主题展馆②

① 图片来源：中国旅游新闻网、麻辣社区论坛、地质公园之家、网易新闻，由杨晓宇后期编辑处理。
② 图片来源：建川博物馆聚落网，由杨晓宇后期编辑处理。

市大邑县安仁古镇的建川博物馆内。该主题展馆于 2011 年正式开馆，以"万众一心，众志成城"的抗震救灾精神为主题，设有"坚强领导，心系人民""争分夺秒，全力营救""临危不惧，奋起自救""八方支援，共克时艰""恢复生产，重建家园""伟大精神，不竭动力"六个展览单元。该主题展馆通过在"5·12"汶川特大地震中收集到的实物、图片和影像资料等，让参观者身临其境地感受汶川特大地震后中国人民不屈不挠、团结一致的抗震救灾精神，感受抗震救灾过程中国家领导人、人民子弟兵和志愿者等为抢救灾区人民生命财产而做出的不懈努力，感受各对口援建单位在灾后重建中为灾区人民灾后的重生所奉献的点点滴滴！

5.4.3 特色产品

地震特色旅游产品有别于之前提到的地震核心旅游产品和典型旅游产品。"5·12"汶川特大地震在灾后所形成的核心旅游产品和典型旅游产品都是侧重于因地震影响，在震迹和震记资源基础上规划建设的地震遗址纪念地、地震遗址公园、地震遗址博物馆、纪念馆、展览馆等，并都以震迹和震记资源为基础、为核心吸引物。而地震特色旅游产品则是在颇具地方特色的民风民俗和原有建筑特色的基础上，在原址或异地重建、修复、修缮而形成的具有地方民俗特色和建筑特色的震后旅游产品。

"5·12"汶川特大地震的破坏区域主要集中于川西龙门山脉一带。这里本来就是成都平原向川西高原的过渡地带，少数民族聚落较多，文物遗迹丰富，民风民俗特色突出。所以在地震后为保护地方民俗特色文化，这一区域也就形成了众多独具地方民俗特色的城、镇、村、寨、街、寺、庙。如灾后异地重建的北川新城和原址重建的汶川新县城，灾后原址重建和修缮的水磨镇和泰安古镇，灾后原址重建的年画新村和马祖新村，灾后原址修缮和异地重建的萝卜寨、白石羌寨、石椅羌寨、吉娜羌寨，灾后修旧如旧的平武报恩寺和二王庙等。

★ 灾后重建新城——北川新城

北川新城（见图 5-9）坐落于北川县永昌镇（震前属安县安昌镇），距离北川老县城地震遗址约 23 千米，距离绵阳市城区约 35 千米，为北川老县城灾后整体搬迁所建。北川新城由山东省援建，新城建筑以羌族特色的碉楼、白石、羊角图腾等为主，并于 2011 年 1 月 23 日建成，建成后的新城基础设施一应俱全。灾后重建的北川新城有极富羌族民族特色的商业一条街——北川巴拿恰，有抗震纪念园和北川文化中心，还有北川民俗博物馆等极具旅游价值的建筑设施，是进入北川老县城地震遗址进行游览参观的中转站和落脚点，更是展现北川灾后重生的重要见证。

图 5-9　灾后异地重建的北川新城①

★ 灾后恢复重建新城——汶川县城

汶川县是坐落于成都平原和川西高原过渡地带内的山间小县，县城所在地位于距省会城市成都市约 146 千米处的威州镇。2008 年 5 月 12 日，一场突如其来的 8.0 级特大地震将"汶川县"这个县名在一夜之间传遍世界各地，一时间，这座曾经少人问津的小县城瞬间成为世界各地关注的焦点。地震发生后，汶川县城由广东省广州市对口援建，县城建筑以极具地方少数民族特色的羌族风貌建筑为特点，在原址上重建，并于 2011 年基本完成所有规划建设项目。通过援建单位和灾区人民的共同努力，灾后重建的汶川县城高楼错落有序，羌寨碉楼重新屹立，整个县城在"5·12"汶川特大地震的 3 年后浴火重生，焕发出新的青春活力，成为岷江河畔一道靓丽的风景线。

★ 灾后重建新镇——水磨镇

水磨镇（见图 5-10）位于汶川县境内，距离"5·12"汶川地震震中映秀镇仅 19 千米，距成都市 76 千米，是汶川地震后在原址重建的一个山间小镇，于 2010 年被全球人居环境论坛理事会和联合国人居署《全球最佳范例》杂志评为"全球灾后重建最佳范例"。水磨镇由广东省佛山市援建，由禅寿老街和具有羌族风貌的羌城两部分组成，二者结合于寿溪湖畔，相得益彰，既突显了水磨古镇的悠久历史，又展示了其少数民族文化特色。更重要的是，这里是"5·12"汶川特大地震灾后重建的最佳典范，是见证灾区重生的重要旅游目的地。

---

① 图片来源：由编写团队成员宋慧敏拍摄。

图 5-10　灾后重建的水磨镇①

★ 灾后重建古镇——泰安古镇

泰安古镇（见图 5-11）位于四川省著名景点青城山后山，距离映秀镇直线距离约 15 千米，距虹口深溪沟地震遗迹纪念地直线距离约 22 千米，是"5·12"汶川特大地震中受损最为严重的旅游古镇，也是旅游古镇灾后重建中修旧如旧的典型案例。汶川地震发生后，为保证旅游古迹恢复重建后依然具有古色古香的气息，都江堰市政府在上海市的援建下，花费两年有余的时间，以古迹原有残体为修复材料主体，修旧如旧，让处于青城山后山的泰安古镇在地震灾害发生两年后重现于世人眼前。

图 5-11　灾后的泰安古镇②

---

① 图片来源：人民网。
② 图片来源：由编写团队成员杨晓宇拍摄。

★ 灾后重建新村——年画村

年画村（见图 5-12）位于绵竹市孝德镇，距四川省省会城市成都市约 73 千米，是由江苏省苏州市对口援建的特色村落。年画村以年画生产、销售和观光为特色产业，以乡村休闲度假旅游为主要发展方式，并于 2009 年荣获"四川省乡村旅游示范村"称号，是汶川特大地震灾后重建中极具地方特色和成功发展文化旅游产业的乡村之一。同时，灾后重建的绵竹年画村见证了抗震救灾的伟大胜利和灾区人民重获新生的过程，逐渐成为"5·12"汶川地震之后享誉全国的独具特色的乡村旅游目的地。

图 5-12　绵竹市年画新村①

★ 灾后重建新村——什邡市马祖村

马祖村（见图 5-13）位于什邡市马祖镇，距省会城市成都市约 65 千米，其以休闲度假旅游为主要发展方式，是极重灾区什邡市在灾后重建发展起来的一个具有川西民居特色的乡村旅游村落。马祖村由北京市对口援建，并于 2010 年完成所有规划建设项目，于 2016 年获得"四川十大幸福美丽新村"荣誉称号，是震后极重灾区重建起来的乡村旅游典范。新建的马祖村不仅可以让参观者在这里休闲、娱乐和度假，还可以让他们体验川西民居特色，感受灾后重建的伟大胜利，见证灾区居民在"5·12"汶川特大地震后的浴火重生。

---

① 图片来源：由编写团队成员杨晓宇拍摄。

图 5-13　什邡市马祖村①

★ 灾后重建新寨及旧寨修复——汶川县萝卜寨

汶川县萝卜寨（见图 5-14）坐落于前往九寨沟风景名胜区的 317 国道旁，距汶川县城约 18 千米，距离省会城市成都市约 166 千米，是迄今为止发现的世界上最大、最古老的黄泥羌寨。素有"古羌王的遗都，云朵上的街市"美誉的萝卜寨是"5·12"汶川特大地震中受损最为严重的古羌寨之一。在地震发生后，萝卜寨由广东省江门市对口援建，并于 2011 年完成灾后重建和修复工作，同时也成为灾后就近选址重建和旧寨修复中最为有名的古羌寨之一。涅槃重生后的萝卜寨以其原有的羌乡古寨风貌迎接着四海来宾，向前来参观考察的游客讲述着"5·12"特大地震的无情和灾后各族人民的大爱真情！

★ 灾后重建新寨——茂县白石羌寨

白石羌寨（见图 5-15）坐落于进入九寨沟风景名胜区的 213 国道旁，茂县县城北面，汶川地震之前名为甘清村，是茂县"5·12"汶川特大地震灾后恢复重建的精品旅游村寨。白石羌寨属典型的川西羌族民俗风情村寨，在其前身甘清村被毁的地震遗址之上重建而成，依山而建，垒石成室，高低错落，碉堡林立，是见证和感受川西少数民族灾后重生的重要旅游村寨。

---

① 图片来源：由编写团队成员杨晓宇拍摄。

图 5-14　重建后的萝卜寨①

图 5-15　灾后重建的茂县白石羌寨②

①　图片来源：四川在线——萝卜寨的重生。
②　图片来源：网易博客——绝美白石羌寨，http://blog.163.com/like_zbf/blog/static/130523073201211220584282/。

★ 灾后修缮新寨——北川县石椅羌寨

石椅羌寨（见图5-16）位于绵阳市北川县曲山镇一处高约百米的半山腰上，距离北川地震遗址博物馆约2千米，是在原址上重新修缮发展起来的山麓旅游小寨。因"5·12"汶川特大地震发生时，羌寨内建筑物无损坏，生态环境无破坏，寨内无人员伤亡，所以其也被外界誉为"史上最安全的羌寨"。石椅羌寨以观光、度假、赏花、采果等旅游产业为特色，是北川县"5·12"汶川特大地震发生后发展最好的乡村旅游小寨。

图5-16 灾后修复一新的石椅羌寨①

★ 灾后重建新寨——北川县吉娜羌寨

吉娜羌寨（见图5-17）位于绵阳市新北川县城前往北川老县城的道路旁，距离新北川县城约8千米，距离北川老县城约15千米，被誉为"震后北川第一寨"。吉娜羌寨所处地原名猫耳石村，是"5·12"汶川特大地震中北川县受灾最严重的羌族村落之一。在抗震救灾和灾后恢复重建工作中，吉娜羌寨展现出了惊人的"吉娜速度"。仅仅用时6个月，吉娜羌寨就完成了救援、安置、选址、规划、设计、建设、分房、入住的所有程序，一举摘下灾后重建工作中的多个第一，所以在那高高的羌寨碉楼上留下了"羌乡第一寨"五个大字，以展现吉娜羌寨从满目疮痍到灾后重生的"六月奇迹"！

---

① 图片来源：由编写团队成员杨晓宇拍摄。

图 5-17 北川县吉娜羌寨(重生后的猫耳石村)①

★ 灾后修复古寺——平武报恩寺

平武报恩寺(见图 5-18)位于绵阳市平武县县城东北处,距省会城市成都市约300 千米,距绵阳市城区约 184 千米,是我国保存最为完整的明代古寺庙建筑群,有

图 5-18 修复后的平武报恩寺②

① 图片来源:由编写团队成员杨晓宇拍摄。

② 图片来源:途牛旅游网,http://www.tuniu.com/guide/v-baoensi-50139/tupian/。

"深山故宫"的美誉。同时，平武报恩寺也是"5·12"汶川特大地震中受损最为严重的古寺庙建筑群。汶川地震后，经省内外文物专家和地方文物部门历时近9年的努力修复后，平武报恩寺于2017年4月以原有的古风旧貌重现于世人眼前。平武报恩寺的恢复修缮历时之长、工作强度之大，是"5·12"汶川特大地震之后寺庙文物建筑修复的典型案例，是文物修复专家学者和建筑专家学者学习研究的重要场所和依据。

★ 灾后修复古庙——都江堰市二王庙

二王庙（见图5-19）位于都江堰市西门侧都江堰水利工程旁，距省会城市成都市约56千米，是都江堰市"5·12"汶川地震中受损最严重的古建筑之一。汶川特大地震发生后，都江堰市景区管理局连同国家文物局和相关文物修复单位在第一时间对二王庙遗址文物进行了抢救性的保护和清理工作，并于2008年6月30日起正式启动了对二王庙的抢救修复工作。修复专家遵循"修旧如旧"的原则，利用从废墟中清理所得的70%原二王庙残体部件在原址上对其进行了长达3年的封闭式修复工作。二王庙最终于2011年4月重新正式对外开放。修复后的二王庙依然和震前别无两样，以其原有的姿态俯瞰着山下两千多年来的都江堰水利工程，并向世人描述着灾后重建的伟大胜利！

图5-19 灾后修复的二王庙①

① 图片来源：麻辣社区论坛——四川归来趣事多，http://home.mala.cn/thread-5171873-1-1.html。

5.5　地震旅游产品开发的互补及协调

5.5.1　成都及其周边地震旅游产品开发

由于成都市是国内最佳旅游城市，有着丰富的旅游资源，旅游服务要素齐全，旅游基础设施功能完善，又是四川省旅游的重要集散地和旅游目的地之一，从发展国际旅游和大尺度旅游空间理论角度考虑，以成都为支点，辐射并带动周边地震旅游产品供给地的地震旅游产品开发是震后灾区最好的地震旅游发展方式，并以此带动龙门山构造活动断裂带区域内的阿坝、德阳、绵阳、广元等地的地震旅游市场的发展，乃至推动整个四川省旅游业的恢复和发展。

震后四川省旅游业的恢复发展也是这么做的。地震之后，四川各地震灾区紧紧把握住了"5·12"汶川特大地震在全国乃至全世界的影响力，在灾后重建和旅游产品开发打造的过程中，积极对外树立"四川依然美丽"的旅游形象，并以灾后重建为契机，紧密依靠成都市这一重要的旅游集散地和旅游目的地，制定了多条以成都为起点和终点的地震旅游专题线路，在促进成都及其周边乃至龙门山构造活动断裂带区域的地震旅游产品开发和市场开拓的同时，更让四川省旅游业重新焕发出新的生机和活力。

2009年12月，由四川省旅游局组织编制的《汶川大地震抗震救灾旅游线要素建设实施意见》（以下简称《实施意见》）出炉，基本确定了汶川特大地震抗震救灾旅游路线的大体轮廓。而在该《实施意见》中，重点推出了面向四大市场六大主题的抗震救灾旅游产品线路（见图5-20），包括"大爱中国"主题旅游线、地震遗址旅游线、中央领导抗震旅游线、灾区新貌旅游线、生命通道旅游线、地震生态探险旅游线，涵盖范围包括成都、德阳、绵阳、广元、阿坝、雅安等近40个区、市、县。同时，这六大主题线路产品基本都充分借助了成都这一旅游集散中心的优势，以成都市范围内的区、市、县为起点或终点，带动了周边区域地震旅游产品市场的发展。具体如下：

★"大爱中国"主题旅游线：

都江堰市（虹口深溪沟地震遗迹纪念地、都江堰风景名胜区、青城山风景名胜区、聚源中学）→映秀镇（震中纪念广场、震中纪念地、震中纪念馆）→汶川威州镇（阿坝师院钟楼、萝卜寨、姜维城）→茂县凤仪镇（叠溪海子、松坪沟、九鼎山）→北川曲山镇（"5·12"汶川特大地震博物馆、唐家山堰塞湖）→北川永昌镇（北川新城）→安县（安县乡村旅游带）→绵竹汉旺镇（工业地震遗迹纪念地、沿山乡村休闲度假旅游区)→什邡市蓥华镇(穿心店地震遗迹纪念地、蓥华山旅游区)→彭州市(龙门山地震遗址公园、龙门山乡村度假旅游区)→都江堰市。

图5-20 六大主题抗震救灾旅游产品线路①

"大爱中国"主题旅游线旅游产品主要针对的是青少年学生、企事业单位职员、关注灾区和关爱灾区的社会热心人士、对口援建工作者等,沿线主要为成都及其临近周边地震旅游产品,涉及3市1州6县区域。从都江堰市的各地震旅游产品(虹口深溪沟地震遗迹纪念地、青城山后山泰安古镇、都江堰风景名胜区二王庙等)参观开始,再沿线进入各极重灾区进行参观体验,最后回到都江堰形成一条闭合的环线。线路全程约2天时间,可让参观者充分体验和感受到"5·12"汶川特大地震的巨大破坏力和全国人民万众一心、众志成城的伟大抗震救灾精神,并足以感受全国人民对灾区人民的援助和巨大关爱。

★ 地震遗址旅游线:

① 都江堰市(虹口深溪沟地震遗迹纪念地、都江堰风景名胜区、青城山)→映秀镇(震中遗迹纪念地)→汶川县威州镇(萝卜寨)→茂县凤仪镇(叠溪海子)→北川县曲山镇("5·12"汶川特大地震博物馆、唐家山堰塞湖)→北川县永昌镇

---

① 图片来源:四川省旅游信息网。

（北川新城）→北川县桂溪镇（西羌九皇山）→平武县平通镇（牛飞村）→平武县南坝镇→青川县房石镇→乔庄镇→木鱼镇→沙州镇（白龙湖）→茶坝镇（东河口地震遗址公园）→竹园镇→江油市（窦团山、李白故里）→绵阳市。

② 都江堰市（虹口深溪沟地震遗迹纪念地、都江堰风景名胜区、青城山）→彭州市（龙门山乡村度假旅游区、龙门山地震遗址公园）→什邡市蓥华镇（穿心店地震遗迹纪念地、蓥华山旅游区）→绵竹市汉旺镇（地震遗迹纪念地、沿山乡村休闲度假旅游区）→安县（安北乡村旅游带）→北川县永昌镇（北川新城）→北川县曲山镇（"5·12"汶川特大地震博物馆、唐家山堰塞湖）→北川县桂溪镇（西羌九皇山）→平武县平通镇（牛飞村）→平武县南坝镇→青川县房石镇→乔庄镇→木鱼镇→沙州镇（白龙湖）→茶坝镇（东河口地震遗址公园）→竹园镇→江油市（窦团山风景名胜区、李白故里）→绵阳市。

地震遗址旅游线分为东西两线，西线即为上述线路①，东线即为上述线路②。两条线路产品均以都江堰市为起点，其中西线在参观完都江堰市各地震遗址后，沿都汶高速进入汶川参观各地震遗址，然后再陆续前往茂县、北川、青川、江油等地；东线在完成都江堰的行程后沿龙门山脉东部沿山区域至绵阳市北川县境内与西线重合，最后折返到四川省第二大城市绵阳市稍作参观并结束旅程。两条线路全程均约3天时间，以成都市下辖的都江堰市为起点，最远延伸到广元市青川县对各类地震遗址进行参观体验。地震遗址旅游线主要针对学生、专家团队、企事业单位职工、对地震灾区关心和关注的广大社会人士等。参观者通过对地震遗址的参观考察，可以学习和了解地震知识，感受"5·12"汶川特大地震带来的巨大破坏力，纪念"5·12"汶川特大地震中遇难的同胞和亲人。同时，沿途有许多生态旅游景区、乡村旅游景点，可以满足自驾旅游者的多种旅游需求。

★ 中央领导抗震旅游线：

① 都江堰市（抗震救灾指挥部、聚源中学、虹口深溪沟地震遗迹纪念地）→漩口镇（蔡家杠村、集中村）→映秀镇（中心卫生院、映秀小学、漩口中学遗址、震中纪念馆等）。

② 都江堰市（抗震救灾指挥部、聚源中学、虹口深溪沟地震遗迹纪念地）→彭州市（龙门山镇）→什邡市（穿心店地震遗迹纪念地、龙居中心校）→绵竹市汉旺镇（东方汽轮机厂）→德阳市旌阳区（东汽新基地、涌泉新村、新玉村）→绵阳市游仙区（岳家村）→安县（安昌镇、茶坪乡、黄羊村）→北川播鼓镇（吉娜羌寨、茨沟村）→北川曲山镇（北川中学、地震遗址博物馆、任家坪）→北川禹里乡（唐家山堰塞湖）→北川桂溪中心小学→平武平通镇（牛飞村）→青川乔庄镇（枣树村、上坪居民安置点）→青川木鱼镇→青川沙州镇→利州区（白龙湖）。

都江堰市是"5·12"汶川特大地震发生后时任国务院总理温家宝同志第一时间

抵达的救灾第一线和救灾总指挥部所在地，而后中央各级领导都通过都江堰进入汶川地震灾区进行救援指挥和参观考察灾后重建情况。所以，中央领导抗震旅游线以都江堰市为起点，分东西两线，其中西线即为上述线路①，全程约 1 天时间，东线即为线路②，全程约 3 天时间。东西两线都是在参观考察完都江堰市各类地震遗址遗迹后，沿都汶高速进入西线的汶川震中区域进行参观学习，而沿龙门山脉东部沿山地带和平原区域一路延伸至青川县和广元市利州。两条线路都曾是抗震救灾中中央领导和四川省领导干部指挥救灾、慰问受灾、布置赈灾工作和考察灾后重建成果时走过的线路，是各级机关单位工作人员、企事业工作人员和广大青少年学生深入学习、体会中央领导和地方政府在抗震救灾过程中正确领导、有力指挥的重要线路，是感受各级领导对地震灾区无微不至关怀的最佳路线。

★ 灾区新貌旅游线：

① 都江堰市（泰安古镇、虹口、都江堰市区）→漩口镇（蔡家杠村、集中村）→映秀镇（灾后集中居住区、"5·12"汶川特大地震震中纪念馆、映秀新镇）→绵篪镇（羌峰村、三官庙村、土司官寨）→威州镇（汶川博物馆、汶川县第一小学、汶川新城等）→萝卜寨→理县桃坪羌寨→薛城藏寨→杂谷脑镇（薛城筹边楼）。

② 都江堰市（泰安古镇、虹口、都江堰市区）→向峨乡（集镇集中安置点、石碑新村）→磁峰镇→丹景山镇→白鹿镇→龙门山镇→八角镇→红白镇→莹华镇→遵道镇→九龙镇→汉旺镇→拱星镇→雎水镇→茶坪镇→永昌镇→擂鼓镇→曲山镇→平通镇→房石镇→乔庄镇→木鱼镇→沙州镇→茶坝镇→竹园镇→江油武都镇→青莲镇→绵阳市。

灾区新貌旅游线产品又分为龙门山脉东侧和西侧两条线，且都以都江堰市为起点。不同的是西线是在参观完都江堰市的震后新面貌之后沿汶川县一直深入阿坝州内的理县，直至理县杂谷脑镇，即上述的线路①；而东线则从都江堰市出发，沿龙门山东侧沿山区域进入彭州市、什邡市、绵竹市、安县、北川县、平武县、青川县，再由青川县折返到江油市，最后进入绵阳市结束行程，即上述的线路②，该线路所覆盖灾区范围更广。"5·12"汶川特大地震发生后的三年内，在上述两条旅游线路的沿途都已基本完成灾后重建任务，当企事业单位职工、在校学生、专家教授、机关单位工作人员、援建人员和一直关心及支持灾区的社会广大人士对灾区震后新貌进行参观考察时，这两条灾区新貌旅游线路必定是首选。其中，线路①全程约 2 天，线路②全程则需要约 3 天时间，而参观者在这 2 至 3 天对灾区灾后重建新貌进行参观考察后，必定会因灾区灾后翻天覆地的变化和重建的速度而受到鼓舞。同时，这两条旅游线路沿途有许多生态旅游景区、乡村旅游景点，还可以满足自驾旅游者的多种旅游需求。

★ 生命通道旅游线：

雅安市→芦山县→宝兴县→小金县→马尔康县→理县→汶川县→都江堰市。

生命通道旅游线以雅安市为起点，覆盖2市1州7县区域，由雅安市经210省道到达阿坝州马尔康县，再由马尔康县经317国道进入汶川县。这是"5·12"汶川特大地震发生后第一时间抢通能够进入震中汶川县的生命通道线。路线全程约3天时间，参观者可通过重走这条生命交通旅游线，欣赏道路两旁的崇山峻岭，体验山路险阻带来的救灾压力，感受"5·12"汶川特大地震交通生命线抢通的不易，体会军民团结、共克时艰的伟大抗震救灾精神！

★ 地震生态探险旅游线：

① 都江堰市→虹口乡→龙池镇→青城山镇。

② 都江堰市→青城山镇→三江镇→九龙沟风景名胜区→崇州市。

③ 都江堰市→映秀镇→卧龙自然保护区→小金县→马尔康县→理县→汶川县→都江堰市。

④ 绵阳市→江油市→平通镇→青川房石镇→乔庄镇→木鱼镇→沙州镇→广元市。

地震生态探险旅游线主要针对青少年学生、探险爱好者等旅游人群。该线路分为4条，其中3条都以都江堰市为起点，线路④则以绵阳市为起点。成都市范围内线路有两条，即线路①和线路②；由成都市向外延伸线路有1条，即线路③；由绵阳市向外延伸线路有1条，即线路④。4条线路中，最短线路（线路①）全程约1天时间，最长线路（线路③）全程约3天时间，且为一条闭合的环线，以都江堰市为起点和终点，并对阿坝州内的各地震灾区进行参观探险。地震生态探险旅游线产品主要以灾区良好的生态环境和具有新鲜刺激的探险旅游产品为主，并与"5·12"汶川特大地震后所开发的旅游产品相结合。通过对上述4条线路的参观游玩，可满足游客寻求心理刺激和舒适的生态环境的需求，同时也让游客感受灾区重建后的巨大变化。

5.5.2 地震旅游产品的互补与协调

在"5·12"汶川特大地震影响下的龙门山构造活动断裂带范围内，地震旅游资源比比皆是，且不乏世界级的珍贵资源。在对这些地震旅游产品进行开发利用时，应遵循地震旅游产品的典型性和差异化原则，依据线路设计和实际情况实现资源开发利用的互补与协调，并可按不同主题向旅游市场推出地震旅游产品。如四川省旅游局组织编制的《汶川大地震抗震救灾旅游线要素建设实施意见》中推出的六大主题抗震救灾旅游产品路线，既有一日游产品，又有多日游产品；既有以见证地震灾难和"大爱中国"为主的旅游产品，又有以科普教育、感受抗震救灾和灾后重建伟大胜利为主的旅游产品。在这六大主题抗震救灾旅游线路中，不仅有大型的综合性博物馆——北川"5·12"特大地震博物馆，而且有其他诸如映秀震中纪念地和汉旺工业遗址纪念地等不同类型的旅游产品，更有非常多灾后重建起来的新城、新镇、新村、新寨等独具地方特色的地震旅游产品，充分体现了地震旅游线路中产品的差异性和互补性。

"5·12" 汶川特大地震发生后，在不到十年的时间，北川县建立起了综合性的国家地震博物馆——"5·12" 汶川特大地震博物馆，都江堰市建立了深溪沟地震遗迹纪念地，绵竹市建立了汉旺工业遗迹纪念地，汶川县映秀镇建立了 "5·12" 汶川地震震中纪念地。"5·12" 汶川地震龙门山构造活动断裂带以 1 个综合性国家地震博物馆和 3 个极重灾区地震遗迹纪念地为核心地震旅游产品，以成都市为旅游集散中心，通过推出多条地震旅游产品路线，吸引着海内外游客的驻足参观。灾后重建及其发展的数年里，汶川地震极重灾区不仅打造了这一系列核心地震旅游产品，还陆续发展起了一批具有典型性和特色性的地震旅游产品。

然而，龙门山脉西部与东部的地质地貌差别明显，社会经济发展水平差异较大，总体上具有以下特点：

（1）地貌气候复杂，平原、丘陵、高原、高山均有分布，部分地区相对高差悬殊，气候垂直变化明显，属典型高山峡谷地形。

（2）自然灾害频发，高山高原地区地震断裂带纵横交错，发生地震灾害的概率较高；滑坡、崩塌、泥石流等地质灾害隐患点分布多、范围广、威胁大。

（3）生态环境脆弱，山多地少，高山地区耕地零碎，土层瘠薄，地表渗透性差，水土流失严重。

（4）生态功能重要，高山高原地区的动植物资源丰富，生态系统类型多样，是长江上游的重要生态屏障和我国珍稀濒危野生动物的重要栖息地。

（5）资源比较富集，世界文化和自然遗产以及自然保护区比较集中，旅游资源丰富，水能、有色金属和非金属矿等资源蕴藏量较大。

（6）经济基础薄弱，平原地区工业化程度相对较高，高山高原地区经济规模较小，产业结构单一，贫困人口集中。

（7）少数民族聚居在这里，有我国唯一的羌族聚居区，是主要的藏族聚居区之一，多元文化并存，历史人文资源独特。

所以，四川省在利用 "5·12" 汶川特大地震遗址和遗迹旅游资源开发地震旅游产品时，必须认清地震灾区当地的实际情况，因地制宜，依据互补性和协调性原则开发旅游产品。这里的互补性和协调性不只是应用于地震旅游产品上，还要与地方的其他相关旅游产品、景区景点、地质地貌特点、经济状况等结合起来，将各旅游产品同四川省旅游局提出的六大主题抗震救灾旅游路线串联结合在一起，以实现综合性的互补和协调发展。

例如，在六大主题抗震救灾旅游路线中，有诸如中央领导抗震旅游线路中的①线、灾区新貌旅游线路中的①线等进入阿坝州内的旅游线路（即龙门山脉西部区域）。这一区域的地形地貌以高山峡谷为主，经济水平相对较低，但各类旅游资源却极其丰富，藏羌少数民族人口众多。故在发展该区域地震旅游产品时，应坚持地震旅游产品与地方经济状况、地质地貌状况相结合的原则，坚持该地丰富的生态风景旅游资源与其地震旅游产品互通互补、相互协调的原则，坚持以具有本地少数民族文化特色的资源开发利用为基础，以生态环境为优势，走出一条资金投入少、环境效益高、民族风俗特色浓、地震旅游产品同其他旅游产品互相补充、互相促进的震后旅游发展道路，从而实现该区域地震旅游产品的持续生命力和市场吸引力。而龙门山脉东部区域则应根据其自身经济条件、交通区位条件、地形平坦等优势，实现地震遗址旅游、都市旅游、龙门山山地前沿生态旅游、特色乡村旅游等各类旅游产品协调互补，促进地震灾区旅游业的持续、稳定、健康发展。

5.6 地震旅游产品与其他旅游产品的整合

地震旅游产品是四川省旅游产品体系中特色鲜明的旅游产品。开发地震旅游产品是四川省旅游业恢复重建的最佳切入点，将促进四川省旅游产品的结构调整。地震旅游产品是成都市及其周边城市发展旅游业的亮点和引擎。但恢复重建后的四川旅游业若要保持长久性的健康发展，则必须以系统观念和科学发展观为指导，整合旅游产品，以城市旅游和精品旅游区（线）旅游推动全省旅游。特别要把握成都市作为最佳旅游城市和四川省旅游集散中心的作用，以成都市地震旅游产品和其他旅游产品资源为中心，整合成都市及其周边相关旅游产品，以点带面，进而向成都市周边辐射扩散并向距离更远的地震灾区进一步延伸，以促进成都市龙门山构造活动断裂带上地震旅游的持续发展，促进四川省旅游业不断向前发展。

5.6.1 成都市旅游产业空间布局及发展战略[①]

成都市作为四川省省会城市和四川省重要的旅游目的地和旅游集散地，应充分发挥其作为四川省抗震救灾工作重要基地和四川省旅游中心城市的功能及作用，以旅游生产力布局和旅游产业结构调整为中心，以推动成都·龙门山国际山地旅游度假区的建设为切入点，加快建设龙门山旅游产业经济带。而在"5·12"汶川特大地震发生后的十年时间里，成都市旅游业在灾区恢复生产、重建家园的过程中，积极扮演着灾后重建的先导产业，灾区恢复经济发展的动力产业，灾区人民生活改善、社会稳定的和谐产业，灾区扩大增收、促进就业的惠民产业等重要角色。在未来的长远发展中，作为"中国最佳旅游城市"的成都市更应该建设成一流的国际旅游目的地，在带动自身灾后旅游业发展的同时，带动整个龙门山构造活动断裂带灾后旅游业的发展，带动

---

① 资料来源：成都市旅游局。

整个四川省旅游业的跨越式发展。

1. 成都市灾后产业调整思路

成都市灾后产业调整思路是"一加快，三集中"。

"一加快"即加快龙门山旅游产业带的建设，形成全市旅游"一区（城区）两带（龙门山旅游带、龙泉山旅游带）"的总体格局。

"三集中"即将旅游生产要素向旅游景区、旅游城镇、旅游村落三个空间集中；将旅游休闲度假服务向山地旅游度假区集中；将乡村旅游向龙门山山前和平原旅游村镇集中。

2. 成都市旅游产业布局

按照"全域成都"理念及统筹城乡发展、加快推进综合改革试验区建设的要求，全市旅游产业实施"一区两带"的发展战略。

一区：中心城区特大都市旅游区。

两带：龙门山和龙泉山两个旅游发展带。

3. 龙门山成都段旅游产业布局

龙门山成都段旅游产业布局为"一带、四区、三城、二十四镇、六十个旅游村及八条精品旅游线路"。

其中，一个旅游产业带为龙门山旅游产业带；四区分别为北部的龙门山国家地震地质公园旅游经济区，中部的青城山—都江堰世界文化遗产旅游经济区，西部的大熊猫栖息地世界自然遗产山地旅游经济区，南部的南方丝绸之路遗产廊道旅游经济区；三个旅游城市则分别为都江堰市、邛崃市、崇州市三个中国优秀旅游城市。

成都市应集中力量打造八条精品旅游线路：

（1）都江堰—青城山世界文化遗产旅游线：成都→都江堰→青城山→成都；

（2）大熊猫栖息地世界自然遗产旅游线：成都→都江堰→卧龙→日隆→夹金山→宝兴→碧峰峡→西岭雪山→崇州→成都；

（3）龙门山国际山地运动旅游线：成都→邛崃天台山→大邑西岭雪山→崇州鸡冠山→青城山、虹口→九峰山→什邡蓥华山→安县千佛山→成都；

（4）中华道源旅游线：成都青羊宫→大邑鹤鸣山→都江堰青城山→彭州阳坪观、葛仙山；

（5）南方丝路文化旅游线：成都→邛崃平乐古镇→天台山→雅安上里古镇→芦山→雅安→名山→成都；

（6）古蜀溯源文化旅游线：成都金沙遗址→都江堰→德阳三星堆→剑门蜀道→成都；

（7）天府古镇旅游线：成都→都江堰→街子古镇→怀远镇→安仁古镇→花水湾镇→临邛古城→平乐古镇→成都；

（8）成都龙门山地震遗址旅游线：成都→都江堰→映秀→汶川→茂县→北川→绵竹汉旺→什邡穿心店→彭州银厂沟→成都。

通过对这八条精品旅游路线的打造和进一步完善，不仅可以给成都市带来更多的游客和经济收入，而且可以造福灾区人民，惠及周边县市。同时，还可以促进地震旅游产品同其他旅游产品的互补性整合，促使地震旅游产品长期保持一定的活力和吸引力。

5.6.2 开发地震旅游产品是四川省旅游业恢复重建的最佳切入点

"5·12"汶川特大地震给四川旅游业造成的经济损失达 624 亿元，相当于 2007 年四川省全年总收入的一半。四川省旅游局数据显示，在此次汶川地震中，四川省内 4 000 多个旅游景区被损坏了 568 个，累计损失达 278.40 亿元。

"5·12"汶川特大地震过后，随着余震的逐渐平息，重游成都、重游四川，了解大地震之后的成都市和龙门山脉景区现状的旅游心理将驱使越来越多的国内外旅游者把四川省作为其旅游目的地。把握旅游市场的需求动向，更好地开发、打造、利用地震旅游产品无疑是四川省旅游业近年来灾后发展的最佳切入点。

5.6.3 地震旅游产品是成都市及其周边城市旅游业发展的亮点和引擎

成都市是全国最佳旅游城市，原本在国内外就有较高知名度和美誉度，而震惊世界的"5·12"汶川特大地震更使成都凸显在世人面前。同时，成都市是四川省的政治、经济、文化、交通中心，也是四川省最重要的游客集散中心。灾难给成都市及其周边城市的旅游业带来了巨大损失，却也是当地发展旅游业最好的广告。成都市仅距震中汶川县映秀镇 75 千米却安然无恙，魅力依旧，景色仍在，永远是一座来了就不愿离开的城市。对于成都市周边旅游城市来说，成都市旅游业的发展必定会带动其周边城市旅游业的发展。地震旅游产品的协同开发将成都市同周边城市紧密联系在一起。

过去成都及其周边城市依托历史文化名城、都江堰古代水利工程、三国文化、诗歌文化、宗教文化、少数民族文化、古蜀文化、饮食文化和茶文化等吸引旅游者。如今，地震灾难又让成都及周边城市出现了新的地震遗迹景观以及大量可歌可泣的体现民族团结互助精神和善良人性的抗震救灾震记旅游资源。我们应适时地对其开发，向旅游市场推出地震旅游产品，特别是辐射至成都市周边龙门山构造活动断裂带上的城市地震旅游产品，并以成都市这一四川重要的旅游集散中心为基点，积极带动其周边城市旅游业的发展。这将是成都市及其周边城市旅游业发展的亮点和引擎，乃至成为整个四川省旅游业发展的亮点和引擎。

5.6.4 地震旅游产品的开发将促进四川省旅游产品的结构调整

"5·12"汶川特大地震前，成乐线、九环线、三国文化旅游线路和重走长征路红色旅游线路四条旅游线路是四川省重点打造的精品旅游线。龙门山休闲旅游区和旅游线发展缓慢。成都市2007年的旅游总收入为414.49亿元，占全省总量1 217.31亿元的34%，而成都市行政区范围内的龙门山成都段五县（市）（彭州市、都江堰市、崇州市、大邑县、邛崃市）面积约占成都市一半，人口占比将近30%，经济总量却不到成都市的七分之一，单位面积地区生产总值约占成都市平均水平的四分之一，人均地区生产总值不到成都市平均水平的一半，旅游业总收入仅占成都市旅游业总收入的13%。经济发展水平比较落后，在很大程度上影响和制约了成都市乃至四川省的城乡统筹发展。

"5·12"汶川地震之后，国家发改委把羌文化体验旅游区、龙门山休闲旅游区、大熊猫国际旅游区作为重点开发旅游区，将藏族羌族文化旅游走廊、地震遗址旅游线、大熊猫栖息地旅游线作为优先开发的精品旅游线。这一决策无疑会加速龙门山前山带和中山带旅游业的发展，改善四川省旅游产品结构，促进成都市及其周边城市旅游业的进一步发展，使成都市成为名副其实的国际旅游大都市，使四川省成为名副其实的中国西部旅游发展大省。

5.6.5 产品整合策略

以龙门山构造活动断裂带区域地震旅游产品的开发和推出为契机，加快建设羌文化体验旅游区、龙门山山地休闲旅游区、三国文化旅游区和大熊猫国际旅游区，进一步整合九寨沟旅游环线、藏族羌族文化旅游走廊、地震遗址旅游线、大熊猫栖息地旅游线和三国文化旅游线。在旅游基础设施建设、产品营销、旅游景区管理、旅游安全保障、旅游市场规范等方面系统实施、统筹协调上，尽量减少对景观资源的建设性破坏；避免无序建设、重复建设；杜绝各自为政、人为的地方垄断倾向。应整合成都市周边地震灾区地震旅游产品，乃至全省各类旅游产品，进一步优化旅游产品结构，构建起合理的旅游产品体系。

从国际视野看，除了青城山—都江堰世界文化遗产、大熊猫栖息地世界自然遗产和龙门山国家地质公园外，与龙门山脉关系密切的川陕古道（蜀道）、南方丝绸之路也是重要的人类文化遗产，具有巨大的旅游开发价值，对其统筹整合开发将形成四川省旅游业发展的另一个新亮点。而且，毫无疑问，这能够带动沿线山区农民参与旅游、脱贫致富，促进沿线山区经济发展。

龙门山脉位于成都盆地和高原高山之间的过渡地带，从龙门山脉的梯度景观看，分别存在着平原旅游资源、低山旅游资源、中高山旅游资源和高山旅游资源（见表

5-1）。"5·12"地震并没有改变这种自然和生活空间，还增加了地震遗址、遗迹的景观资源。要依据龙门山的梯度景观资源，采取适宜的旅游开发方式，发展山地旅游。其愿景可以概括为："生态环境优美，清新绿色空间，现代时尚风貌，中高端消费人群，自然休闲养生胜地。"① 龙门山构造活动带上的"5·12"地震重灾区，原本就是四川乡村旅游发展最好的地区之一，优先恢复和发展乡村旅游，能够率先促进地震灾区民生恢复。因此，要科学规划并尽快恢复龙门山山前地带的乡村旅游，主要是青城山—都江堰—彭州乡村旅游带、什邡—绵竹—安县乡村旅游带、汶川三江农业生态及康养度假旅游带。把地震遗址区的乡村旅游业，作为振兴经济、带动就业、增收致富的先导产业。

表 5-1　　　　　　　　龙门山脉的梯度景观及旅游开发方式

	地貌	水文	区域经济	旅游开发
3 500 米以上（高山）	龙门山脊	涵养水源	荒野原真	探险体验旅游
1 500~3 500 米（中高山）	山地屏障	观赏水源	林牧生态	特种参与旅游
500~1 500 米（低山）	侵蚀沟谷	亲水水源	山野农耕	游憩休闲度假
500 米以下（平原）	丘陵盆地	生活水源	产业多元	乡村游憩体验

5.7　地震旅游产品市场促销策略

5.7.1　地震旅游产品市场促销总体思路

1. 打造亮点，重拳出击

"5·12"汶川大地震波及的范围广泛，沿龙门山构造活动断裂带区域形成了数目众多但较为分散的地震旅游资源。各地区纷纷计划推出相应的地震旅游产品，在这种情况下一定要保持清醒的头脑，切忌同质化产品的低水平重复开发。对于具有世界级影响力和市场吸引力的汶川"5·12"震中纪念地、北川"5·12"汶川特大地震遗址博物馆、都江堰虹口深溪沟地震遗迹纪念地、彭州地震遗址公园、汉旺工业城镇遗迹纪念地、什邡穿心店地震遗址纪念园等地震旅游产品，应加快完善这些重点地震旅游产品的设计和建设，集合各种促销手段，积极向市场推介，从而奠定其在四川地震旅游产品中的龙头地位！

---

① 范晓，艾南山. 成都平原与龙门山：环境、可持续发展与灾后重建 [M]. 北京：中国林业出版社，2009.

2. 整合营销,注重实效

整合利用各种营销工具,坚持节约成本、注重实效的原则,开展龙门山地震旅游产品的促销活动。坚持以网络营销、公共关系营销作为最主要的营销手段,辅以适量的报纸杂志及电视广告,以其他手段作补充的整合营销思路,使得产品的营销效果更为理想。

3. 区域协同促销,借势造势

龙门山地震旅游产品作为一种专项旅游产品,对成都市乃至四川省旅游产品来说都是一个有力的补充,也是四川地震旅游产品体系的一个重要组成部分。就其产品本身而言,所能吸引的专项旅游者是有限的,且专项的促销费用不仅会较高,而且市场效果也未必理想。因此,在产品的促销过程中,必须与成都市乃至四川省其他旅游产品结合起来,相互补充,整合汶川、北川、青川、绵竹、什邡等地的地震遗址和大爱中国抗震救灾主题游,通过联合营销,实现多赢。

5.7.2 广告促销策略

1. 报纸杂志

利用报纸杂志传播范围广泛的特点,对龙门山地震旅游产品加强宣传和推广。具体策略如下:

(1)针对旅游批发商和经营商:在较有影响力的本区域和国内旅游行业刊物上投放适量的广告。如:成都地区的主流媒体《华西都市报》《成都晚报》等;覆盖全国范围的《中国旅游报》《旅行家》及部分专业特种旅游杂志。

(2)针对旅游者:初期主要针对成都市、四川省邻近省市及沿海地区的客源市场,选择春秋两季最适宜游客旅游的季节做密集性宣传;另外邀请旅游专栏的记者编写、发表针对龙门山地震旅游产品的相关文章,这不失为一种较有吸引力的推介方式。

考虑到广告费用较高,为了提高所投放广告的经济效益,建议在运用此策略时可以与成都及龙门山脉一线的其他专项旅游产品一起进行整合营销,在提高声势的同时,节省广告支出。

2. 电视、广播

现代社会,电视、广播是重要的信息传播工具,也是具有重要影响力的传媒力量。人们每天的生产生活都会或多或少地接触到电视和广播节目,所以,在进行相关旅游产品广告促销上,电视和广播绝对是一个重要的宣传平台。在电视方面,可制作龙门山地震旅游产品的旅游宣传短片,并在成都市及周边重点目标市场的电视节目中播出,重点在于树立龙门山地震旅游产品的总体旅游形象和对拳头产品展开介绍。例如2010年,在中央电视台、四川卫视等多个重要电视媒体平台上播放的由群星演唱并拍摄的《四川依然美丽》音乐短片，就成功地树立起了四川良好的旅游目的地形象。而在广播推介方面，可设计震后灾区旅游宣传口号，以讲述灾区灾后重生故事的形式进行广告宣传，以达到树立形象、吸引游客的目的。然而，广播尤其是电视平台的广告成本费用一般相对较高，所以建议在旅游旺季前进行适量的投放。

3. 户外广告

户外广告主要包括广告牌、广告墙、广告宣传横幅、广告彩绘等形式，起到宣传促销的作用。四川地震旅游产品户外广告应坚持以成都市为中心，在成都市的交通干道，尤其是旅游交通要道上做悬挂广告、墙面广告和灯箱广告，周边旅游城市也可采取如此动作；同时，还可以在四川省相邻友好省市区域悬挂部分户外广告，以起到宣传促销的作用。但是，户外广告的悬挂应选择在人流量较大的地区，而且要与周围环境相协调。

4. 宣传材料

根据需要制作各档次、各类型的宣传材料（见表5-2）。

表5-2　　　　　　　　　龙门山地震旅游产品宣传材料规划表

类型	主要内容
龙门山地震旅游产品概况	主要面向潜在旅游者；内容应由四川省旅游局官方拟定；主要景点和饭店客房都有一份；为扩大资金来源，可以在杂志后面开辟广告版
旅游指南	介绍主要旅游景点、旅游饭店（包括客房、餐饮、会议和娱乐设施）、旅游购物点、旅游交通时刻表等；该手册主要针对潜在旅游者
旅游地图	综合性地图和各景点地图，包括景点位置、服务设施、购物点及旅游路线等
专用促销材料	旅游景区（点）的介绍光盘，为重大促销活动制作的光盘、录像带等
旅游新闻夹	该新闻夹实际上是一组描述旅游景点的标准幻灯片，专为新闻发布会设计，可在四川省地震旅游产品新闻发布会和地震旅游产品推介会上使用

5. 互联网营销

互联网促销是目前旅游促销的一个趋势，在中长期内，互联网将日渐成为宣传主角。在此次地震期间，很多的综合类网站、地方政府网站和民众自建网站对地震信息的传播起到了积极的作用。在龙门山构造活动断裂带地震旅游产品的促销过程中，可以充分利用这些资源。具体包括如下建议：

（1）在成都旅游网、德阳旅游网、绵阳旅游网以及都江堰景区等景区网站上开辟一个龙门山地震旅游产品专题栏目，详尽地介绍龙门山构造活动断裂带各项地震旅游产品及旅游线路，并不定期地开展如“最令我震撼的地震旅游产品”评比、地震体验征文大赛等活动，提高网站的点击率和大众关注度。

（2）在主要搜索引擎上注册，并争取获得最理想的排名。

（3）与国内门户网站旅游频道和专业旅游网站建立合作伙伴关系。

5.7.3 销售促进策略

积极地开展各类销售促进策略,提高旅游中间商、旅游销售人员的积极性,刺激旅游者对龙门山地震旅游产品的购买欲望。

1. 对旅游者的销售促进策略

购买折扣和价格优惠:在产品推出的前期,以让利的方式,联合几大核心景区给予旅游者景点门票购买折扣和价格优惠(对青少年学生、退休老人、军人等实行优惠价格)。

赠送或折价销售纪念礼品:结合产品体系中各个景点自身的特点,开发系列龙门山构造活动断裂带地震旅游纪念品,如纪念币、纪念徽章、书签、纪念画册、主题书画作品、笔筒等美观实用的旅游纪念品,并以赠送或折价销售的方式给旅游者以福利。

2. 对旅游中间商的销售促进策略

龙门山地震旅游产品作为一种新型专项旅游产品,要想获得充足的市场客源,必须与旅游中间商紧密协作,借助它们的营销渠道,在短时间内打开产品的销路,更快地融入四川的品牌旅游线路中去。为鼓励旅游中间商大量购买、扩大经营,可大力推行推销奖励、红利提成、商业信用(如售后付款)、交易折扣等措施。

5.7.4 公共关系促销策略

在龙门山地震旅游产品的促销策略中,公共关系促销策略应该是最为重要也是成本相对较低,但收效较高的策略,应该重点地谋划和实施。可以考虑从以下几个方面着手,加强龙门山构造活动断裂带地震旅游产品的公关营销。

1. 新闻发布会

在产品筹备、产品构建以及推出新的旅游路线、旅游发展计划等关键时段,适时举办新闻发布会,邀请相关的政府官员和各界媒体、公众参加,为产品宣传造势,制造产品关注的高潮点。

2. 会展和地震灾害研讨活动

以"5·12"汶川大地震为主题,以突出龙门山构造活动断裂带地震旅游产品为目的,举办丰富多彩的展览会,吸引潜在旅游者参与,激起其旅游欲望,如举办"5·12"汶川大地震图片展、视频展等。另外,还可以定期举办以地震为主题的专题性学术研讨会,依托成都理工大学、成都市地震局等院校和专业机构,对地震预报、地震灾害治理等热点问题展开长期的研究,促使成都市成为我国地震活动研究的一个重点城市。

3. 纪念活动

充分利用"5·12"汶川地震周年祭等特殊时刻，在都江堰、彭州、成都市区、德阳、绵阳、广元等地举办相应的大型庆典活动，在追忆逝者的同时，激发人们对大自然的敬畏、对全国人民万众一心抗震精神的感慨，从而激发潜在旅游者到地震遗址地游览的兴趣，提升龙门山构造活动断裂带地震旅游产品在市场中的知名度与美誉度。如：

（1）"5·12"国哀日，天府广场集体默哀仪式。

（2）"5·12"汶川特大地震周年祭和抗震救灾、灾后重建伟大胜利纪念晚会。

（3）"重建家园，我们在一起"大型主题活动。联合各对口帮扶地区的政府及当地民众策划相应的系列主题活动，同时吸引这些地区的潜在旅游者前来，从而建立起长期的关系纽带。

4. 社会捐助

在汶川地震灾区举办并积极推进各种公益捐助活动，对受灾地区人民群众，尤其是对受灾的青少年学生家庭予以关注和资助，以彰显龙门山构造活动断裂带地震旅游景区回报社会、关爱灾区人民的良好形象。

5. 名人代言

邀请知名人士和在"5·12"汶川特大地震中评选出来的抗震英雄少年作为龙门山构造活动断裂带地震旅游产品的形象代言人，突出中华民族的自强、奋斗精神。借助知名人士良好的公众形象和影响力，加大对龙门山构造活动断裂带地震旅游产品的国内和国际宣传。

6 结论与展望

　　"5·12"汶川特大地震的发生给居住在龙门山构造活动断裂带上的居民带来了深重的灾难，也对该区域旅游业的发展带来了巨大的打击。但是，地震的发生也创造了诸多的震迹和震记旅游资源，在灾后恢复发展的 10 年时间里，这些震迹和震记旅游资源成了极具市场吸引力的地震旅游产品，也成了龙门山构造活动断裂带上地震灾区旅游市场新的亮点和动力引擎。

　　在中央政府的正确指导、地方政府的积极领导、全国各族人民和地震灾区人民的共同努力之下，灾后重建的地震灾区创造了一个又一个奇迹，而旅游业作为灾区的先导产业，在灾后重建和地方经济恢复发展的过程中，发挥着极其重要的作用（详见本书下篇）。"5·12"汶川特大地震发生后的 3 年内，地震灾区纷纷把握住震后出现的震迹、震记旅游资源和灾后重建的契机，创建了一批核心、典型和特色的旅游产品；同时，四川省旅游局为发展推广这些地震旅游产品，在 2015 年再次提出了六大主题抗震救灾旅游产品线路，将灾区开发打造的一个个地震旅游产品串联起来，以推动当地旅游业的发展。截至 2016 年年底，汶川特大地震极重灾区的 10 个县所在的成都市、德阳市、绵阳市、广元市、阿坝州 5 个市（州）区域，旅游总收入达 3 696.96 亿元，占整个四川省 2016 年旅游总收入的 47.98%。

　　虽然地震旅游产品是震后灾区旅游业发展的亮点和动力引擎，也吸引了无数游客前往，对地方经济做出了突出的贡献，但是，在对这些旅游资源的进一步开发、利用和保护的过程中，我们依然要时刻保持慎重态度，对珍贵的震迹和震记资源必须坚持保护第一、整合统筹、典型化、差异化、居民参与以及可持续发展的原则。同时，地震灾区依然要借助成都市作为四川省重要的旅游集散地和旅游目的地的地位，必须考虑旅游产品的组合特性、市场效应和交通的便捷性，强调灾害旅游资源的典型性和差异性，避免地震旅游产品的同质化和盲目投资竞争。地震灾区的各地震旅游产品应结合更加有效的促销策略，实施更加有效的促销手段，以促进地震旅游产品持续吸引来自五湖四海的宾客，促进地震灾区旅游业的长久性发展，带动灾区社会经济走向更美好的明天。最后，要把握山地旅游生态脆弱性、环境容量有限性、山地灾害多发性及难避让性等特性，科学地规划和有序地开发包括地震旅游产品在内的龙门山脉从低山到中山直至高山的丰富多彩的山地旅游产品体系，并结合成都市的城乡一体化建设，将成都盆地—龙门山前山建成造福四川乃至全国人民的旅游休闲度假区。

下篇

"5·12"汶川特大地震
遗址区震后旅游的社会经济效应分析

7 旅游经济效应相关理论研究

7.1 旅游经济效应的含义

7.1.1 旅游效应的分类

随着旅游活动的日益大众化和旅游业规模的不断增长，旅游对人类社会产生了深远而广泛的影响。旅游活动不只是游客的空间位移，实际上，伴随着游客的空间位移也产生了资金流、信息流、技术流、物质流和不同文化的交汇碰撞。这对客源地尤其是目的地的经济、文化、环境和社会等均会产生影响。

从不同角度出发，旅游效应有着不同的分类。从旅游效应的效果看，可以将旅游效应分为正面效应和负面效应。正面效应指的是旅游活动对旅游目的地经济、技术、信息等方面产生的有利作用，如旅游活动促进了目的地经济发展与就业增加等；负面效应指的是旅游活动对目的地产生的不利作用，如游客的涌入导致物价上涨、环境污染等。

从旅游效应的作用和性质进行分类，可以将旅游效应分为经济效应和非经济效应。经济效应指的是人类的旅游活动对旅游目的地发展当地经济所起的作用；非经济效应指的是旅游活动对旅游目的地环境、文化、社会等方面所起的作用。非经济效应也包括正面效应和负面效应。由于旅游活动对人类社会的影响力日益增大，旅游的非经济效应也日益受到人们的重视，现今生态旅游、负责任旅游、可持续旅游等研究的进展就反映了这个问题。①

7.1.2 旅游经济效应的研究内容

旅游经济效应指的是旅游对目的地发展经济所起的作用，包括对产出、就业和收入的影响。它可以是正面的，也可以是负面的，如产出增加、物价上涨等均属于旅游

---

① 高书军. 上海市旅游业经济效应分析——基于投入产出方法的实证研究 [D]. 上海：上海财经大学，2007：1-2.

经济效应的范畴。

游客的旅游活动是一种从客源地到目的地又返回客源地的综合性闭环运动，涉及吃、住、行、游、购、娱等多种活动，因此旅游经济效应包含的范围很广，涉及国民经济的各个方面，对国民经济起着多方面的作用，一直受到政府、企业、社区等旅游利益相关者的关注。尤其在2016年《中华人民共和国国民经济和社会发展第十三个五年规划纲要》中，有15处直接提到旅游产业发展，对旅游业的规划渗透到了方方面面。该规划在构建产业新体系中明确指出，开展加快发展现代服务业行动，大力发展旅游业。具体来说，旅游经济效应主要包括以下几个方面：产出效应、就业效应、外汇收入、收入效应、税收效应、产业关联效应、负面经济效应等。

1. 产出效应

旅游产出效应是指游客消费对目的地经济产出的影响。游客消费作为对旅游目的地新增加的经济注入量，构成了目的地经济最终需求的一部分。在目的地未达到充分就业、拥有闲置资源的情况下，旅游消费会促进目的地的经济产出。

根据相关机构的测算，在2016年我国旅游业对地区生产总值的贡献率达11%。旅游业早已超越孤立的行业和简单的消费层面，成为培育中国经济发展新动能的生力军。

2. 就业效应

旅游消费所导致的目的地产出的增长必然带来就业的增加，同时旅游业是劳动密集型产业，因此旅游业的就业效应相对于其他产业更为显著。旅游就业效应有两种表达方式，一种是旅游间接就业与直接就业之比，即旅游行业直接就业对其他行业就业的带动力。按国际经验，旅游业每增加一个直接就业人员，将间接增加5个人就业。世界旅行与旅游理事会（WTTC）认为中国旅游直接和间接就业之比是1∶3.4，即一个旅游直接就业将会带动3.4个间接就业（WTTC，2006）。旅游就业效应的另一种表达方式是旅游消费对旅游就业的影响。两种方式本质上是一样的，均反映了旅游消费→产出增长→就业增加的过程，但具体数值有所不同。[①] 本书考虑到收集到的数据的有限性，采用前一种方式研究地震遗址区旅游就业效应。

就业效应包括直接就业效应和间接就业效应。一些公司如酒店、餐馆、铁路公司、航空公司、景区等提供的就是直接的就业机会，因为公司员工是由于旅游者在游览时产生了需要而向其提供服务与便利的，因此产生的就业机会属于直接就业。另外，如飞机制造商、酒店供给者、餐馆供给者、建筑公司、景观设计公司、信息通信公司、零售公司等是为直接就业的部门提供服务的，这些公司提供的则是间接就业机

---

① 高书军.上海市旅游业经济效应分析——基于投入产出方法的实证研究［D］.上海：上海财经大学，2007：4.

会，属于间接就业。综上所述，旅游产业可以为我国带来庞大的就业机会，因此，旅游产业的就业效应不容忽视。

无论哪一种表达方式均展现了旅游在促进就业方面的巨大作用。但旅游就业也有一些不足，如旅游就业波动性（季节性）大、门槛低和薪酬低等。

3. 外汇收入

旅游外汇收入是一国外汇收入的重要组成部分，反映了一国国际旅游的规模和水平，是旅游统计的主要指标，对促进国际收支平衡具有重要意义。2015 年，我国入境旅游稳步增长，接待入境游客 13 382.04 万人次，同比增长 4.14%，其中接待入境过夜游客 5 688.57 万人次，增长 2.3%，市场规模总量居世界第四位，仅次于法国、美国和西班牙。入境旅游外汇收入达 1 136.5 亿美元，旅游服务贸易顺差达 91.5 亿美元。本书以汶川和北川两个县域的地震遗址区旅游作为重点研究对象，由于我国旅游统计技术和其他方面的原因，其外汇收入数据收集不完整，因此在本书中不对外汇收入进行相关的经济效应分析。

4. 收入效应

旅游业收入是指旅游接待部门（或国家、地区）在一定时期内通过销售旅游产品而获取的全部货币收入。按照旅游收入的性质，可以将其分为基本旅游收入和非基本旅游收入。基本旅游收入是指旅游部门和交通部门向旅游者提供旅游设施、旅游物品和旅游服务等所获得的货币收入的总和，即旅游者在旅游过程中必须支出的费用，包括交通费、食宿费、游览费等。通常，基本旅游收入与旅游者的人次数、停留时间成正比例关系，由此可以大致估量一个国家或地区旅游业的发达程度。非基本旅游收入是指其他相关部门向旅游者提供其设施、物品和服务所获得的货币收入，即旅游者在旅游过程中可能发生的消费支出，如邮电通信费、医疗保健费、修理费、咨询费及购物的费用等。非基本旅游收入具有较大的弹性，既取决于旅游者的支付能力，也取决于他们的兴趣和爱好。非基本旅游收入也受旅游者人次数和停留天数的影响，但并不表现为相同的正比例关系。一般来说，非基本旅游收入所占的比重越大，说明该国或该地区的社会经济水平和旅游业的发达程度越高，特别是旅游商品收入，最能反映一个国家或地区旅游业的发展水平。

旅游收入效应包括直接收入效应和间接收入效应两个方面。所谓的直接收入效应，是指旅游者在异地的旅行游览活动必然会在当地进行消费，而这就会导致旅游目的地获得一定的收入。[①] 间接收入效应是指，旅游者在旅游目的地对旅游商品、旅游服务的直接消费使得当地的旅游企业获得收入，而这些企业又会将取得的收入用于其

---

① 周丽. 湖南省旅游产业经济效应实证分析 [D]. 长沙：湖南师范大学，2011：47-48.

他方面的再改造、再升级从而取得额外的收入。① 例如，旅游企业将从旅游者那里得到的收入进行再投资，拉动了其他企业甚至地区的发展，从而给旅游目的地带来了间接的影响。

同时，旅游收入效应还包括旅游消费对目的地从业人员收入的影响。随着旅游活动所引发的经济产出增长，目的地从业人员的收入也在增长。由于旅游部门多属于劳动密集型部门，劳动报酬占据了较大份额，旅游的发展对于提升居民收入，尤其是弱势群体的收入具有重要意义。我国近年来一直在积极开展脱贫致富的工作，其中各个层级的政府大多数将发展旅游业作为脱贫的一种途径，例如，乡村旅游的发展就为我国创业就业提供了机遇，同时也达到了居民收入不断提高的效果。来自四川旅游微信公众号的报道（见图7-1），2016年，四川省实现乡村旅游收入2 015亿元，同比增长22%；带动全省83.56万贫困群众直接受益或间接受益；448个贫困村通过发展旅游业实现脱贫摘帽，占当年退出贫困村总数的18.4%；199个贫困村创建为省级旅游扶贫示范村，9个贫困县创建为省级旅游扶贫示范区。2016年，四川省脱贫村中72.7%的都是旅游脱贫。从事旅游业的农户家庭人均纯收入达15 322.9元，同比增长13.5%，比全省农民人均水平高4 777.6元。

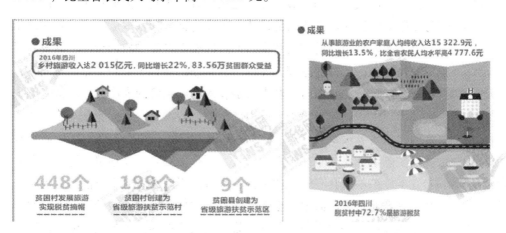

图7-1　2016年四川省乡村旅游的社会经济效应（摘自四川旅游微信公众号）

本书在分析汶川和北川收入效应问题时，由于数据分析的有限性，直接分析了旅游综合总收入对国民经济发展产生的影响。即将国民经济中旅游行业以及与旅游行业有关的所有的经济效应与地区生产总值进行对比研究，从而能够从宏观角度评估当地旅游发展对地区生产总值的贡献。

5. 税收效应

旅游税收，目前无论是国外学术界还是我国学术界均没有一个明确的界定。国家

---

① 刘艳. 甘肃省旅游业经济效应分析［D］. 兰州：西北师范大学，2012.

税务局在对营业税税目的注释中界定："旅游业，是指为旅游者安排食宿、交通工具和提供导游等旅游服务的业务。"在实际操作中，旅游业的相关税收主要分布在城市维护建设税、教育费附加、企业所得税、房产税、印花税等多个税种之中。可见，旅游业缴纳了中国现行税制规定的大部分税种，其中，企业所得税是中国旅游业的主体税种。旅游税收效应主要是指游客消费、旅游企业缴税对目的地政府税收的影响。

税收效应是指由政府的课税行为所引发的一系列经济反应，如政府加大旅游业课税力度便会使得旅游业因成本增加而减少后续的开发，改变着旅游业的资源配置。同时，课税还会增加消费者税收负担，促使其减少应税行为，产生一定的收入效应及替代效应。旅游税收的作用：一是旅游业的税收能进一步促进公共物品的有效配置；二是旅游业税收能为一国政府带来可观的税收收入，兼具税负输出性优势。同时旅游税收也会带来负面效应，如旅游税收导致税收遵从成本的增加、应税经济行为的扭曲及福利的损失等。

由于研究目的地所统计的有关旅游经营户缴税数据极为贫乏和缺失，本书无法分析旅游税收对目的地经济产生的影响。

6. 产业关联效应

产业关联理论作为产业经济学的一个重要理论，是由美国经济学家沃西里·里昂惕夫（Wassily Leontief）提出的。在普遍的社会生产经营中，各产业部门要与其他产业部门进行产出交换，即某一产业部门将另一产业部门的产出作为投入要素进行生产，而产出又将供给其他产业部门使用，以此循环往复。这种各产业之间存在紧密而又复杂联系的技术经济联系在产业经济学中被称为产业关联。在旅游活动中，由于旅游产业与其他相关产业或部门之间拥有着不可避免的联系，这种联系被称为旅游产业关联。旅游产业与许多的产业部门都关系密切，如产品、服务关联，生产技术关联，投入产出关联，劳动就业关联，投资关联等。[①]像旅游产业这种可以带动其他产业发展的作用叫作产业关联效应或产业波及效应。旅游产业可以带动餐饮、住宿、交通、景区、零售、娱乐基本六要素的产业发展，而这六要素产业又可以带动其供应者如建筑业、交通运输业、金融业、通信业、设计行业等产业的联动发展，产业关联波及效应巨大，整体上大大推动了国民经济的快速发展。

7. 负面经济效应

本书在对地震遗址区旅游经济效应影响的分析中，对旅游业收入、旅游就业、居民收入以及产业结构分析时均谈到的是旅游发展对当地经济产生的积极、正面的作用。然而，旅游发展对目的地不仅仅起到积极、正面作用，同时也会产生负面效应。如：为促进旅游业的发展，目的地政府和企业等需要投入资源，优化与旅游相关的基

---

① 王起静. 旅游产业经济学［M］. 北京：北京大学出版社，2006.

础设备，完善其他配套工程，这样会占用资源，产生机会成本，并且可能对目的地其他方面的发展产生负面效应；游客的大量涌入通常会导致目的地物价上涨，对目的地经济和居民生活产生不利的影响；外来游客所带来的文化、生活习惯可能会对目的地文化、生活习惯等带来冲击，使得目的地失去原有的特色等。

7.2　旅游经济效应研究

旅游经济效应是指旅游活动对目的地经济的影响，是目前国内外旅游经济学界研究的热点课题之一。它具体指在旅游经济活动中，在合理开发旅游资源和保护环境的背景下对旅游产品投入与产出进行比较，是旅游业对旅游地国家（区域）在经济方面的作用及产生的直接和间接影响。[①] 按照产生时间的不同，旅游经济效应可分为即时经济效应和滞后经济效应；按照经济价值的不同，可分为积极经济效应和消极经济效应；按照表现形式的不同，可分为显性经济效应和隐性经济效应。从影响旅游业经济效应的因素看，主要有消费金额、消费结构、经济规模、关联程度。国内外学者对旅游经济效应研究评价的角度多种多样，本书对其进行研究归纳旨在对典型研究对象——"5·12"地震遗址区汶川县和北川县旅游社会经济效应做出较为科学的分析。

7.2.1　旅游经济效应理论及其测算方法

旅游经济效应理论研究主要涉及外部性理论、旅游乘数理论、旅游投入产出理论和旅游卫星账户理论等。

庇古（1920）提出了"内部不经济"和"外部不经济"概念，最终形成了外部性理论。旅游业因其涉及面广而成为外部性效应较为显著的主要领域之一，许多现象从理论上分析实质就是外部性的表现。[②] 旅游业的外部性主要表现为：①外部经济性，旅游业可带动经济的发展，提高旅游目的地的知名度等；②外部不经济性，主要表现为旅游业的社会成本以破坏环境为主，体现为环境污染和拥挤。

旅游乘数理论或称旅游增值效应理论，它描述了旅游收入在旅游地的经济系统中流动扩散，引起旅游地经济的倍数增长。在旅游研究中经常使用的旅游乘数类型有四种，即营业额或营业收入乘数、产出乘数、收入乘数和就业乘数。而影响旅游乘数的因素有该目的地或地区的漏损量、产业结构和生产能力。

投入产出法作为一种科学的方法，是研究经济体系（国民经济、地区经济、部门

---

① 戴伯勋，沈宏达. 现代产业经济学 [M]. 北京：经济管理出版社，2001：116.

② 徐桂华. 外部性理论的演变与发展 [J]. 社会科学，2004（3）：26-30.

经济、公司或企业经济单位）中各个部分之间投入与产出的相互依存关系的数量分析方法，是由美国经济学家沃西里·里昂惕夫（1936）提出的一种经济分析方法。[①] 投入产出法具有整体性特点，从国民经济是一个有机整体的观点出发，综合研究各个具体部门之间的数量关系（技术经济联系）。它能从生产消耗和分配使用两个方面来反映产品在部门之间的运动过程，同时反映产品的价值形成过程和使用价值的运动过程。从方法论的角度，它通过各系数一方面反映在一定技术和生产组织条件下，国民经济各部门的技术经济联系；另一方面用以测定和体现社会总产品与中间产品、社会总产品与最终产品之间的数量联系。

旅游卫星账户是当前联合国和世界旅游组织等国际机构积极推广的一种测度旅游业经济影响的方法体系。旅游卫星账户作为一种新型、权威、有效的衡量工具应运而生，成为世界旅游组织和联合国统计委员会推选的国际标准，并成为各国政府部门制定旅游经济发展政策的有力工具。它是在国民账户之外设立一个虚拟账户，将所有涉及旅游的部门中由旅游引起的产出部分分离出来单列入这一账户。旅游卫星账户描绘了一个国家国民经济产业结构，可作为估计旅游经济和服务的尺度。作为一种信息系统，它通过对相关数据和资料的分析，可预测旅游潜在的影响。旅游卫星账户逐渐成为评价、研究旅游区域经济影响最重要的工具，可供不同国家横向比较，也可随时间推移进行动态调整。

7.2.2 国内外旅游经济效应研究

1. 国外旅游经济效应研究

国外学者对旅游业经济效应的研究开始于 20 世纪 60 年代。国外旅游业经济效应的应用研究主要集中在旅游乘数、投入产出、旅游经济评价模型和旅游卫星账户。

搏迪奥（1899）在《关于外国人在意大利的移动及其消耗的费用》中对旅游者在意大利期间的花费进行分析，认为旅游者的消费对经济发展具有重要作用。德国柏林大学教授葛留克斯曼（1935）在《旅游总论》中论述了旅游对经济的作用。20 世纪 60 年代，旅游经济影响研究被提出。阿彻（1970）对英国威尔士的安格尔西岛和格温内恩郡地区的旅游经济效应进行深入研究，详细论述了旅游业对当地经济的一系列影响，阿彻（1974）将此现象称为旅游乘数效应。[②] 约翰逊和莫朗（1993）通过对岛屿旅游业经济效应的分析，得出多米尼加的旅游收入乘数系数为 1.20，香港为 1.02，夏威夷为 0.9 至 1.3 之间。尼尔·利珀（1999）分析了澳大利亚的旅游就业乘数，分析了旅游业对就业的促进作用。

---

① 沃西里·里昂惕夫. 投入产出经济学 [M]. 崔书香，译. 北京：中国统计出版社，1990：89.

② 吴伯磊. 旅游经济效应的理论与实证研究——以北京市为例 [D]. 北京：中国社会科学院大学，2008.

投入产出分析可清楚地显示社会经济各部门之间相互联系的复杂性，解决乘数研究无法解决的旅游区域经济影响的过程问题。米勒和布莱尔（1985）认为投入产出模型是从生产的角度对区域旅游经济影响进行衡量的；[①] 施韦尔等（2000）运用投入产出模型评估了航空旅游对美国南内华达州的经济影响，认为航空旅游给当地增加了近5.04亿美元的收入。金和田等（2003）运用投入产出模型计算了韩国旅游业对经济的影响，其中就包括了对就业、居民收入、价值增加量、外汇收入等方面的影响。

目前旅游卫星账户在西方国家得到广泛应用，旅游卫星账户作为通用标准在国际上得到认可后，各国政府与学者纷纷开展了深入而广泛的旅游卫星账户编制实践与理论研究工作。在国家级旅游卫星账户编制研究方面，阿密特和迈克尔（2005）分析了坦桑尼亚旅游卫星账户，认为旅游卫星账户不仅统计了计算经济影响所需的数据，还带来了很多附属利益，保证了旅游卫星账户产出利用的最大化。亚当等提出交流与合作是旅游卫星账户发展的助推器。[②] 随着旅游卫星账户的发展，编制地区级旅游卫星账户是当前旅游卫星账户的主要发展方向之一，其实践经验对旅游卫星账户理论是一种重要的扩充。许多国外学者对地区级旅游卫星账户编制也进行了诸多探索和研究。此外，有些国际组织提出了编制旅游卫星账户的开拓性建议，例如，世界经济合作组织（2000）认为应当增加对旅游就业和政府旅游产业税收的分析，进行旅游产业国际收支平衡研究。

在旅游经济评价模型实践应用研究方面，瓦格纳（1997）通过运用 SAM 法对巴西某地区旅游业的经济影响进行了研究，认为由于大量进口商品以及外来资本的涌入，旅游业对当地的经济贡献是有限的。Chi-OK（2004）利用 1975—2001 年的数据，运用 VAR 模型探讨了韩国旅游业发展与经济增长之间的因果关系，结论是经济发展推动了旅游业的增长，在短期内经济的快速增长对国际旅游业发展的推动作用更明显。[③]

2. 国内旅游经济效应研究

我国学术界对旅游业的研究是从旅游经济入手的，"整个 80 年代，旅游经济都被学者们当作旅游的带头学科来研究"（申葆嘉，1996）。20 世纪 80 年代后，随着我国政府对旅游业重视程度的提高以及旅游业在我国国民经济发展中作用的提升，对旅游业经济影响的研究逐渐成了学术界研究的热点。我国对于旅游产业的经济效应研究主

---

① MILLER R E, BLAIR P D. Input-Output Analysis: Foundations and extensions, Englewood Cliffs [J]. Prentice Hail, 1985.

② BLAKE A, SINECLAIR M T, SOFIA J A C. Tourism productivity: evidence from the United Kingdom [J]. Annals of Tourism Research, 2006, 33 (4).

③ DANIELS M J. Beyond input-output analysis: using occupation-based modeling to estimate wages generated by a sport tourism event [J]. Journal of travel research, 2004, 31 (1): 180-199.

要可以分为理论研究阶段和定量研究阶段。

（1）理论研究阶段

20世纪90年代，中国的一些旅游类书籍如李天元、王连义的《旅游学概论》从纯理论的层次上分析阐述了中国旅游业对国民经济的影响。1992年，楚义芳在《旅游空间经济分析》中通过对大量的国外文献进行整理分析，总结了旅游活动对国外经济的直接影响。[①] 1993年，魏小安、孟宗苏在《中国旅游业：产业政策与协调发展》中从旅游产业政策的角度分析了中国旅游业与经济的发展关系。1999年，张吉林探讨研究了旅游产业影响国民经济的途径。他认为旅游产业只有通过广泛关联众多其他产业，作用与被作用于其他产业，从而带动其他关联产业的发展，最终才会引致整体国民经济的发展。

（2）定量研究阶段

1997年，陆林在《旅游区域经济效应》中从旅游开销方面对安徽省黄山市进行试探性的定量分析，得出黄山市的旅游经济效应影响。[②] 1999年，李江帆和李美云在《旅游产业与旅游增加值的测算》一文中采用旅游增加值剥离测算法，首先测算出旅游剥离系数，然后对广东省的旅游增加值进行了测算。[③] 2005年，戴斌和束菊萍在《旅游产业关联：分析框架与北京的实证研究》中运用产业经济学中的理论-产业关联，对北京地区的旅游产业进行分析研究。研究表明北京旅游产业的关联效应是从产业供给和产业关联两个方面带动北京经济的。[④] 2007年，高书军在《不同实证研究中的旅游业经济效应测算范围比较分析》中指出，在研究旅游产业的经济效应时，由于各地方旅游部门采用的测量依据、方法、手段等不同，研究成果也各不相同，因此应根据TSA（旅游卫星账户）统一旅游业的分类标准进行测算。[⑤] 2010年，刘迎辉、郝索在《TSA与I/O法评价旅游经济效应的比较研究》中选取旅游卫星账户和投入产出法为研究对象，希望将二者融合以更好地评价旅游产业的经济效应。[⑥] 2011年，魏敏在《中国旅游经济效应的预测检验及优化研究》中运用线性回归模型并采用OLS估计该模型的参数，试图从预测的准确性和涵盖性研究中国旅游业的经济效应。[⑦] 2012年，张英、曾晨明在《甘肃省旅游产业关联效应和波及效应分析》中利用投入产出表

① 楚义芳. 旅游空间经济分析 ［M］. 西安：陕西人民出版社，1992：126.

② 陆林. 旅游区域经济效应 ［J］. 南京大学学报，1997（2）：53-59.

③ 李江帆，李美云. 旅游产业与旅游增加值的测算 ［J］. 旅游学刊，1999（5）：16-19.

④ 戴斌，束菊萍. 旅游产业关联：分析框架与北京的实证研究 ［J］. 北京第二外国语学院学报，2005（2）：7-15.

⑤ 高书军. 不同实证研究中的旅游业经济效应测算范围比较分析 ［J］. 经济师，2007（4）：239-240.

⑥ 刘迎辉，郝索. TSA与I/O法评价旅游经济效应的比较研究 ［J］. 旅游学刊，2010（10）：18-22.

⑦ 魏敏. 中国旅游经济效应的预测检验及优化研究 ［J］. 财政研究，2011（12）：35-37.

对甘肃省旅游产业的关联度进行了研究。研究表明旅游业和其他相关产业部门关联很大。[1] 2013 年，张静、朱红兵在《黄山市旅游产业对国民经济发展贡献的分析》中，从旅游业对国民经济的收入贡献、创汇贡献、就业贡献、居民收入贡献、招商引资贡献及新农村建设贡献六个方面定量分析了黄山市旅游产业对国民经济的贡献。[2] 同年，邱亚利在《入境旅游对国民经济增长的贡献分析——基于省级面板数据的实证研究》中采用格兰杰因果检验、协整分析和脉冲响应函数对入境旅游进行实证分析。研究表明，入境旅游对于国民经济的增长是有促进作用的。[3] 2014 年，吴娜、栾贵勤、韩婧雯在《上海旅游业创汇与就业效应分析》中分析了上海市 13 年来的旅游创汇效应和就业效应。[4] 同年，朱桃杏、陆军在《高速铁路背景下旅游经济发展空间与效率特征研究》中采用数据包络分析法研究了高速铁路背景下的交通要素投入与旅游产出的效率变化特征。[5]

7.3　旅游统计

7.3.1　我国现行旅游统计方法的主要内容[6]

1. 当前我国旅游统计的组织

我国目前的旅游统计网络，是在中央有关部门配合下，以国家旅游局为中心、以地方旅游局为支持的综合系统。它包括国家旅游局、国家统计局、公安部等相关部委，各局内相关科室以及各省旅游局、主要旅游城市旅游局。

2. 当前我国旅游统计的主要指标

（1）国际旅游接待统计

通过边防检查统计入境总体情况，包括海外游客入境的交通方式，外国旅游者的国别、职业、年龄、性别等；统计国际旅游（外汇）收入，通过对海外旅游者抽样调查，了解其来华旅游花费情况。

地方旅游管理机构统计本地接待海外旅游者情况及本地接待的客源市场情况，测

① 张英，曾晨明.甘肃省旅游产业关联效应和波及效应分析 [J].中南民族大学学报，2012（6）：102-107.
② 张静，朱红兵.黄山市旅游产业对国民经济发展贡献的分析 [J].黄山学院学报，2013（4）：18-23.
③ 邱亚利.入境旅游对国民经济增长的贡献分析——基于省级面板数据的实证研究 [J].经济问题，2013（1）：125-128.
④ 吴娜，栾贵勤，韩婧雯.上海旅游业创汇与就业效应分析 [J].中国发展，2014（4）：71-75.
⑤ 朱桃杏，陆军.高速铁路背景下旅游经济发展空间与效率特征研究 [J].铁道运输与经济，2014（7）：1-8.
⑥ 参见国家旅游局，《旅游统计管理办法》，中华人民共和国国家旅游局令第 10 号，1998 年 5 月.

算本地国际旅游外汇收入。

（2）国内旅游统计

通过采取对国内居民调查的方式，对国内居民在中国境内旅游的情况进行抽样调查。调查的主要内容有出游的总人次、在外停留时间、出游的花费等，以此测算国内旅游的总人次和总收入。

（3）出境旅游统计

通过边防检查统计中国公民出境的总人次。国家外汇管理局根据有关政策规定和银行外汇的兑换情况，测算中国的国际旅游支出。

（4）旅游供给要素的统计

旅游供给要素统计仅限于为海外旅游者提供直接服务的旅游接待单位，如旅行社、旅游涉外饭店、旅游车船公司和部分旅游景点。统计的内容为企业的接待和经营情况。

（5）旅游统计的方法和主要手段

旅游统计的方法是以定期报表和抽样调查为主，以重点调查为补充。定期报表（全面调查）主要包括出入境人数及客源市场分布统计、旅游供给要素统计、分地区的旅游接待统计等。抽样调查包括海外旅游者花费调查、过夜旅游者的比例调查、国内居民的国内旅游调查等。重点调查包括抽选一些有代表性的旅游接待单位，对其接待和经营情况进行重点统计调查。

7.3.2　我国现行旅游统计方法和体制的特点

由于旅游业自身的特点，旅游统计较之其他"单纯"的行业统计更为复杂，也更为困难。总体来看，中国旅游统计一直是依据世界旅游组织推荐的旅游定义进行的，在主要方法上采用的也是世界旅游组织和联合国统计委员会推荐的方法，符合国际惯例。

中国旅游统计方法和体制的主要特点表现在：

第一，中国的旅游统计工作虽然主要由各级旅游行政机构承担，但也大量借助了各级统计部门的力量。一方面，现在从中央到地方，基本上都有独立的旅游管理部门，甚至一些旅游比较发达的县（区）也有专门的旅游管理机构；另一方面，整个国家的统计体系也覆盖到县（区）一级。这为分级调查统计旅游数据创造了很好的条件。这种行政体制上的特点可以为旅游统计带来不少便利，节约不少成本，而且有助于建立一个完整的旅游统计体系。

第二，由于有体制的保障，各级政府能够获取的旅游数据比较全面，基本上都能统计出从旅游需求方面体现的入境旅游和国内旅游的人数、收入；另外，各级旅游行政部门也能通过现有的管理手段，统计到主要的旅游供给企业，如旅行社、星级饭店和部分旅游景区的主要数据。

第三，由于反映旅游总体规模的数据只能从旅游需求方体现，而在实际统计中不可能对每一个游客的出游情况进行全面的调查，因此抽样调查在整个旅游调查统计中占了很大比例。实际上旅游业最主要的几个数据中，除了入境旅游人数以外，入境旅游收入、国内旅游人数和收入数据的统计都离不开抽样调查。[①]

7.3.3 国外旅游统计方法

1. 加拿大旅游统计系统

加拿大国家旅游数据工作组提出了旅游专用统计系统的概念，后来拉比尔和韦尔斯决定将其作为加拿大旅游卫星账户概念的一部分。这项提议包括建立一个全面的、旅游专用的、多层次的和多模块化的综合统计信息系统，从而连接旅游业的各个方面。[②] 10 年后，世界旅游组织首席统计师马休于 2001 年在第五届国际旅游统计论坛上发表的一篇原创性论文中首次使用了"旅游统计系统"（STS）这一术语来描述旅游业统计信息系统。他的论文和后来的世界旅游组织文件将旅游统计系统定义为"对所有技术方面的旅游统计数据的收集、制作、阐述和传播，从而将旅游相关数据整合并纳入一个受控的协调系统"[③]。这一概念随后演变成一个讨论旅游数据改进和数据标准的重要组织框架，最近也成为讨论旅游统计测度能力建设、教育和培训的重要组织框架。按照世界旅游组织的规定，旅游统计系统的总体框架包括的不仅仅是具体的统计测度和相关的合计，如常见的国际和国内旅游人次和支出的估计。旅游统计系统还包含一系列其他不太明显的统计和管理性质的组成部分，包括测度、概念、定义和分类，统计数据来源和编译的数据库，来自数据库的相应的数据元素，从调查中得出的基本统计以及管理记录，来自合成分析工具的复合统计数据（例如旅游卫星账户），指标和统计结果，用于数据生成过程的特定工具和方法论以及用于所有过程的组织资源。

旅游统计系统的所有元素在结构上联系在一起，图 7-2 为加拿大统计局（2007年）描述的 TSA-STS 示意图。图 7-2 显示了旅游卫星账户所揭示的旅游统计系统的整体概念框架、信息流程及其作为一个为旅游现象的各个方面（物理、社会、经济等）提供详尽描述的集成信息系统的可能的扩展，包括在各国之间具有可比性的经济贡献度。

---

① 吴从越. 基于旅游卫星账户的旅游业区域贡献统计方法研究——以浙江省为例 [D]. 杭州：浙江大学，2006：12.

② LAPIERRE J, WELLS S. A proposal for a satellite account and in formation system for tourism [J]. Presented at the WTO International Conference on Travel and Tourism，1991.

③ MASSIEU S. A System of Tourism Statistics (STS)：Scope and content [J]. John Lennon，2001：4-14.

如图 7-2 所示，该系统最初是基于两组基本统计数据，一组针对旅游需求，而另一组针对旅游供给。左方的调查旨在收集旅游量、特点和消费量等数据，用于编制国内和出入境国际旅行的总体旅游需求估计。图 7-2 左上方第二个是与旅游相关的各个供给侧的商业调查，包括交通、住宿、餐饮、休闲娱乐等。这些调查收集与旅游相关的营业场所的基本统计指标，包括经营销售额、价值及相关的商业特征。有时这些信息通过从企业收集的税收和其他管理数据予以补充。

图 7-2 的中心部分显示了对于旅游业非常重要的 3 个集成复合统计工具——旅游卫星账户及延伸、国民经济核算体系和投入产出表。一方面，投入产出表利用上述旅游供给和需求调查、其他许多行业和家庭调查、税务和海关记录及其他行政记录，为整体经济建立详细的供给侧估计。另一方面，旅游卫星账户利用投入产出表提供的旅游业供给数据，对旅游业产出、附加值、国内生产总值和就业进行总体估计。

世界旅游组织进一步规定：旅游统计系统的旅游主体内容范围与旅游卫星账户（RMF）中概述的范围一致。即 6 大主体内容分类：入境旅游、国内旅游、出境旅游、旅游产业、就业、补充性指标。所有 6 大主体内容分类包括基本和复合统计测度，具体取决于测度编制方式和估算过程。[①]

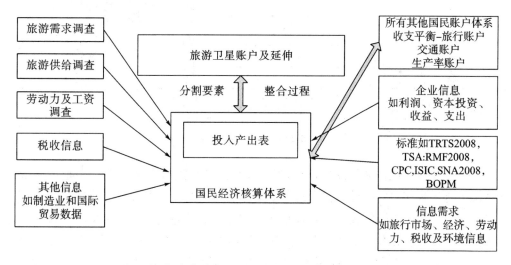

图 7-2　加拿大统计局（2007 年）的 TSA-STS 示意图

加拿大在旅游卫星账户和其他方面都建立了一个更为全面、先进的国家旅游统计系统。如梅斯在对加拿大国家旅游统计系统的评论中所述，加拿大系统的一个主要优势在于它全面覆盖了被世界旅游组织认定为核心旅游统计系统标准的几乎所有的旅游

---

① 世界旅游组织将"基本统计"定义为那些"直接来自调查观测、行政记录的统计"，而将"复合统计"定义为那些"来自合成分析工具的统计"（例如国际收支平衡表和旅游卫星账户）。

关键概念和类别（消费、供给与社会经济意义）。加拿大旅游统计系统涵盖了联合国世界旅游组织建立的国际标准和准则中所划分的所有 6 大核心内容，包括 3 个旅游需求方面（入境、国内、出境）、行业供给、经济意义、就业以及补充性统计指标等。加拿大国家旅游统计系统所生成的关键统计总量示例包括：国内和国际旅行（入境、旅行）以及旅游量（游客人数和访问量）测度，旅游者的特征，旅游者消费额、国际旅游收入和支付、旅游总需求、旅游总供给、旅游产出、附加值与国内生产总值以及旅游业就业。[①]

在结构上，在加拿大统计局的积极管理和控制范围内，由 33 个不同的统计组件构成了加拿大官方的国家旅游统计系统。系统组成部分包括关于旅游需求和供给的 20 个基础统计数据来源，如加拿大的居民出行调查（TSRC）、国际旅游调查（ITS）、服务行业的年度调查、旅客住宿调查和加拿大航空运输业务季度调查。该系统的这些基本数据收集组件结合起来，在国家层面上几乎全面覆盖了加拿大所有的旅游流、旅游商品和旅游产业。另外 10 个系统组件由各衍生复合分析统计工具组成，提供旅游卫星账户（TSA）等旅游综合合成数据以及国际收支平衡（BOP）旅行和运输账户。其他 7 个复合统计组件包括如图 7-3 所示的 CTSA 的各种扩展[②]。

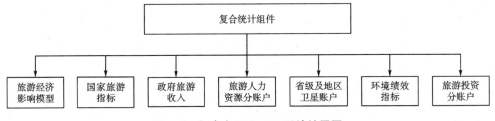

图 7-3　加拿大 TSA-STS 系统扩展图

CSTS 的这些衍生分析组件结合起来，表现出加拿大旅游统计系统和整体国家统计系统中与旅游相关的统计数据和总产出指标的高度发展、集成和协调性。CSTS 的 6 个组件包括工具支持性的技术、管理基础结构元素和信息管理工具，即：①日常统计发布；②标准报告出版物；③专题研究；④《加拿大社会经济信息管理系统（CANSIM）》中包含的统计时间序列指标数据；⑤公共使用微观数据文件；⑥关于数据源、数据收集和估计方法的方法论参考资料和文档的元数据清单。这些工具结合起来，体现了系统各组成部分的便捷使用性和透明性。

———————————

① 宋海岩，张凌云. 中国旅游发展笔谈——旅游统计与数据分析（一）[J]. 旅游学刊，2016，31（3）：3-4.

② MORISSETTE C. Provincial and Territorial Tourism Macroeconomic Statistics：A Proposal for Developing Provincial and Territorial Tourism Macroeconomic Statistics [R]. Ottawa：Statistics Canada，2010.

2. 澳大利亚旅游统计系统

目前，两个联邦政府部门负责澳大利亚旅游方面的主要数据统计工作，一个是澳大利亚统计局，另一个是澳大利亚旅游研究院。澳大利亚统计局主要负责海外入境和出境以及旅游住宿方面的调查，而澳大利亚旅游研究院主要负责国际游客和国内游客调查工作。同时，国际游客和国内游客的调查数据成为澳大利亚旅游卫星账户的组成部分。表 7-1 描述了澳大利亚主要旅游统计数据的类型与特征。

表 7-1　　　　　　　　　　澳大利亚主要旅游统计数据的类型与特征

数据类型	数据调查单位	数据主要特征
海外入境和出境调查	澳大利亚统计局	该类数据采用普查形式，在机场和港口让游客填写旅客信息卡，调查所有通过澳大利亚国际边界的人员的相关信息，包括短期入境游客和居民短期出境人员。调查内容包括职业、国籍、逗留的主要目的等。该数据信息每月发布一次
旅游住宿调查	澳大利亚统计局	该类数据采用普查形式，对拥有 15 间及以上数量客房的酒店、度假区、酒店式公寓等商业住宿单位进行普查。调查内容包括客房出租率、床位出租率、住宿收入等信息。住宿单位管理者被要求按照澳大利亚法律提供相关数据信息。该数据信息每年发布一次
国际游客调查	澳大利亚旅游研究院	该类数据采用抽样调查形式，对大约 4 万名年龄在 15 岁及以上的短期国际游客进行面对面的调查。调查地点在澳大利亚 8 个主要国际机场候机厅展开，主要使用英语、汉语、日语、韩语 4 种语言。调查内容包括游客国籍、旅行目的、旅行花费、人口学特征等。该数据每季度发布一次
国内游客调查	澳大利亚旅游研究院	该类数据采用抽样调查形式，对大约 12 万名年龄在 15 岁及以上的澳大利亚居民进行电话调查。调查对象为随机选择，访谈他们在过去一周（不过夜短途旅行）以及三个月（出境旅游）的旅行活动。调查内容包括旅行目的、花费、交通方式等。该数据每季度发布一次

澳大利亚对旅游统计数据的应用主要可划分为以下四个不同的方面：第一，有大量的行业人员（如运营商），他们对旅游数据的需求通常是访问非常有限的一部分核心数据。这些用户希望能够找到相关信息，以此来帮助他们衡量业务的相对绩效（基准化分析）。第二，不同的政府部门，他们需要时时了解旅游业的增长情况，对数据类型的需求有时可能是很广泛的。第三，一些数量不多的顾问机构和研究人员，他们对旅游研究数据的需求具有持续性和广泛性。第四，还有一些数量很少的机构对特殊旅游数据存在相应需求，如政府财政部门对游客花费数据的需求。

澳大利亚旅游统计系统存在诸多不足，主要包括以下几个方面：第一，时效性，国际和国内游客调查的结果通常要在数据收集完成以后的 8 个星期左右才能公布。澳大利亚旅游研究院在减少报告发布的滞后时间方面面临持续不断的压力。第二，成本，数据收集的成本也面临不断的审查。在澳大利亚，政府基本上提供了数据收集的所有必备资金。过去 20 年，相关部门一直试图从用户那里进行成本回收，但带来的收入通常是很低的。当前，一些主要的调查数据信息对公众都是免费的，但一些专门研究报告也会向用户收取一定的费用。最近，澳大利亚旅游研究院已经同意向学术界提供免费的专门研究报告。第三，小区域数据调查。旅游业具有很强的区域性，旅游经营者和地方政府想知道本区域内的游客情况，而不是州一级层面或者国家层面的数据。对于一些接收游客数量很少的区域很难使用调查方法进行对游客数量的可靠估计，因为这些数据是在游客离开偏远地区以后开始收集的（例如在他们将要离开澳大利亚的某个机场时收集）。第四，收集的数据类型。一方面，当前主要的数据调查通常被批评为不能收集足够的客户信息；另一方面，数据收集类别也不够全面。

使用非传统的信息来源和方法提供了一个新的数据收集的机会。地方政府可以通过电力使用数据、网络摄像头图像等来估计游客游览景点、停车场使用、海滩游客数量等信息。这些信息可以被用来实时估计旅游人数或游客行为。在黄金海岸，一个当地的旅游组织正在使用手机数据来估计活动的参与程度，从而评估他们的投资回报率。此外，黄金海岸市政府正在研究开发一个新的旅游门户网站，以便收集和分析多类型化的旅游数据。澳大利亚旅游研究院最近开发了一个可以提供全天候（24 × 7）数据查询服务的手机移动应用软件。该软件提供了澳大利亚最新的旅游产业数据，作为一种创新的做法为用户提供了快速便利的数据获取方式。[①]

7.3.4 我国旅游经济统计核算

1. 旅游经济统计范围

当前我国从入境国际旅游、出境旅游、国内旅游人数、出入境旅游收入、旅行社个数、星级饭店个数等方面进行旅游经济统计核算。对旅行社的统计指标包括总的旅行社数量、旅行社就业人数及各地区国内和国际旅行社的数量和就业人数，在统计旅行社时包括固定资产原值、营业收入、税金、全员劳动生产率、人均实现利润和人均固定资产原值等方面内容。对旅游业的统计包括的内容有旅游者人数、旅游收入（包括国际旅游收入、国内旅游收入和旅游业总收入）、旅游消费指标（包括国内旅游人均花费、城镇居民旅游消费和农村居民旅游消费）、旅游产业规模指标、旅游企事业单位数量、旅游业固定资产原值、旅游业直接从业人员、旅游业间接从业人员、星级饭店的规模和经营情况、旅行社的规模和经营情况等。在统计指标中对旅游教育培训情况的统计也纳入统计内容。[②]

---

① 宋海岩，张凌云. 中国旅游发展笔谈——旅游统计与数据分析（二）[J]. 旅游学刊，2016，31（4）：1-3.
② 王晶. 我国旅游经济统计核算方法现状及问题分析 [J]. 中国乡镇企业会计，2013（2）：95-96.

2. 旅游经济统计方法

在我国的《旅游经济统计管理办法》中，由旅游抽样、定期调查报表制度和旅游专项调查等内容构成了旅游经济统计调查制度。地方旅游局和国家旅游行政管理部门负责制定旅游经济统计调查项目，由实施专项旅游经济统计的调查机构负责专项旅游经济资料的统计。在进行调查统计时，国家和地方的调查方法有所不同。国家统计局城镇调查队将抽取的全国40个城市中的一万多名城镇居民作为统计样本，通过入户让大家填写调查问卷的方式来统计样本户的旅游次数和旅游费用，并依此推算全国旅游人数和旅游费用。地方旅游部门进行国内旅游接待抽样调查的方法主要是调查过夜游客的数据，同时以在亲朋家过夜的游客和在景点一日游的游客的统计情况作为补充。[①]

3. 我国旅游经济统计存在的问题分析

（1）旅游经济统计与核算的范围不全面

首先，旅游经济统计的历史数据不完整，缺少连续性，统计方法不够科学，因而其所提供的数据无法达到较高的标准。其次，我国现有的旅游经济统计不能全面科学地揭示出旅游活动对其相关经济领域的影响。这是因为现有的统计体系在统计和核算范围方面不能全面覆盖旅游经济活动所涉及的广泛内容，其所提供的数据与国际旅游经济统计对接时也缺少权威性。以统计项目为例，主要表现为：一是有大量项目没有进入统计范围。在统计旅游从业人员中，《中国旅游经济统计年鉴》只统计星级饭店、旅行社和其他3项，并没有把在景点景区中就业的人数统计在内；另外，在计算住宿行业中就业的人数时，只统计星级饭店的就业人数肯定是不准确的，因为住宿行业中招待所、小型旅馆、商务宾馆、各种度假村、经济型饭店等的相关就业人数也占有相当大的比例。二是"其他"项的使用不够科学。在《中国旅游经济统计年鉴》"就业"这一项的统计中，显示的"其他"项占旅游业的就业比例近三分之一，但没有具体说明"其他"项包含哪些方面的内容。

（2）旅游经济统计缺乏权威性和统一性

由于我国旅游经济统计没有纳入国民账户体系，国民账户与其统计体系并不匹配，因此旅游经济统计得到的相关统计数据就会缺乏权威性，也就不能够更好地和国民经济的其他部门进行有效的比较。各省区的旅游经济统计也与国家的旅游经济统计不统一，所以双方所得出的数据相差甚远，因而也影响了各方面对其所提供数据的信任度。

（3）缺乏对旅游活动的投入产出的计算

无论是商业机构还是政府部门，由于旅游经济统计信息的不完整、不充分而无法

---

① 王晶. 我国旅游经济统计核算方法现状及问题分析［J］. 中国乡镇企业会计，2013（2）：95-96.

制定有效的商业计划和公共政策，同时也无法提供提高生活水平所必需的可靠信息。现行的国民经济核算体系没有对来自各个方面的旅游业的投入进行投入产出的相关统计。旅游业作为一个综合性非常强的经济产业，需求方是比较单一的游客，供给方则涉及了众多国民经济产业，而我国传统的旅游经济统计是从旅游者即从旅游需求方来进行的旅游调查与统计工作。在国民经济核算体系中，对产业的统计和核算是建立在产出的基础上的，因此旅游业在国民经济核算体系中并没有被视为一个单列产业。这样就导致旅游经济活动隐藏在现有的不同的宏观经济变量之中的因素，或在旅行代理、住宿、交通运输、餐饮、娱乐消费等经济活动中关于旅游经济活动的流量不能在国民经济核算体系中显现出来，导致我国旅游产业的实际规模和产出水平在国民经济核算的投入产出表中得不到真实反映。

（4）旅游经济统计指标不合理

我国目前的旅游经济统计指标不够科学，具体问题表现在以下几个方面：一是，非货币指标太多。我国现行的旅游经济统计多数是非经济的指标，如旅游人数统计指标。二是，旅游消费类的统计指标不全面。我国的现行旅游经济统计指标中还没有包含详细的旅游消费统计数据，如境外的旅游消费、国民旅游消费及出入境的旅游消费等。其中我国的旅游经济统计体系中还缺少关于出境的旅游消费的统计这种非常重要的环节，仅有个别尝试性地分析中国公民赴国外旅游的消费特征与消费评价的抽样调查，目前我国还没有建立赴国外旅游支出的统计体系。根据世界贸易组织统计，中国在全球出境旅游消费中的排名在前十位。2002年7月颁布的《中国公民出国旅游管理办法》中已经取消了"审核制度""配额制度"等相关出境规定，同时也放宽了我国公民携带外汇出境的限额。这些现象都需要我国尽早建立出境的旅游支出统计体系。三是，我国旅游经济统计指标依然带有浓厚的计划色彩，有些旅游经济统计指标的设定已不符合市场经济的发展。例如，旅客周转量、城市交通客运量等指标，由于很多的交通运输企业是个体经营或者承包经营，目前接受调查的单位无法掌握它们的数据和资料，这就导致该指标在旅游经济统计时出现较大的误差。

（5）旅游经济统计方法缺乏严谨性

我国现行的统计方法是由定期报表与专项调查相结合的旅游经济统计调查方法。另外我国引进了在各个国家统计界普遍运用的抽样调查方法，从而逐步地降低对于报表相关制度的依赖程度。但是目前的调查方法依旧存在着许多问题，例如，地方级别的调查与国家级别的调查路径不同，导致统计数据很难接轨；国内的旅游抽样调查还基本是采用回忆式的调查方式，而这种调查很可能使得调查的结果产生很大偏差；调查的对象对于"大旅游"的概念认识还不是很清楚，这样会使得一些旅游行为本应该属于"大旅游"的范围却被忽略掉，因此造成统计误差；另外对农村的居民进行的调查每年只有一次，所以农村居民的国内旅游数据与真实情况相比，误差会很大。除此之外，根据一万多个样本推算全国旅游数据能将误差率控制在一定的范围内，但由于样本分散到各省（区、市）后，样本数量已经很少，并且样本的分布并不均匀，所以用来推算全国居民的旅游情况，误差可能会很大。

《中国旅游经济统计年鉴（副本）》主要反映的是旅游企业的经营数据，但因为数据的产生需要由企业填报、逐级汇总，所以质量难以保证。由于各种各样的原因（例如避税），企业会填报不实的信息。在我国的旅游经济统计体系中，一些能够反映旅游业影响力的重要统计指标表现得并不充分。例如，旅游业增加值是世界各国旅游经济统计体系中的一个重要总量指标，但这一指标在我国的旅游经济统计体系中却并未体现。又例如在旅游就业指标的统计方面，应该从季节性、临时性、直接性、间接性等不同的角度和阶段层面对旅游业所带动的就业进行界定和统计。然而我国传统旅游经济统计方法中对旅游就业指标体系及其范畴的界定并不明确，所以关于旅游就业指标的统计也很难准确到位。

我国已将国民账户体系作为建立我国旅游经济统计核算体系的工作方向。如果能把旅游经济统计核算体系作为国民经济核算账户体系的分账户系统，也就是建立起国家级的旅游卫星账户，中国的旅游经济统计工作就可以实现与国际旅游统计工作相互接轨，与之相应的统计方法和所得的统计数据也就能够具有比较高的使用价值。

7.4　数据来源及处理方法

7.4.1　数据来源

本书数据主要源自四川省相关市（州、县）旅游局官网，统计网站以及各个市（州、县）发布的政府公报、新闻等。

7.4.2　处理方法

本书运用 Excel 软件对收集到的数据进行整理分析，运用对比分析法和文献研究法进行撰写。

8 四川省六个重灾市（州）灾后恢复重建情况^①

8.1 成都市灾后恢复重建概述

成都市特别是毗邻震中的都江堰市、彭州市等远郊市县遭受重大人员伤亡和财产损失，共有 4 307 人遇难，282 万人受灾，直接经济损失达 984 亿元。

8.1.1 城乡住房重建方面

"5·12"地震中，成都市共有 67 万户城乡住房受损。全市灾区共完成城乡住房重建 4.3 万套和 13.7 万套，入住率分别达 90.3%、97.1%。成都市按照产业发展性、建筑风貌和形态多样性、环境相融性、基础设施共享性"四性"原则和新农村规划建设技术导则，充分尊重受灾群众的意愿，采取原址重建、统规统建、统规自建、自愿搬迁异地安置等多种重建方式，高质量推进城乡住房重建。

8.1.2 公共设施重建方面

"5·12"地震中，成都市 1 086 所学校、451 个医疗卫生机构受损。2009 年 9 月 1 日前，所有受损学校全部完成维修加固，所有被毁中小学校共 169 所全部完成重建，18 万灾区中小学生全部搬进永久性校舍，每年生均公用经费还增加了 250 元。截至 2011 年 3 月底，232 个卫生重建项目、85 个乡镇综合文化站、94 个派出所顺利竣工。

8.1.3 基础设施重建方面

"5·12"地震中，成都市共有 3 312 千米公路、135 座桥梁损毁。截至 2011 年

---

① 本章大部分数据根据四川省旅发委规划财务处提供的资料、相关地市州县官方网站公开的资料整理而得。书中部分图片来自互联网。

3月底，灾区水利、电力和通信设施重建基本完成，280千米国省干线及重要经济干线、1 833千米农村公路全部建成通车，所有受损道路和损毁桥梁全面修复，投资130亿元的灾后重建第一个重大交通重建项目成灌快铁于2010年5月建成投运，投资30亿元的成彭快铁于2014年投入使用，灾区基础设施得到显著改善。

8.1.4 产业恢复重建方面

"5·12"地震中，成都市灾区三大产业均遭受重大损失，仅旅游业损失就达300亿元。截至2011年3月底，397个工业重建项目竣工投产，完成投资110亿元；14个旅游重建项目完工，完成投资25.7亿元；79个农业重建项目完工，完成投资34亿元。

8.1.5 生态恢复重建方面

"5·12"地震中，成都市生态环境遭到严重破坏，作为生态屏障的龙门山带森林大片损毁。截至2011年3月底，18个生态恢复项目完成投资9.1亿元，完成林草植被恢复101平方千米、大熊猫栖息地恢复261平方千米，灾区生态系统、野生生物栖息地、自然景观等得以恢复。曾经满目疮痍的灾区重现青山绿水、田园风光。

8.1.6 精神家园重建方面

"5·12"地震中，成都市灾区群众遭受了不同程度的心理创伤。截至2011年3月底，成都市累计开展心理抚慰27.2万人次，组织"重建家园·文化相伴"活动300余场。灾区群众生活方式发生了历史性变迁，展示出奋发有为、开拓进取的精神风貌。在繁重的灾后重建中，成都市成功创建为全国文明城市，连续三年名列全国省会和副省级城市测评前三位。

截至2011年3月底，全市3 148个灾后重建项目完工2 956个，完成投资831.8亿元。2010年，全市实现地区生产总值5 551.3亿元，实现地方财政一般预算收入526.9亿元，在全国15个副省级城市中均排名第5，分别比三年前提升1位和2位；实际利用外资和进出口总额继续保持中西部城市第一位，并成功引进德国大众、德州仪器、戴尔、联想、富士康、仁宝、纬创等一批世界知名企业。

1. 上海市对口援建的四川省都江堰市灾后恢复情况

上海市对口援建的四川省都江堰市灾后恢复情况见图8-1和图8-2。

图 8-1　都江堰漂亮的农家和美景①

图 8-2　都江堰向峨乡文化广场

2. 重庆市对口援建的四川省崇州市灾后恢复情况

重庆市对口援建的四川省崇州市灾后恢复情况见图 8-3 和图 8-4。

图 8-3　崇州市农家乐

---

①　图片来源：图 8-1 至图 8-10 来自中国网络电视台，http://news.cntv.cn/china/20110512/104460.shtml。

图8-4 崇州"重庆路"

3. 福建省对口援建的四川省彭州市灾后恢复情况

福建省对口援建的四川省彭州市灾后恢复情况见图8-5至图8-10。

图8-5 彭州市灾后重建的永久性安置点——磁峰镇鹿平村鹿鸣河畔

图 8-6　福建省援建的彭州市红岩镇文广站

图 8-7　福建省援建的彭州市老年福利中心

图 8-8　福建省援建的彭敖公路

图 8-9 福建省投资最大的援建项目——彭州市人民医院

图 8-10 福建省援建的新小鱼洞大桥

8.2 德阳市灾后恢复重建情况

2010 年 9 月底前，德阳市的项目完工率和投资完成率均超过 85%，圆满实现"三年重建任务两年基本完成"的目标。到 2011 年 3 月底，全市 5 489 个灾后重建规划项目开工 5 487 个，竣工 5 128 个，竣工率为 93.4%；完成投资 1 452.8 亿元，占总投资的 92.6%。

8.2.1 城乡住房大变化

德阳市规划了 2 131 个农村集中建房点，33.38 万户重建农房全部竣工并投入使用，新农村建设向前推进了一大步。德阳市妥善处理了城镇住房重建产权关系，切实解决了国企和困难户贷款难题，全市 6.85 万户城镇住房重建基本完成。

8.2.2 各类设施大提升

竣工学校 577 所、医疗卫生机构 162 个，重建的学校、医院等民生性基础设施质量可靠、功能齐备、布局优化，硬件达到了全国一流水平，全市公共服务能力得到显著提升。基础设施实现根本性改善。除绵茂公路外，所有交通重建项目全部完成，德阳综合交通体系正加快形成。完成 113 座震损水库除险加固工作，大力推行灌区工程和农村饮水工程，全市水利基础设施保障能力超过震前水平。

8.2.3 城镇建设大跨越

截至 2011 年，德阳市实施 147 个城镇体系重建项目，完成投资 103.4 亿元，城镇面貌发生了巨大变化，全市城镇建成面积达 147.6 平方千米，比震前增加 42.9 平方千米。

8.2.4 三大产业大发展

截至 2011 年，德阳市竣工 1 078 个工业重建项目，新增工业园区建成面积 36.6 平方千米，工业经济整体超过震前水平。新能源、新材料等战略性新兴产业加快发展，德阳市被确定为清洁技术与再生能源装备制造业国际示范城市。建成一批商贸区、物流园区和旅游区，提升了服务业发展档次。

8.2.5 生态环境大改善

截至 2011 年，德阳市完成 50 处地质灾害隐患点治理，最大限度地降低了 2010 年 8 月 13 日清平乡特大山洪泥石流地质灾害的危害。

8.2.6 精神家园大重建

开展灾区心理卫生干预、咨询和诊疗工作，组织丰富多彩的群众文化活动，帮助灾区群众重树生活的信心。

1. 北京市对口援建的四川省什邡市灾后恢复情况

北京市对口援建的四川省什邡市灾后恢复情况见图 8-11 和图 8-12。

图 8-11 什邡穿心店"5·12"地震遗址①

图 8-12 什邡"北京大道"②

2. 苏州市对口援建的四川省绵竹市灾后恢复情况

苏州市对口援建的四川省绵竹市灾后恢复情况见图 8-13。

---

① 图片来源：由编写团队成员杨晓宇拍摄。

② 图片来源：中国网络电视台，http://news.cntv.cn/china/20110512/104460.shtml。

图8-13　苏州市援建的绵竹市孝德镇水街一角①

8.3　绵阳市灾后恢复重建情况

截至2011年,全市纳入国家重建规划的项目有7 314个,总投资为2 267.3亿元,已完工6 839个,完工率为93.5%,完成投资2 115.7亿元,占总投资的93.3%,964个对口援建项目中除辽宁省追加项目外已全部完工。举世瞩目的北川新县城已建成入住,新北川中学投入使用,北川老县城遗址保护、地震纪念馆建设和唐家山堰塞湖后期治理工程进展顺利,安县晓坝、平武县南坝、江油市青莲等10个重建重点集镇形成基本功能。

8.3.1　灾区民生极大改善

截至2011年,全市118.3万户农村住房重建和维修加固工作全部完成,6.3万户城镇住房重建已完成6.2万户,751所学校重建完成732所,381个医疗卫生机构重建完成350个。加强生态系统建设,治理灾毁林地939平方千米,复垦灾毁耕地560平方千米,274处重大地质灾害治理工程完成225处。加大扶贫帮困和扩大就业力度,开展"领导挂点、部门包村、干部帮户"和千名干部进社区活动,联系帮扶群众31.5万人,2.2万名"三孤"人员救助措施逐一得到落实,31万名符合条件的困难

---

① 图片来源:由编写团队成员杨晓宇拍摄。

群众全部"应保尽保"，全市 19 228 户因灾失地农民全面实现有房住、有地种、有工作；2010 年城镇新增就业 4.3 万人，农村转移就业 128 万人。

8.3.2　发展基础更加坚实

截至 2011 年，全市 882 个工业重建项目完工 861 个，1 182 个交通基础设施项目完工 1 124 个，764 个水利重建项目完工 719 个。特别是抓住对口援建和新一轮产业转移机遇，新上了总投资 160 多亿元的一批大项目，引进了世界 500 强艾默生和中国重汽、辽宁华晨等一批大企业。4 个对口援建工业园签约入园企业 72 户，协议引资 97.3亿元。加快建设西部区域性综合交通枢纽，投入 141.6 亿元重建道路 6 945 千米，成绵乐城际铁路等 4 条快速铁路、绵遂高速等 5 条高速公路建设进展顺利，市到县 5 条快速通道全部建成，绵阳机场通航城市达到 19 个。加快实施农耕区"全域灌溉"，武都水库下闸蓄水，武引二期灌区工程加快推进。

8.3.3　重建监管严格有效

绵阳市组建了 10 个分片包干组和 4 个项目资金检查组，组织 3 700 余人次驻县、定点、定项目开展检查，派出 922 个审计组，审减工程造价 7.9 亿元。

1. 辽宁省对口援建的四川省安县灾后恢复情况

辽宁省对口援建的四川省安县灾后恢复情况见图 8-14 和图 8-15。

图 8-14　辽宁省援建四川安县的交钥匙工程——辽安路①

---

① 图片来源：图 8-14 至图 8-23 来自中国网络电视台，http://news.cntv.cn/china/20110512/104460.shtml。

图 8-15　安县新貌

2. 山东省对口援建的四川省北川县灾后恢复情况

山东省对口援建的四川省北川县灾后恢复情况见图 8-16 和图 8-17。

图 8-16　北川永昌大道

图 8-17　山东省援建的北川新城

3. 河南省对口援建的四川省江油市灾后恢复情况

河南省对口援建的四川省江油市灾后恢复情况见图 8-18 和图 8-19。

图 8-18　江油市街道新景

图8-19 江油市新地标建筑——"豫江情赞"彩钢雕塑

4. 河北省对口援建的四川省平武县灾后恢复情况

河北省对口援建的四川省平武县灾后恢复情况见图8-20。

图8-20 平武县"羌乡第一村"

8.4　广元市灾后恢复重建情况

8.4.1　广元市三年灾后恢复重建取得决定性胜利

全市纳入的国家重建规划项目 6 305 个全部开工，完工率为 93.28%；完成投资 1 134.8 亿元，占项目总投资的 92.76%。截至 2011 年，三年灾后恢复重建已取得决定性胜利。

1. 城乡住房重建全部完成

68.5 万户（其中农房 48.7 万户、城镇 19.8 万套）城乡居民住房维修加固于 2009 年 5 月 12 日前全面完成；19.96 万户农房、4.54 万套城镇住房重建全部完工。灾区群众居住环境比灾前明显改善。

2. 公共服务和基础设施跨越式发展

截至 2011 年，广元市 3 450 个公共服务设施项目完工 93.3%，1 200 多所学校、医院、福利院、敬老院和残疾人康复中心拔地而起，175 个基础设施重建项目完工率达 90.29%，城乡公共服务水平得到大幅提升，基础设施得以明显改善，综合次级交通枢纽加速形成。

8.4.2　农村建设和城镇体系重建基本完成

全市城镇道路、桥梁和其他市政设施实现恢复重建，城镇化率三年提高近 5 个百分点；青川县城重克服了国家规划延迟批复 8 个月等特殊困难，赶在 2011 年年末完成县城重建任务。

8.4.3　产业与生态重建接近尾声

截至 2011 年，广元市 2 423 个生产力布局与产业调整项目完工率达 97.85%，完成森林植被恢复 838 平方千米，综合治理水土流失面积 680 平方千米。震后的广元市更加美丽。

8.4.4　对口援建基本完成

截至 2011 年，广元市 757 个对口援建项目全面完工，与援建省市长效合作机制正在形成。

2010 年全市生产总值总量比 2007 年增长 52.3%，年均增长 15.9%；社会固定资产投资是 2007 年的 4 倍，当年投资额是灾前 23 年投资的总和；地方财政一般预算收入是 2007 年的 2.5 倍，主要经济指标为全市 26 年来最高水平。

1. 黑龙江对口援建的四川省剑阁县灾后恢复情况

黑龙江对口援建的四川省剑阁县灾后恢复情况见图 8-21 和图 8-22。

图 8-21　剑阁县剑门关镇青树村几位农民兄弟正在"农家书屋"看书学习

图 8-22　新打造的剑门古镇

2. 浙江省对口援建的四川省青川县灾后恢复情况

浙江省对口援建的四川省青川县灾后恢复情况见图 8-23 至图 8-25。

图 8-23 青川灾后重建的川北民居

图 8-24 东河口地震遗址①

图 8-25 东河口地震遗址爱心广场

① 图片来源：图 8-24 至图 8-25 来自新浪博客，http://blog.sina.com.cn/s/blog_4c0c194c01014k0t.html。

8.5　阿坝州灾后恢复重建情况

"5·12"汶川特大地震撼动世界，阿坝州全域受灾，经济损失超过 1 800 亿元，灾情惨重，史无前例。截至 2011 年，阿坝州 2 876 个重建规划项目全部开工，完成投资 668.22 亿元；到 2011 年年底，所有项目全部完成。

8.5.1　群众生活质量全面提高

灾区 13 万户重建住房高效完成，5 万户牧民定居点全部竣工，全州 70 万群众入住新居。206 所学校、189 个医疗卫生机构等一大批公共服务设施得到重建，群众享有的基本公共服务和社会保障得到全面提高。

8.5.2　城乡面貌焕然一新

阿坝州建成了汶川映秀、水磨、茂县坪头、牟托、理县桃坪、甘堡等一大批灾后重建精品亮点，得到各界广泛赞誉。通过以点连线带面，全域推进幸福美丽家园建设，群众得到最大实惠，呈现一派安居乐业的景象。

8.5.3　基础设施、发展条件大幅改善

境内 19 段国省干道 1 535 千米道路上档升级，6 500 多千米农村公路全面提升，都映高速、成兰铁路、红原机场、汶马高速等重大工程或已建成，或正加紧推进；能源、通信保障能力超过震前水平；水利、生态等重建项目顺利实施。以"畅通阿坝"为标志，跨越式发展的新平台构建成型。

8.5.4　经济发展实现新的突破

大力充实拓展"一体两翼"经济发展格局，加快发展特色农牧业；工业迈上集中集约发展轨道，铝、锂、硅、晶体新材料、电子磁材、盐化工六大优势产业强势兴起，循环经济初成框架；新增 4 个国家 4A 级景区，新推出 100 个精品旅游村寨，阿坝旅游更具魅力，可进入性大幅提高。

"5·12"特大地震过后仅仅三年，在灾后重建的强力助推下，在国家加快藏区跨越式发展的政策支撑下，阿坝州经济超水平发展，地区生产总值从震前的 103 亿元上升到 130 多亿元。与"十五"末期相比，城乡群众收入和地方财政收入等主要经济指标均大幅增长。

1. 山西省对口援建的四川省茂县灾后恢复情况

山西省对口援建的四川省茂县灾后恢复情况见图 8-26 和图 8-27。

图 8-26　茂县新学校跳羌族特色舞蹈①

图 8-27　茂县新建农房

---

① 图片来源：图 8-26 至图 8-36 来自中国网络电视台，http://news.cntv.cn/china/20110512/104460.shtml。

2. 吉林省对口援建的四川省黑水县灾后恢复情况

吉林省对口援建的四川省黑水县灾后恢复情况见图 8-28 至图 8-30。

图 8-28 吉林省援建的黑水县中学

图 8-29 吉林省援建的色尔古新藏寨

图 8-30 黑水县城街景

3. 江西省对口援建的四川省小金县灾后恢复情况

江西省对口援建的四川省小金县灾后恢复情况见图 8-31 至图 8-34。

图 8-31 小金县的江西路

图 8-32　重建后的小金县县城全貌

图 8-33　新落成的小金县人民医院

图 8-34　小金县社会福利中心

4. 湖南省对口援建的四川省理县灾后恢复情况

湖南省对口援建的四川省理县灾后恢复情况见图 8-35 和图 8-36。

图 8-35 理县农村公路

图 8-36 湖南省援建的桃坪羌寨

5. 广东省对口援建的四川省汶川县灾后恢复情况

广东省对口援建的四川省汶川县灾后恢复情况见图 8-37 和图 8-38。

图 8-37　四川汶川特大地震漩口中学遗址①

图 8-38　汶川县映秀镇漩口中学遗址②

① 图片来源：由编写团队成员杨晓宇拍摄。
② 图片来源：由编写团队成员杨晓宇拍摄。

6. 安徽省对口援建的四川省松潘县灾后恢复情况

安徽省对口援建的四川省松潘县灾后恢复情况见图 8-39 至图 8-41。

图 8-39 松潘古城滨河路新貌①

图 8-40 松潘牧民新居

---

① 图片来源：图 8-39 至图 8-44 来自中国网络电视台，http://news.cntv.cn/china/20110512/104460.shtml。

图 8-41　灾后重建的川主寺镇

8.6　雅安市灾后恢复重建情况

截至 2011 年 3 月底，雅安市全市开工灾后重建项目 2 354 个，开工率为 99%；完工项目 2 146 个，完工率为 90.3%；累计完成投资 241.1 亿元，投资完成率为 88.5%。除我国港澳地区援助项目及涉及世界银行、亚洲开发银行贷款等不可控项目外，其余所有灾后重建项目于 2011 年 5 月全部开工。

8.6.1　受灾群众住房条件极大改善

震后半年，雅安市在全省率先完成农村住房维修加固，共维修农房 144 443 户；震后一年，31 382 户城镇住房维修加固全面完成；震后一年半，31 596 户农房重建全面完成；震后两年，3 647 套城镇住房重建全面完成。

8.6.2　整体异地迁建城镇初具规模

汉源新县城是"5·12"汶川特大地震后全省两个整体异地重建县城之一。截至 2011 年 4 月，城市基础设施、配套设施已初步建成，城市功能逐步完善，建成住房、办公用房和公建用房共 200 万平方米，近 3 万人顺利搬迁入住。

8.6.3　公共服务设施功能明显提高

截至 2011 年，全市规划重建的 389 所学校已竣工 360 所，竣工率达到 92.6%，全市教育基础设施水平整体向前推进十年以上。规划的 171 个医疗机构已竣工 143 个，其可控项目竣工率达到99%，已完成投资6.6亿元，占规划投资的97%。文广系统灾后重建项目竣工率达到95.5%。基础设施得到进一步改善。规划重建的6条国省干道有5条完工，累计完成投资9.96亿元；水利设施项目竣工率达到98%，完成投资5.6亿元；改造农村电网各类线路1 533千米。

8.6.4　产业恢复重建不断优化升级

截至2011年，全市规划重建的93个工业项目已竣工91个，竣工率达到97.9%；规划的45.6亿元总投资已完成45.44亿元，投资完成率达到99.6%。农业重建项目完工率为89%，投资完成率为99.6%。旅游产业恢复重建速度加快，市内景区游客接待量和旅游收入大幅增长。

8.6.5　生态环境进一步改善

截至2011年，全市103个林业灾后重建项目已开工102个，开工率为99%；已完成人工造林53平方千米，封山育林57平方千米，恢复自然保护区及野生动物栖息地15平方千米，全市生态环境和人居环境得到有效改善。

雅安的灾后恢复重建得到了全国人民尤其是湖北、海南、广安两省一市和我国港澳特区政府的大力支持。湖北、海南、广安两省一市累计援助雅安市共22.22亿元，建成153个对口支援项目；港澳特区政府共援助雅安市8.73亿元，援助的39个项目目前已经开工38个，按照援建协议和工作计划，除香港赛马会援建的雅安职业技术学院项目外，其余38个项目在2011年年底全部竣工。

湖北省对口援建的四川省汉源县灾后恢复情况见图8-42至图8-44。

图8-42　湖北省援建的汉源县城新貌

图 8-43　汉源县九襄镇大庄小学

图 8-44　湖北省援建的汉源县富林镇新貌

9　地震遗址区汶川县旅游社会经济效应分析

9.1　汶川简介

　　汶川县隶属于阿坝藏族羌族自治州，辖威州、绵虒、映秀、漩口、水磨、卧龙、三江、耿达8镇，龙溪、克枯、雁门、银杏4乡。汶川县是华夏始祖大禹的出生地，是藏、羌、回、汉等各族群众交汇融合的地带，是全国四大羌族聚居县之一，是国家羌文化生态体验区。2016年年末，全县户籍人口97 615人，其中，男性50 625人、女性46 990人，藏族19 741人、羌族37 210人、汉族39 183人、回族1 124人。2016年，全县实现地区生产总值56.65亿元，完成地方公共财政收入3亿元，城镇居民和农村居民人均可支配收入分别达到27 177元和11 118元。

9.1.1　地理区位

　　汶川县地处北纬30°45′~31°43′，东经102°51′~103°44′，处于四川盆地西北部边缘，阿坝藏族羌族自治州东南部。东北部是龙门山脉，西南部是邛崃山系。东西宽84千米，南北长105千米，总面积为4 084平方千米，县城海拔1 236米。地势西北高东南低，西部地区多为海拔3 000米以上的高山，东南部岷江出口海拔780米。岷江水系贯穿整个县城，有杂谷脑河、草坡河、寿江等多条支流。

9.1.2　交通区位

　　汶川县东面与彭州市和都江堰市相邻，西面与宝兴、小金县相接，南面与崇州市、大邑县相靠，西北与理县相连，东北与茂县相接。整个县城主要管辖13个乡镇，总面积为4 084平方千米。城区所在地威州镇距离成都市132千米，距离阿坝州州府马尔康202千米，距离九寨沟289千米。县内有国道213线、317线两支主要公路线和连通各景区的县道、乡道、村道。区位优势明显，交通便利。

9.1.3　旅游区位

汶川作为大熊猫栖息地及生态走廊，是前往卧龙自然保护区、九寨沟、黄龙等世界级旅游景区的必经之道，旅游区位优势明显。汶川素有"阳光谷地、熊猫家园、康养汶川"之美誉，旅游资源得天独厚，有国家5A级景区汶川特别旅游区、国家4A级景区大禹文化旅游区等景点，冬无严寒，夏无酷暑，风光秀美，特色鲜明。

9.2　汶川县震前、震后旅游业发展情况

9.2.1　汶川县震前旅游业发展情况

在"5·12"特大地震之前，汶川县旅游经济已经有所发展，业已形成三江生态旅游风景区和卧龙景区两大景区。震前到汶川来旅游的主要是以九寨沟、黄龙为旅游目的地的过境游客，游客接待量已初具规模。2005年至2007年三年间汶川县旅游经济各项指标均呈上升趋势。汶川县2007年共接待海内外游客81.92万人次，比2005年增长了49.54%；实现旅游收入23 365万元，比2005年增长了29.09%，占第三产业生产总值的48.98%（见表9-1）。

表9-1　　　　　　　　2005—2007年汶川县旅游业发展情况统计表

项目	2005年	2006年	2007年
旅游总收入（万元）	18 100	19 500	23 365
第三产业生产总值（万元）	35 486	41 459	47 706
旅游业占第三产业的比重（%）	51.01	47.03	48.98

9.2.2　汶川县震后旅游业受损情况①

2008年的"5·12"汶川地震，给汶川人民造成了巨大的灾难和重大损失，汶川旅游业遭受重创。据统计，地震造成阿坝州旅游行业损失高达167.05亿元，其中景区经济损失为80 450.09万元。大地震造成汶川县全县房屋倒塌13 700余户，3 800多户房屋严重损毁，全县10.8平方千米耕地消失，生态环境进一步恶化。羌族历史文化遗迹在地震中受到不同程度的损毁，境内最大的羌寨——萝卜寨房屋严重受损。道路桥梁等基础设施损毁严重，受制于交通限制，卧龙大熊猫保护区无法进入。酒店、

---

①　汪燕珍.灾后汶川旅游业发展研究［D］.成都：西南交通大学，2013：16-17.

农家乐损毁严重，绝大多数处于关闭状态。

1. 旅游景区损失情况

地震造成阿坝州景区总经济损失达 43.72 亿元。其中供水设施损坏 30 多万米，供电设施损坏 50 多万米，通信设施损坏近百万米，旅游道路损坏 116 千米，房屋损坏 15 000 多间，还有其他的景区厕所、标识标牌等景区设施损失共计 1 800 多个。

2. 接待设施及交通设施损失情况

地震造成整个阿坝州旅游接待设施严重损毁，其经济损失共计 77.43 亿元。旅游咨询中心、旅游购物商店、自驾车服务设施等受损严重。汶川境内主要交通干道国道 213 线和国道 317 线被完全阻断，省道、村道也受损严重。

3. 旅游企业及旅行社受损情况

地震造成整个阿坝州境内旅游企业经济损失共计 44.86 亿元。境内宾馆、饭店受损严重，宾馆客房、旅游车、宾馆内各类设备均不同程度受损，旅行社基础设施、办公用房、旅游车辆及其他重要的设备设施同样损坏严重，震后境内旅行社全部停业。

4. 羌文化传承受损

羌文化是汶川旅游的一大特色。"5·12"汶川地震造成了大量的羌族人口伤亡，使得为数不多通晓羌族语言和历史文化的羌族人在地震中伤亡。这对羌文化传承而言损失巨大。

9.2.3　汶川县震后重建旅游业发展成就

广东省对口支援汶川县恢复重建资金 87 亿元，完成援建项目 702 个。广东省利用汶川县当地的自然、人文资源来发展当地旅游产业，以实现对汶川的援助。广东省在对汶川的援建工作中，注重发掘灾区本身的特色，投入资金 1.18 亿元，用于汶川农业生态旅游区重建以及羌、藏族文化风貌城镇公共设施重建。

1. 基础设施不断提升，品牌建设不断升级

（1）基础设施

经过三年的恢复重建，汶川旅游交通基础设施得到了明显改善。卧日、路汶、映卧、川汶等多条公路已具备良好的通车能力，而都江堰到漩口（国道 213 线），映秀到漩口，再到水磨，再到三江的公路已建成通车。区内乡村公路恢复重建 75 条，共 436 千米，交通便利。境内旅游设施同样得到了极大改善，新增宾馆及农家乐 100 余家，其中三星级以上宾馆和农家乐 10 家。各种基础设施，如供水设施、电力设施和通信设施等，均远远高于地震之前的水平。

（2）灾后三年汶川旅游恢复发展情况

"5·12"地震以后，汶川坚持以"精品景观、精美村寨、精致农庄"为发展方向，以"世界汶川、水墨桃源"为旅游定位，引导旅游业向纵深发展。经过几年的发

展，汶川县已经成功地建设形成三江景区、映秀地震纪念地、大禹文化旅游区、水磨古镇4个国家4A级旅游景区，也荣获了"国家休闲农业与乡村旅游示范县"和"四川省乡村旅游示范县"等各种旅游发展荣誉称号。县内水磨镇更荣获"全球灾后重建最佳范例奖"，成为地震灾区重建典范。同时，汶川县深入挖掘旅游资源的民族和生态特色，不断推进旅游产品的升级换代。

2. 形成了"汶川模式"

汶川县灾后旅游业恢复重建以全面规划、高目标为引导，高质量统一推进，经过几年的发展，形成了汶川特有的恢复重建模式——"汶川模式"（见图9-1）[①]。

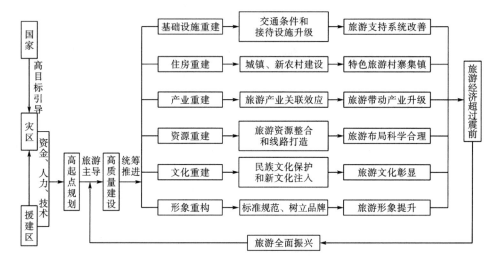

图9-1 "汶川模式"图

（1）重视基础设施重建，改善汶川旅游业的支持系统

灾后重建了映秀大桥、都汶路、映卧路、川汶路、卧日路，重建农村公路75条，有效地解决了国内外游客的进出问题。同时，新建各类宾馆和农家乐100余家，大大提高了景区游客接待能力。

（2）进行城乡一体化发展，打造有特色的旅游羌寨

"5·12"汶川地震造成全县13 700余户农房倒塌，3 800多户农房严重损毁。汶川县政府借助灾后重建机会，不断推进城乡一体化建设，使不同的村镇按藏、羌风格统一打造，突出村寨特色，大力推进精品村寨旅游建设。汶川县在三年内建成了11个精品旅游村寨，如绵虒三官庙村以"羌餐文化、魅力田园"为特色，三江河坝村体现的是"藏羌风情、水上农园"，照壁、草坪村重点发展"生态农庄、休闲观光"，

① 郑柳青，邱云志. 基于灾后旅游重建的"汶川模式"研究［J］. 四川师范大学学报（社会科学版），2011，38（3）：107-108.

威州镇布瓦村定位为"云上布瓦、羌碉王国",水磨镇老人村是"祥寿古街、西羌名村",雁门乡萝卜寨确定为"云朵上的街市、古羌王的遗都"。

（3）科学布局汶川旅游资源，彰显汶川旅游业新文化

汶川地区自然资源丰富，北部以羌文化资源为主，南部以映秀、三江、水磨等自然资源为主，震后新增映秀等地震遗址旅游资源。震后汶川政府高度重视汶川旅游资源的有效整合，并积极打造汶川旅游黄金路线。同时，在地震给汶川羌族文化带来毁灭性打击后，汶川政府将汶川旅游文化恢复重建的重点定位为抢救和保护羌文化。从2009 年起，汶川县财政局便将羌文化保护经费需求纳入财政预算体系，从财政上给予羌文化保护一定的资金支持。经过震后三年的恢复发展，汶川县羌禹文化得到有效保护和弘扬，同时援建区新文化和抗震救灾感恩亲情文化等多文化融入，彰显了汶川地区的文化特色。

（4）三产业联动促进旅游业发展

汶川是阿坝州工业基地，震后汶川极力打造"新能源、新材料、新医药"三新工业，让传统产业变身，形成具有汶川地域特色的现代工业体系，并通过工业带动农业产业建设，发展休闲农业与乡村旅游，进一步将乡村度假、餐饮等服务业有效结合起来，最终形成"一二三"产业的联动发展模式。

（5）注重旅游业品牌建设及形象提升

地震给汶川带来了巨大的伤害，但也迅速提高了汶川的知名度。在灾后旅游业恢复重建上，政府注重旅游品牌建设，以"世界汶川、水墨桃源"为旅游定位，不断创建 A 级旅游区，提高景区旅游产品质量、旅游服务质量，从而提升汶川整体旅游形象。经过几年时间的建设，汶川已成功形成了"三江生态旅游景区""映秀5·12纪念地""水磨古镇""大禹文化旅游区"4 个国家 4A 级旅游景区，三江景区先后获"国家精品旅游区"及"国际最具魅力特色旅游景区"的美誉，水磨镇则荣获"全球灾后重建最佳范例奖"；汶川县获得"十一五"四川省"乡村旅游发展先进县"等称号。

3. 旅游经济效益初见成效

经过近 3 年的发展，汶川旅游业带来的经济效益已经远远超过地震之前的历史水平，旅游业带来的综合收入呈稳定上升趋势，整个旅游产业发展态势良好。据汶川旅游局统计，2010 年，全县接待国内旅游人数 140 万人次，旅游综合收入达 81 600 万元，与震前 2007 年相比分别增长了 70.8% 和 249.2%，远远超过震前水平。2011 年汶川县全县共接待国内游客人数 366 万人次，同比增长 161.43%；旅游综合收入达 17.7亿元，同比增长 116.91%。与震前 2007 年相比，国内游客接待人数及旅游综合收入分别增加了 346.78%、657.54%，远远超过震前水平（见表9-2）。

表 9-2   2005—2011 年汶川旅游业发展情况一览表

年份	旅游接待人数（万人次）	旅游总收入（万元）
2005	54.78	18 100
2006	65.85	19 500
2007	81.92	23 365
2008	11.26	5 124
2009	85.84	20 302
2010	140.00	81 600
2011	366.00	177 000

9.3 "十二五"期间汶川旅游的社会经济效应

9.3.1 "十二五"期间汶川社会经济情况

2010 年地震灾后重建完成后，汶川经济发展从高速上升阶段转入正常增长阶段，2011 年和 2012 年两年地区生产总值均实现 10.0% 左右的增长。2013 年汶川县"7·10"特大山洪泥石流灾害，对县域社会经济发展造成严重打击，当年地区生产总值仅增长了 3.9%。2014 年汶川实现了恢复性增长，当年增长 13.3%。2015 年汶川经济进入新常态发展，增长 8.2%。2011—2015 年，汶川地区生产总值年均实际增长 9.1%（见表 9-3、图 9-2）。

表 9-3   "十二五"时期汶川县主要经济指标一览表

经济指标	2010 年	2015 年	"十二五"年均增长（%）
常住人口（万人）	9.43	9.75	0.7
地区生产总值（万元）	337 730	556 689	9.1
第一产业增加值（万元）	15 889	32 544	6.1
第二产业增加值（万元）	240 673	378 730	9.3
第三产业增加值（万元）	81 168	145 415	9.0
规模以上工业增加值（万元）	—	—	10.2
三次产业结构	4.7∶71.3∶24.0	5.9∶68.0∶26.1	
人均地区生产总值（元）	33 505	55 892	9.3
全社会固定资产投资总额（万元）	920 177	420 337	-14.5

表9-3(续)

经济指标	2010 年	2015 年	"十二五"年均增长（%）
社会消费品零售总额（万元）	38 553	98 320	20.6
城镇居民人均可支配收入（元）	14 870	25 095	11.0
农村居民人均可支配收入（元）	4 065	10 078	19.9

注：地区生产总值及其产业增加值增长速度按可比价格计算；农村居民人均可支配收入中 2010 年为农民人均纯收入，2015 年为城乡一体化调查数据。

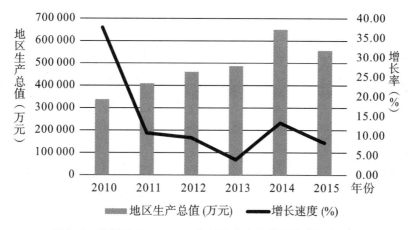

图 9-2　汶川县 2010—2015 年地区生产总值及其增长速度图

9.3.2 "十二五"期间汶川旅游业发展情况

"十二五"期间，汶川县第二产业工业仍然占据很大的比例，第三产业服务业的比重有所提高。在此期间，汶川县加快第三产业服务业中的旅游业的发展和转型升级，大力助推生态康养避暑旅游发展。发展旅游业作为大多数地方脱贫致富的一种常见方式，带动了旅游发展的热潮。乡村旅游、休闲旅游、农业旅游等带动了大多数地方第一产业农业的发展。汶川县在"十二五"期间，在旅游产业发展上，以"世界自然遗产——大熊猫栖息地"和"国家 5A 级旅游景区"两大品牌为支柱，依托大禹故里、羌绣之乡等旅游资源，大力发展以生态康养、休闲避暑、度假体验、田园采摘为主要内容的乡村旅游。汶川县全力打造南线、北线、乡村三大板块的"2+1"旅游布局，全县旅游实现强劲发展，"全域旅游"初具雏形，打造出了助推汶川县域经济发展的"旅游升级版"。

通过"旅游带动""旅游强县"战略，汶川在加快推进自身由短程过境地向国际精品旅游目的地转变的同时，大力发展乡村文化旅游。

1. 客源市场分析

（1）旅游者空间结构分析

汶川的旅游者中省内游客占绝大多数，受距离衰减规律的影响，各地到访比例有明显的差异。成都及成都周边、南充、德阳、绵阳、内江等地区是汶川旅游的第一大客源市场。相邻的重庆、陕西、云南、湖南、甘肃等省市，由于距离较近，成为第二大客源市场；其他省区距离较远，到访率低。

（2）旅游者类型

汶川县游客以散客居多，且通常以家庭为单位。团队出游比例小，团队大多是短线游览，大多数团队游客只是将汶川县作为"九环线"上的旅游节点。

（3）出游方式及停留时间

汶川大多数游客是"成都—汶川"线上的城市短途旅游者，由于这些地方距离汶川2~3个小时的车程，因此这些地方的游客多为一日游游客，而较远一点重庆市场的游客过夜的较多。由于"成都—汶川"线上城市距离汶川较近，因此大多数选择的出游方式是自驾游。

2. 旅游业发展总体情况

经过积极培育和大力扶持，2011—2015年汶川县成功打造了国家5A级景区1个，即汶川特别旅游区，国家4A级景区1个，即大禹文化旅游区；拥有特色魅力乡镇11个，精品旅游村寨20个；拥有星级饭店3家；发展乡村酒店/农家乐500余家，其中星级乡村酒店/农家乐106家；各类饭店、农家乐总床位已有6 000余张，餐位14 000余个；景区讲解人员100余人，涉旅行业从业人员8 500余人。旅游产业规模逐步壮大，"食、住、行、游、购、娱"的旅游服务体系进一步完善。

3. 旅游收入效应

"十二五"期间，汶川县主要旅游经济指标均快速增长，圆满完成了旅游业发展目标（见表9-4）。

表9-4　　　　　"十二五"期间汶川县旅游业发展情况一览表

时间	旅游接待人数（万人次）	旅游业总收入（亿元）	地区生产总值（亿元）	旅游业总收入占地区生产总值的比重(%)	第三产业增加值（亿元）
2011	366.00	17.7	40.89	43.29	9.90
2012	574.10	24.74	46.08	53.69	11.16
2013	604.80	26.29	48.65	54.04	12.39
2014	666.30	28.97	54.99	52.68	13.25
2015	739.24	35.85	55.67	64.40	14.54

"十二五"期间，汶川县旅游接待人数，在前两年增幅较大，2013—2015 年三年间其旅游接待人数增幅有所下降。2011 年、2012 年是汶川灾后恢复重建工程完工的前两年，汶川县以"地震灾害遗址旅游"为主打景区的水磨古镇、天地映秀成功吸引了大量国内外游客，旅游业的蓬勃发展直接带来了可观的经济收入，同时也带动了其他产业的相继发展。2013—2015 年，由于汶川县的"地震灾害遗址旅游"体验性较差，缺乏深度，而其他以"康养、休闲、生态"为主题的旅游产品尚处于起步阶段，其综合影响的结果是游客接待数量增幅有所下降。

"十二五"期间，汶川县致力于"农旅"结合，大力发展乡村旅游、农业休闲旅游等，间接带动了当地第一产业以及第二产业的发展。

9.3.3 汶川旅游业发展现状

1. 成功创建国家 5A 级景区——汶川特别旅游区

2013 年，汶川县整合天地映秀、水磨古镇、梦幻三江，成功创建了国家 5A 级景区——汶川特别旅游区。景区资源富集，地域空间博大，以大熊猫栖息地的稀有性、灾后重建的伟大性、地震遗址的唯一性、大爱文化的典型性和民族文化的独特性等亮点，构成了汶川南部的精品旅游线路。至此，汶川旅游业走上了崭新的国际化发展道路，跃上了一个新的国际化台阶。

2. 规划创新驱动旅游发展

"十二五"期间，汶川县紧抓灾后重建、对口援建等历史性机遇，把旅游产业作为加快发展的先导产业、重要支撑，把一个县当一个景区来规划，把一个乡镇当一个小城来设计，把一个村庄当一个景点来建设，把一个农户当一个文化小品来改造，坚持高水平、高起点、高标准、大气魄建设一批旅游基础设施项目。同时，汶川县强化旅游规划的统筹、引领作用，整合全县旅游资源，高起点编制各类旅游规划，高标准执行，串点成线、连线成面，从而推动全县旅游联动发展。

3. 丰富节会活动，打造旅游品牌

汶川县不断创新办节方式，按照"开门办节、市场办节、节俭办节"的原则，实行"政府引导、企业主体、社会参与、市场运作"的模式。汶川县充分调动乡镇和部门的积极性，积极做好市场对接，拓展办节思路，采取市场化运作的方式，实现了旅游活动经济效益和社会效益的"双赢"。过去五年，汶川县已成功举办甜樱桃采摘活动、大禹文化旅游节活动、"行游汶川"系列活动、摄影年活动、登山祈祷活动等。

4. "智慧旅游"率先垂范

2012 年汶川县率先提出"智慧旅游"概念；2013 年正式对全县的智慧旅游进行规划，并建设智慧旅游服务平台（包括智慧旅游门户网站、智慧旅游手机应用程序、汶川旅游微信平台）；2014 年，紧紧围绕国家旅游局"2014 智慧旅游年"主题，借助汶川县智慧城市建设，大力推进汶川县智慧旅游建设。同时，汶川特别旅游区也被列入四川省第二批智慧旅游试点景区。汶川县在旅游管理、旅游服务、旅游营销三个方面初步实现数字化。这充分满足了游客更便捷、智能化的旅游体验要求；提高了行业管理者更高效、更智能的管理能力；促进了旅游资源深度开发，打造了新型旅游文化产品，进一步放大了旅游资源的效益。

9.3.4 汶川旅游业未来发展思路

1. 汶川全域旅游

汶川"十三五"期间围绕"南林北果·绿色工业+全域旅游（康养）"的思路，以建设生态康养为根本，打造小型景点、田园风光，提升环境质量，突出"生态、业态、文态"融合，注重"微田园、微景观、微环境"联动，丰富产品，盘活资产，全力建设川西北特色生态康养目的地。在不断完善现有景区、景点设施，提高品位的基础上，围绕"2+6+N"总体布局，逐渐形成"特色鲜明、优势互补、差异发展、重点突出"的全域旅游发展态势。

2. 旅游产品主打康养旅游

充分发展美旅、美食、美体、美居和美德"五美"康养产业，突出"生态""休闲""养生""度假"四大主题，大力推进国家级旅游度假区建设。利用汶川自身已经打造的生态康养基地，开展国内生态康养现状以及标准化情况调查研究，对汶川生态康养服务进行顶层设计，依据国家康养旅游示范基地标准等政策指导性文件，研究制定汶川康养服务的具体实施标准，重点打造一批住宿康养、运动康养、医疗康养、旅游康养的样板，起到引领示范的作用，逐步推广。

3. 持续发展智慧旅游

（1）支持在线创新创业，孵化创客基地

以水磨镇为中心，依托阿坝师范学院，鼓励各类创新主体充分利用互联网，以汶川生态康养、藏羌文化、特色村寨等吸引力强的旅游资源为导向，开展在线旅游创业创新，培育汶川特色旅游的新业态和新的旅游经济增长点。

（2）创新发展在线旅游购物和餐饮服务平台

积极推广"线上下单、线下购物"的在线旅游购物模式和手机餐厅服务模式。积极推动在线旅游平台企业的发展壮大，整合上下游及旅游企业资源、要素和技术，推动"互联网+汶川特色经济"的跨界融合。

（3）开展智慧旅游景区建设

汶川力争到 2018 年，推动汶川特别旅游区和大禹文化旅游区建设成智慧旅游景区；到 2020 年，推动国家 4A 级以上旅游景区实现免费 WIFI、智能导游、电子讲解、在线预订、信息推送等功能的全覆盖。

（4）完善智慧旅游公共服务体系

加大旅游公共信息的互联网采集和运用，建设统一受理、分级处理的旅游投诉处置平台，健全旅游公共产品和设施，完善旅游投诉和旅游救援等公共信息网络查询服务；与阿坝师范学院、中国银联四川分公司合作，做好"点点通乡村游公共服务平台"项目建设，把电子商务和乡村游、产品销售结合起来，建设集咨询、展示、预订、交易于一体的智慧旅游乡村服务平台。

9.4　汶川县地震遗址区旅游间接经济效应

9.4.1　旅游带动消费

随着都汶高速公路的贯通及旅游基础设施的逐步完善，来汶川旅游的人数不断增加，以鹞子山养生堂、赵公福地为代表的生态经济庄园成为第三产业重要的经济增长点。旅游人数由 2010 年的 142.3 万人次，增加到 2015 年的 732.27 万人次，年均增长38.8%。旅游总收入由 2010 年的 6.18 亿元增加到 2015 年的 35.48 亿元，年均增长41.8%。游客增加不仅促进了汶川旅游事业的发展，同时也对消费市场起到了巨大的推动作用。

受国家鼓励、消费政策的推动和城乡居民生活水平提高的影响，通过"家电下乡"，举办"惠民购物全川行""旅博会""西博会"等多种措施，消费内生动力增强。全县社会消费品零售总额由 2010 年的 38 553 万元，增加到 2015 年的 98 320 万元，年均增长 20.6%，见图 9-3。

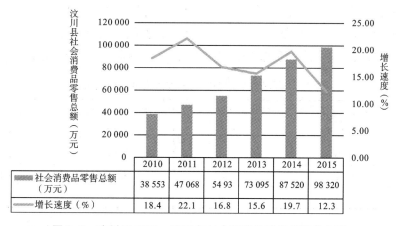

	2010	2011	2012	2013	2014	2015
社会消费品零售总额（万元）	38 553	47 068	54 93	73 095	87 520	98 320
增长速度（%）	18.4	22.1	16.8	15.6	19.7	12.3

图 9-3　汶川县 2010—2015 年社会消费品零售总额分布图

说明：图 9-3 中 2013 年、2014 年数据根据第三次经济普查结果修订。

2011—2014 年，汶川县全县社会消费品零售总额按照 15% 以上的速度增长，旅游业发展带动第三产业发展，与旅游息息相关的住宿、餐饮业零售总额总体上呈现上升趋势（见表 9-5）。2011—2014 年，汶川住宿、餐饮业零售总额占社会消费品零售总额的比重大体呈现先升后降的趋势。2013 年汶川发生了"7·10"特大泥石流自然灾害，使得本身就脆弱的旅游业发展受到影响，进而影响了汶川住宿、餐饮业；同时，由于"5·12"汶川地震遗址遗产旅游开发深度不够，体验性和参与性不强，以及汶川其他旅游产品类型如"康养、生态"旅游尚处于起步阶段，不够成熟，汶川没有明显的优势留住游客，也不能够吸引大多数游客多次进入汶川旅游。

表 9-5　　　　　　　2011—2014 社会消费品行业零售总额一览表

年份	社会消费品零售总额（万元）	批发业零售总额（万元）	零售业零售总额（万元）	住宿、餐饮业零售总额（万元）	住宿、餐饮业零售额占总零售额的比例（%）
2011	47 068	24 035.6	14 241.2	8 791.2	18.68
2012	54 993	24 747	13 748	16 498	30.00
2013	63 583	41 875	23 887	16 587	26.09
2014	76 130	41 875	23 887	10 368	13.62

9.4.2　旅游带动就业

1. 社会就业情况

汶川高度重视本地产业的带动能力，打破了土地分散、人员分散的现状，大力推行"公司+农户+基地+合作社"的农业产业化发展模式，将产业特点转化为产业优势，将优势转化为生产力，通过大力发展乡村旅游与休闲农业，促进农村富余劳动力向第二、三产业转移，从而创立了"离土不离乡、就地市民化"的生活模式。"十二五"期间，汶川县创新落实各项政策，大力促进就业创业（见表 9-6）。

表 9-6　　　　　　　2011—2014 年汶川县社会从业人员情况一览表

年份	社会总从业人员（万人）	城镇从业人员（万人）	乡村从业人员（万人）	城镇登记失业率（%）
2011	6.27	2.5	3.77	3.9
2012	6.40	2.73	3.67	2.7
2013	6.31	2.55	3.76	3.8
2014	7.65	3.99	3.66	3.9

（1）加强培训增技能

开展农旅康养服务、中式烹调、汽车驾驶、家政服务、果树园艺等各类职业技能培训，提供新的就业岗位。

（2）引导信贷强保障

对金融机构在发放农民工、农民企业家、大学生、复员退伍军人创业就业贷款可能发生的损失，政府按一定比例予以分担，以提高金融机构对返乡创业就业放贷的积极性，为返乡创业就业提供保障。

（3）提供岗位保权益

在全县开发公益性岗位，主要涉及保安、保洁、保绿、停车看管等服务岗位，为年龄偏大、身体素质不好、文化程度低、技能单一的群众提供经济来源，促进失业和就业困难人员再就业，有效维护困难群众的基本生活权益。

（4）发布信息促就业

搭建就业信息发布平台，及时发布空岗信息与企业招聘信息，满足求职群众不同需求，实现缓解企业人力短缺与促进就业双赢。

（5）鼓励创业造人才

保障大学生创业孵化园的正常管理和运营，充分发挥大学生创业园基地作用，加大大学生创业培训专家指导力度，促进高校毕业生创业并落实创业补贴。

2015年进一步加强就业工作，开发公益性岗位470个，实现城镇新增就业978人，失业人员和就业困难人员再就业127人；建立高校毕业生见习基地5个，引领大学生创新创业132人；职业技能培训2 460人，实现劳务转移输出1.6万人、劳务收入3亿余元，城镇登记失业率控制在3.9%以内。

2. 旅游就业情况

按国际经验，旅游业每增加一个直接就业人员，将间接增加5个人就业。"十二五"以来，汶川县加快旅游产业发展，已初步形成了"南生态，北文化"的旅游格局，先后荣获"全国休闲农业与乡村旅游示范县""四川省乡村旅游示范县""四川省第二批旅游标准化示范县""四川省旅游强县"等称号。直接旅游从业人员有1万余人，按国际经验计算，相当于提供了5万多个间接就业机会。

汶川县大力发展康养创新型和"三态三微"精致型经济，加快"两个突破"，强力推进汶川旅游二次创业；同时不定期对旅游从业人员进行培训，提高旅游从业人员相关技能，提高服务素质。

9.4.3　旅游带动农民增收

汶川县休闲农业和乡村旅游业快速发展，就业岗位不断增加，城乡社会保障体系不断完善，有效促进了城乡居民持续增收。"十二五"以来，城乡居民收入大幅增长，家庭财富日益殷实，精神生活不断丰富，生活质量显著提高。全县城镇居民人均可支配收入由2010年的14 870元增加到2015年的25 095元，2011—2015年年均增长11.0%，超汶川县地区生产总值增速1.9个百分点，见图9-4。

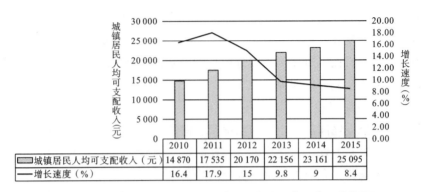

图9-4 汶川县2010—2015年城镇居民人均可支配收入分布图

说明：本图中2014年、2015年数据为城乡一体化调查数据。

农民人均可支配收入由2010年的4 065元增加到2015年的10 078元，2011—2015年年均增长19.9%，增速比地区生产总值快10.8个百分点。特别是2011年，全县农民人均纯收入增长26.7%，比当年城镇居民人均可支配收入增幅高8.8个百分点，创灾后新高，见图9-5。

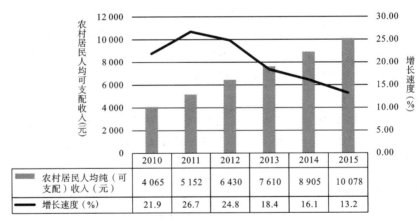

图9-5 汶川县2010—2015年农村居民人均可支配收入分布图

说明：本图中2010—2013年数据为农民人均纯收入数据，2014年、2015年数据为城乡一体化后调整指标数据。

9.4.4 旅游带动产业结构优化

汶川作为灾后重建的成功范例，在"十二五"期间，大力发展农村基础设施建设，农房重建全面完成，城乡整体布局得到优化，环境风貌得以提升。加快旅游业的发展，将旅游业与其他产业结合，如将农业与互联网产业相结合等，着力调整农业产业结构，培育新型农民，发展现代农业，建设社会主义新农村，推进第一、三产业互动，"接二连三"，增加农民收入。2015年汶川县乡村酒店、农家乐有500余家，旅游门户网站、手机APP、微信平台全面投入使用，电子商务、物流、餐饮服务等主要行业健康发展，通过电商、微商平台，销售甜樱桃达10万千克。城乡居民收入比由2010年的3.66：1，变为2015年的2.49：1，差距缩小。旅游业与其他产业的结合，有利于产业结构的优化。第一、二、三产业结构由2010年的4.7：71.3：24.0变为2015年的5.9：68.0：26.1，产业结构逐步优化，第三产业比重提高了2.1个百分点（见图9-6）。

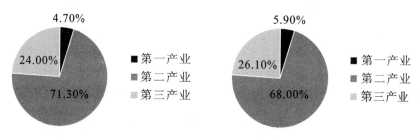

图9-6 2010年、2015年汶川县产业结构分布图

9.5 联动效应

9.5.1 社会文化效应

旅游业的快速发展对汶川县当地社会文化产生了积极和消极两方面的影响。

1. 积极影响

"5·12"汶川特大地震灾害发生后，旅游业的发展对汶川当地居民的价值观念、生活方式、习俗民风等均产生了积极的影响。外来游客的到访激发了当地居民对本地文化的自豪感，使得当地的文化得到深度的挖掘、传承以及传播。旅游业是一个关联性很强的产业，能够带动大多数相关产业的发展。"5·12"灾后旅游业的发展为汶川带来了新的技术、新的观念和新的发展机遇，逐渐改变了当地人较落后的生产生活观念和方式。在2016年，汶川扎实推进公共文化服务标准化、均等化，县数字电影院成功签约太平洋电影院并营业；利用文化惠民扶贫专项资金，建设了全县7个贫困村文化惠民工程；继续推行图书馆、体育馆、博物馆、纪念馆等场馆免费开放；紧抓"互联网+"机遇，着力推动农村电子商务的发展，成功创建"国家级电子商务进农村综合示范县"，与苏宁、天猫达成电商合作协议，产销衔接较好。

2. 消极影响

随着游客的大量涌入，当地文化可能会被外来的文化同化，从而失去原本的特征。汶川当地人可能会在法定节假日、旅游黄金周举行大型的旅游文化活动，制造话题点，以吸引大量的游客，致使原文化失真。诸如此类的现象，应当引起当地政府、旅游经营者和社区居民的警惕，在发展旅游的同时，努力保护当地文化的原真性，保持当地的核心吸引力。

9.5.2　环境效应

1. 旅游的自然环境效应

汶川县是"5·12"特大地震的震中区，地震几乎毁掉了汶川县所有的产业。在地震中，汶川县大部分耕地被毁，生态环境遭受破坏。震后8年，自然环境恢复明显，植被和耕地得到恢复。汶川境内的岷江两岸，通过8年自然生态系统自身的恢复，以及当地政府、居民的共同努力，除了少数区域存在滑坡和泥石流外，其他区域恢复效果较好。同时，作为震中地区，汶川震后恢复重建采取了以"精品景观、精美村寨、精致农庄"为发展方向，以"世界汶川、水墨桃源"为旅游定位的方式引导汶川县旅游业向纵深发展。震后汶川县先后建立了水磨古镇、天地映秀等遗址遗产旅游景区，恢复了三江镇的生态旅游，进而将水磨古镇、天地映秀和三江生态旅游区捆绑创建为汶川5A级特别旅游景区。旅游发展、景区的建立使得当地的自然环境进一步得到改善和美化。汶川县近年来一直围绕"阳光谷地·熊猫家园·康养汶川"主题，全力打造集休闲度假、康体疗养、文化观光于一体的川西北特色生态康养目的地。

2. 旅游的人文环境效应

"5·12"特大地震使汶川县房屋倒塌，造成大量的人员伤亡，对当地人文产生了重大的影响。汶川县在广东省的援助下，在原地重建家园，积极开展灾后恢复重建工作。在2008年以前，汶川旅游业的发展几乎处于低迷时期，广东省借助于当地人文资源，将当地的羌文化和藏文化与基础设施建设和房屋建设融为一体。

汶川县灾后重建有自己的新方式：一是将生活小镇直接打造成景区（景点），如水磨古镇、天地映秀、大禹羌文化旅游区等，吸引了大量的旅游者，在旅游小镇的基础上增加了融合当地文化特色的旅游新元素；二是汶川县大力发展"康养、生态"休闲产业，打造与体育、医疗、有机绿色、民俗文化、美食相关的羌文化休闲产业。

10　地震遗址区北川县旅游社会经济效应分析

10.1　北川简介

北川羌族自治县古名"石泉"，是全国唯一的羌族自治县，全县辖区面积为 3 083 平方千米，辖 10 镇 13 乡（其中藏族乡 1 个），行政村 311 个，社区 32 个。总人口为 24 万人（其中羌族 8.5 万人，占全县总人口的 36%，占全国羌族人口近三分之一）。2016 年，北川县实现地区生产总值 43.89 亿元，城镇居民人均可支配收入为 24 888 元，农村居民人均可支配收入为 10 677 元。

在 2008 年"5·12"特大地震中，北川县城被夷为平地，成为受灾范围最广、伤亡人数最多、经济损失最大的极重灾县。在党中央、国务院的亲切关怀下，在四川省委省政府、绵阳市委市政府的坚强领导和有力指挥下，在全国人民大力支持和山东省的倾力援建下，北川实现了从废墟走向新生、从悲壮走向豪迈的跨越。如今的北川举世瞩目、举国关注，具有唯一性、独特性和不可复制性，拥有全世界唯一整体原址原貌保护的规模最大、破坏类型最全面、次生灾害最典型的地震灾难遗址区——北川老县城。新县城是"5·12"特大地震灾区唯一异址重建的县城，汇集了全国众多著名规划大师的心血和智慧，是一座生态宜居的现代时尚之城，被誉为抗震精神标志、城建工程标志和文化遗产标志。

10.1.1　地理区位

北川羌族自治县位于四川盆地西北部。地理坐标为东经 103° 44′ ~ 104° 42′，北纬 31°14′ ~ 32°14′。它东接江油市，南邻安县，西靠茂县，北抵松潘、平武县。辖区面积为 3 084 平方千米。县政府驻地永昌镇，距离绵阳 28 千米，距离省会城市成都市 130 千米。

10.1.2　交通区位

北川县距离省会城市成都市 130 千米，是四川省距中心城市最近的少数民族自治县。北川县距离蓉欧快铁青白江站 103 千米，距离九寨沟 135 千米，距离重庆 352 千米，距离西安 600 千米，区位优势明显。全县通车里程达到 2 222 千米，国道 247 线、347 线横穿境内，规划建设的绵九（绵阳至九寨沟）高速公路在北川留有互通通道。全县唯一一座通用航空机场正在有序建设，在"十三五"末将构建集公路、航空于一体，连接周边绵阳、平武、江油、茂县、松潘五大放射通道的"四纵两横四环"骨架主公路网，形成"一机（场）二高（速公路）全联网多出口"的综合立体交通网络格局。

10.1.3　旅游区位

自"5·12"汶川特大地震以来，北川县委、县政府高度重视旅游产业的发展，在"旅游活县"的指导思想下，北川县旅游产业得以快速发展。北川已成为大九寨黄金旅游东线上的重要组成节点之一。北川县现拥有国家 5A 级旅游景区 1 个，国家 4A 级旅游景区 4 个，国家 3A 级旅游景区 1 个，国家自然保护区 1 个，包括由地震遗址纪念地、大爱文化旅游景区、禹羌文化旅游景区等构成的北川羌城旅游区，以集雄、奇、险为一体的九皇山景区，以养生药、福文化为主题的药王谷景区，汇聚高山各种珍稀花卉、植物的维斯特休闲农业旅游区，以喀斯特溶洞和川西北民俗风情小镇为主的寻龙山景区，以禹羌风情为特色的商业步行街巴拿恰。北川将发展成国际国内有影响力的旅游目的地。

10.2　北川灾后损失情况

10.2.1　"5·12"地震灾害给北川县城造成的毁灭性破坏

北川是"5·12"地震的极重灾县之一，全县 16.1 万人口受灾，其中 15 645 人死亡，4 311 人失踪，26 916 人受伤，直接经济损失达 585.7 亿元。北川老县城（曲山镇）在地震中受灾特别严重，按照中国科学院地质与地球物理研究所的地震烈度鉴定标准，北川老县城的地震烈度为Ⅺ级。城区中 80% 的建筑物垮塌，1 万多居民中仅有 4 000 多人生还。由于地质条件差，县城周边发生了大面积的山体滑坡，生态环境遭到严重破坏。

10.2.2 地震造成的旅游业经济损失

2008 年 "5·12" 特大地震使北川县旅游业直接经济损失达 14.1 亿元。全县旅游人数由 2007 年的 56 万人次下降为 20 万人次，旅游总收入由 3.84 亿元下降为 1.39 亿元。

10.3 北川县震后恢复重建

10.3.1 北川县震后社会经济发展方向

根据《中华人民共和国民族区域自治法》，北川县于 2003 年 7 月被批准为羌族自治县。该县是全国唯一的羌族自治县，全县的羌族人口占全国羌族总人口的近三分之一。如果将北川县撤并，则有悖于我国民族区域自治的民族政策。"5·12" 特大地震以后，北川县政府向北川县和安昌镇居民就是否异地重建问题进行了民意调查。调查结果显示，95.29% 的民众赞同异地重建，只有 1.35% 的人不同意；在选址意向方面，88.55% 的人趋向于平原，4.38% 的人仍愿意留在山区；在选址原则方面，60.19% 的人首选安全性，其次是关注水源问题。北川新县城异地重建的决策既体现了科学性，又体现了民主性。[①]

"5·12" 地震灾害发生后，"5·12" 地震遗址的出现，整体搬迁的新县城，文化保护、传承、发扬的自觉性和紧迫性又给北川旅游业的发展带来了史无前例的机遇。在灾后重建初期，国务院和四川省政府明确指出，地震灾区应将旅游业作为灾后重建的先导产业。绵阳市政府明确提出，北川县应将旅游业作为县域经济发展的主导产业。围绕 "5·12" 地震遗址，整合现有分散的旅游产品，建立由 1 个核心产品（地震产品）、1 个主要产品（民族文化产品）、几个次要产品（休闲、度假、红色旅游等产品）构成的 "1+1+X" 旅游产品体系，体现 "遗址+民俗+休闲" 的整合。

10.3.2 北川开发地震遗址旅游的必要性[②]

1. 旅游的特性和对经济的带动作用

旅游业又称为 "无烟工业"。它就地利用风景，提供服务产品，资源可持续利用，具有投资少、见效快、创汇迅速等特点。旅游业本身包括行、游、住、吃、购、娱六大要素。它所需要的硬件装备，所消耗的食物、饮料和日常用品，以及一部分游览内

---

① 山东省援建北川工作指挥部. 北川新县城异地重建模式研究［J］. 四川行政学院学报, 2010 (3)：40-43.
② 李庆娇. 北川灾后重建开发地震遗址旅游的必要性分析［J］. 经营管理者, 2009 (16)：146.

容，都为其他产品开辟和提供了新的市场，同时旅游业作为第三产业的重要组成部分，在提供就业机会和解决就业问题方面具有重大意义。

2. 北川有发展旅游业的良好资源

北川有丰富的旅游资源。这些资源包括人文景观、水域风光、生物景观、遗址遗迹、建筑与设施、旅游商品、人文活动等主要类型。其重点旅游资源有：唐家山堰塞湖及地震遗址、小寨子沟羌族文化与自然生态观光旅游开发区、北川新县城、药王谷休闲度假旅游区、禹穴沟文化观光与休闲度假旅游开发区、西羌九皇山猿王洞风景名胜旅游区、千佛山红色旅游区及爱国主义教育基地、玉皇山休闲度假旅游区等。

3. 北川有发展地震遗址旅游的显著优势

（1）抗震救灾事迹集中

从发扬抗震救灾精神、保护民族文化等人文角度来看，北川县城内人员伤亡最为集中，社会高度关注，涌现出了许多抗震救灾的感人事迹与人物。

（2）地震破坏强烈

北川与地震震中汶川县映秀镇同处龙门山构造活动断裂带，正处于地震破裂前锋的前进方向上，地震波在由震中向北川传播的过程中被严重压缩，集聚了大量能量，集中在北川地区释放，造成地表严重破裂，整个北川老县城几乎整体被毁。

（3）灾害类型多样

由于特殊的地理地质特点，地震常见的次生灾害类型在北川均有分布。如与地震同时发生的典型地裂断层，山体崩塌滑坡，由山体滑坡阻塞河道形成的堰塞湖，以及大量植被被毁、土质疏松引发的泥石流等。

（4）北川有发展地震遗址旅游的良好政策环境

地震发生后，中央政府无时无刻不关注着灾区的抗震救灾情况。党中央号召全国对口援建，一个省援建一个县，同时在政策、资金、贷款等发面给予了全方位的优惠和支持，还组织全国各个行业的专家为灾后重建献计献策，为北川灾后重建发展地震遗址旅游提供了智力支持。

10.3.3 山东对口北川援建投资情况

北川新县城城市建设投资估算为69.06亿元，来源分为山东省投资、社会捐助、国家投资及北川县自筹四部分。其中山东省投资43.13亿元，中国侨联、香港特别行政区政府、澳门基金会、中共中央组织部特殊党费等捐建资金4.014亿元，其余部分为国家投资及北川县自筹资金（见表10-1）。

表 10-1　　　　　　　　　　北川新县城城市建设项目投资估算表

项目类别	估算总投资（亿元）	资金所占比例（%）
保障性住房	23.62	34.2
公益性服务设施	16.36	23.6
市政基础设施	21.27	30.8
景观及绿化工程	2.06	3.0
行政及事业单位	3.14	4.6
市场服务体系	2.61	3.8
合计	69.06	100

注：资料由北川县发改局提供。

山东省援建北川新县城项目建设资金来源于山东省上年财政收入的 1% 部分和社会捐赠资金剩余部分，由山东省财政部门全部拨付给各援建市，各市援川办（援建北川工作指挥部）负责具体管理使用。

10.3.4　北川县震后旅游经济情况

1. 国民经济迅速恢复并实现了新的增长

2010 年，北川县全县实现生产总值 23.4 亿元，同比增长 22.5%，地区生产总值增速居绵阳市 14 个县（市、区）之首，在四川省 181 个县（市、区）中位列第二。具体见图 10-1。

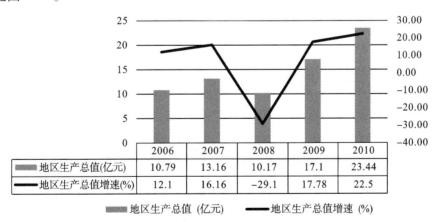

	2006	2007	2008	2009	2010
地区生产总值(亿元)	10.79	13.16	10.17	17.1	23.44
地区生产总值增速(%)	12.1	16.16	-29.1	17.78	22.5

▨ 地区生产总值（亿元）　　━ 地区生产总值增速（%）

图 10-1　2006—2010 年北川县生产总值及增长速度

2. 三次产业实现较快恢复

2010 年第一产业增加值为 6.05 亿元，增长 5.1%；工业生产快速发展，第二产业增加值为 9.71 亿元，同比增长 44.5%；第三产业增加值为 7.68 亿元，增长 14.1%。三次产业对经济增长的贡献率分别为 6.1%、70.6% 和 23.3%（见表 10-2）。

表 10-2 　　　　　北川 2010 年主要指标与震前（2007 年）比较

指标 \ 年份	2010 年	2007 年	比 2007 年增长
一、地区生产总值（亿元）	23.44	13.16	46.1%
其中：第一产业	6.05	4.32	
第二产业	9.71	5.54	
第三产业	7.68	3.30	
三次产业比例	25.8∶41.4∶32.8	33∶42∶25	
人均地区生产总值（元）	10 014	8 598	
二、地方财政收入（亿元）	1.82	0.52	254%
地方财政支出（亿元）	46.5	3.68	1 160%
三、全社会固定资产投资额（亿元）	106.0	8.10	1 210%
四、居民消费零售总额（亿元）	9.1	3.65	150%
五、城镇居民人均可支配收入（元）	12 519	7 250	72.7%
六、农民人均纯收入（元）	3 980	2 831	40.6%

3. 民生社会事业得到有效改善

居民收入快速增长，就业规模不断扩大，2010 年，北川实现农民人均纯收入 3 980 元，增长 15.4%。城镇居民人均可支配收入为 12 519 元，增长 15.8%。城镇登记失业率在 3.39%以内。

4. 旅游业迅速发展

北川旅游业从县域经济的重要产业上升到先导产业、主导产业。北川在原有基础上，发挥大部分未受严重破坏的自然旅游资源和非物质旅游资源的优势，以旅游业带动和推进全县经济尽快恢复和发展。2010 年，北川旅游业发展势头强劲，全年实现旅游业总收入 2.1 亿元，增长 103.0%，接待国内游客 52.3 万人次，增长 112.7%。

10.4 "十二五"期间北川旅游发展情况

10.4.1 北川 2011—2015 年社会经济发展情况

北川新县城在山东省的援建下，经过三年重建、两年推广，经济得到一定程度的恢复，为旅游发展奠定了基础。2011—2015 年，北川地区生产总值增长速度保持在 8%以上（见表 10-3、图 10-2）。

表 10-3   "十二五"期间北川地区生产总值和人均地区生产总值一览表

年份	地区生产总值(亿元)	增长速度(%)	人均地区生产总值(元)	增长速度(%)
2011	28.2	14.5	14 233	—
2012	31.7	12.2	15 835	11.3
2013	34.48	9.7	17 052	7.7
2014	37.46	8.2	18 125	6.3
2015	40.19	8.3	19 011	4.9

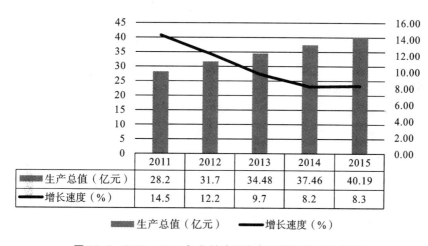

图 10-2   2011—2015 年北川地区生产总值及增长速度图

10.4.2 北川 2011—2015 年旅游发展情况

1. 北川旅游市场

（1）旅游人口学特征

据相关调查，北川游客主要以中青年为主。北川是一个集文化、自然、民族风情、地质科普于一体的旅游区域，能够很好地满足中青年求奇求知的心理。在北川游客中，大多数是学生群体，同时也包括大量受教育程度较高的教师群体和工人群体。

北川客源市场主要以国内游客为主，省内游客占主导地位。据调查，省内游客主要来自成都、绵阳等省内大城市和德阳、什邡、资阳等周边市县。省外游客主要来自陕西、重庆、山东、湖北等省市，又以陕西、重庆为主。国外客源地主要是日本、韩国、新加坡等，又以日本游客所占比重最大。

（2）游客消费行为

在北川重建恢复的前两年，北川游客主要出游动机在于地震遗址观光旅游，与地震遗址旅游相关的旅游产品受到大量游客的青睐。近年来，传统的地震遗址观光旅游产品的吸引力逐渐下降，游客更加期待休闲的、体验性的、参与性较强的旅游产品，因此北川旅游的发展需要转型升级。

2. 北川旅游发展现状

北川经过三年重建，大多数景区得到了恢复，同时抓住机遇发展了新的旅游项目和类型，又经过两年的市场推广，北川吸引了大量的海内外游客。北川除了开发新的旅游产品，同时也结合自身的优势，弘扬当地文化，保护生态环境，大大提升了北川形象，被授予"中国米黄大理石之乡""中国大禹文化之乡""中国羌绣之乡"等称号。北川境内拥有全市唯一的国家 5A 级旅游景区（北川羌城旅游区），4 个国家 4A 级旅游景区（西羌九皇山、药王谷、北川维斯特农业休闲旅游区、寻龙山），品牌魅力进一步彰显，同时建立了多个自然保护区。

3. 北川旅游收入效应

"十二五"期间，北川依托丰富的旅游资源，顺应国内旅游发展形势，加快转变旅游发展方式，积极推动"景区旅游"向"全域旅游"转变，着力打造文旅发展引领区和国内知名的羌文化特色旅游目的地。北川县被评为"2015 年四川省旅游强县"，入选首批"国家全域旅游示范区"创建单位。旅游人数大幅增加，旅游收入也较大幅度增长，带动了其他行业的发展，活跃了当地的经济。在"十二五"期间，北川旅游接待人数和旅游收入呈现线性增长，"十二五"末期，北川的旅游接待人数增速和旅游收入增速有所下降（见图 10-3）。

图 10-3　2011—2015 年北川旅游接待人数和旅游收入图

在北川进行旅游市场推广的 2011 年和 2012 年两年间，北川旅游收入有了显著提高。北川 2011 年的旅游收入较 2010 年增长了 225.4%，占地区生产总值的 25% 左右，与第三产业服务业增加值的差距较小；在市场推广的第二年——2012 年，北川旅游收入破 10 亿元，占地区生产总值的 39.46%。旅游的经济效应和带动效应逐渐显著。

2013 年至今，北川旅游收入占地区生产总值的比重越来越大，在 2015 年，旅游业收入占地区生产总值的比重超过 80%。旅游业作为北川主导产业的作用更加突出，其带动第一、二产业的作用也更加明显（见表 10-4）。据抽样调查，北川在 2013 年和 2014 年旅游收入对国民经济的贡献率分别为 11.6%、13.9%。

表 10-4　　　　　　　北川 2010—2015 年旅游业发展情况一览表

年份	旅游业接待人数（万人次）	旅游业接待人数增速（%）	旅游业收入（亿元）	旅游业收入增速（%）	地区生产总值（亿元）	旅游业收入占地区生产总值比重（%）
2010	52.3	103	2.1	112.7	23.44	9
2011	175.2	246.3	7.10	225.4	28.20	25.18
2012	220	76.2	12.51	25.5	31.7	39.46
2013	304.5	59.5	19.95	38.4	34.48	57.86
2014	350.3	34.9	26.91	15	37.46	71.84
2015	401.3	21	32.57	14.6	40.19	81.04

10.5　北川县地震遗址区旅游的间接经济效应

10.5.1　旅游带动消费

随着北川交通的贯通及旅游基础设施的逐步完善，北川以建设"大美羌城、生态强县、小康北川"为目标，拥有一个 5A 级景区、4 个 4A 级景区以及多个自然保护区。北川旅游的人数不断增加，旅游人数由 2010 年的 52.33 万人次，增加到 2015 年的 401.3 万人次，接待人数相比 2010 年增加了 7 倍左右。旅游总收入由 2010 年的 6.18 亿元增加到 2015 年的 35.48 亿元，旅游收入增加了 5 倍左右。游客增加不仅推动了北川旅游事业的发展，同时也对消费市场起到了积极作用。

北川先后举办世界超模比赛、辛夷花节、风筝节等省级以上大型节会活动 30 余次，做到"月月有主题、周周有活动、天天在升温"，吸引了大量游客和本地居民消费。同时，北川依托天然绿色食品特色农业基地和丰富的文化旅游资源，积极探索电商模式，带动了批发行业和零售行业的发展。北川全社会消费品零售总额，由 2010 年的 9.1 亿元，增加到 2015 年的 15.91 亿元，增长了约 7 亿元。北川 2011—2015 年社会消费品零售总额发展态势见图 10-4。

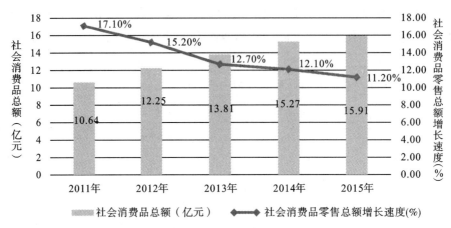

图 10-4　2011—2015 年北川社会消费品零售总额统计图

2010—2015 年，北川社会消费品零售总额逐渐增加，与旅游业密切相关的住宿业和餐饮业的零售总额占社会消费品零售总额的比重不断增大。在北川重建恢复后，住宿业和餐饮业零售总额占社会消费品零售总额的比重均在 30% 左右，而且近年来该比重不断增大，到 2015 年，住宿和餐饮业零售总额占到了社会消费品零售总额的36.52%（见表 10-5）。由此可见，旅游带动了当地的消费。

表 10-5　　　　　　2010—2015 年北川社会消费品零售额明细一览表

年份	社会消费品零售总额（亿元）	批发业零售总额（亿元）	零售业零售总额（亿元）	住宿、餐饮业零售总额（亿元）	住宿、餐饮业零售总额占社会消费品零售总额的比重(%)
2010	9.1	0.5	6.2	2.5	27.47
2011	10.64	7.48		3.16	29.7
2012	12.25	8.51		3.74	30.53
2013	13.81	9.38		4.43	32.08
2014	15.27	2.43	7.43	5.41	35.43
2015	15.91	3.18	6.92	5.81	36.52

10.5.2　旅游带动就业

1. 北川社会就业

北川在"5·12"特大地震中，老县城全部被毁，是地震中损毁最严重的县城，鼓励北川人自主创业就业是解决生计的最好方法。因此在"5·12"特大地震后，北川健全了就业专项服务机制，深挖就业供需信息发布平台实效，推行"定制式"技能培训，建立了"三位一体"的创业促进机制，用活失业保险政策兜底调稳，切实解决联系服务群众"最后一公里"的问题，保证了全县就业形势持续稳定。2010—2015

年，北川县城镇登记失业率控制在4%以内（见表10-6）。近年来，北川每年均会提供多个就业岗位和就业机会，鼓励当地人就业。

表10-6 　　　　　　　　　　2010—2015年北川就业情况一览表

年份	城镇新增就业人数（人）	年末城镇登记失业人员（人）	城镇登记失业率（%）	再就业人数（人）
2010	1 622	—	3.39	—
2011	2 316	434	3.84	—
2012	2 334	407	3.9	—
2013	729	797	3.83	102
2014	2 436	128	3.92	465
2015	3 659	474	3.94	341

2. 北川旅游业就业情况

发展旅游业是解决当地创业就业的最好、最快的途径。北川抓住旅游发展的大环境机遇，提供优惠政策，鼓励当地人自主创业。北川加强文化旅游从业人员培训，提升从业人员素质，2016年共计培训文化旅游从业人员1 000余人次。其中，指导培训村组干部300余人次、乡镇领导干部100余人次、旅游从业人员300余人次，羌文化培训300余人次。

发展全域旅游，从根本上讲是要让全民共享旅游发展的成果，真正实现旅游富民。近年来，北川通过推动山区变景区，采取"企业+合作社+农户"等模式，鼓励农民以土地、资金等方式入股，积极开办特色农家乐，营销特色农产品，累计带动1 813户、5 440人在家门口吃上旅游饭、迈上致富路。全县直接从事旅游业人数达到28 751人，有力助推了脱贫攻坚进程。

鼓励群众就近务工就业，推动上山变上班。2015年九皇山、药王谷、名岛等旅游项目长期用工4 527人，其中贫困人口3 168人，最低月工资为1 200元，最高月工资达2 800元，为脱贫增收注入了强大动力。

10.5.3　旅游带动农民增收

1. 城镇居民人均可支配收入

北川县休闲农业和乡村旅游快速发展，就业岗位不断增加，城乡社会保障体系不断完善，有效促进了城乡居民持续增收。2010—2015年，城乡居民收入大幅增长，家庭财富日益增加，精神生活不断丰富，生活质量显著改善。全县城镇居民人均可支配收入由2010年的12 519元增加到2015年的22 824元。在市场推广的2011—2012年，北川城镇居民人均可支配收入增速平稳，2013—2015年，城镇居民人均可支配收入增速呈现下降趋势，且下降幅度较大，2015 年增长率为 9.20% 左右，并逐渐趋于稳定发展态势（见图 10-5）。

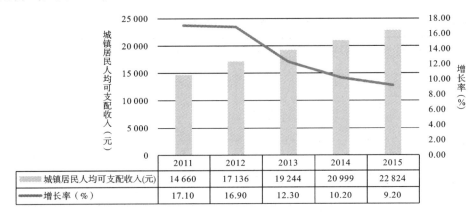

	2011	2012	2013	2014	2015
城镇居民人均可支配收入(元)	14 660	17 136	19 244	20 999	22 824
增长率（%）	17.10	16.90	12.30	10.20	9.20

图 10-5　2011—2015 年北川城镇居民人均可支配收入图

2. 农村居民人均纯收入

在 "5·12" 特大地震后，在政府的带动下，当地居民自力更生，大力发展农业。政府鼓励农民以土地、资金等方式入股，积极开办特色农家乐，营销特色农产品，同时积极探索电商模式，将绿色有机农副产品与文化旅游资源相结合，加快脱贫步伐。2010—2015 年，北川农民纯收入不断增加，且增长速度相比城镇居民人均可支配收入的增长速度块。北川农村居民人均纯收入由 2010 年的 3 980 元增加到 2015 年的 9 644 元，增加了 1.4 倍左右。近年来，农村居民人均纯收入增速逐渐减缓（见图 10-6）。同时北川城镇人均可支配收入与农村居民纯收入的差距在逐渐缩小，因此北川城乡统筹取得了一定的成效。

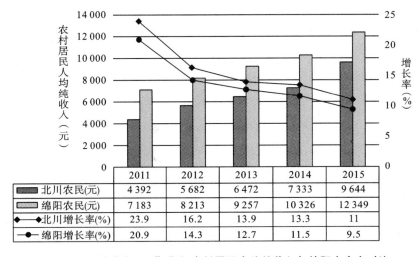

	2011	2012	2013	2014	2015
北川农民(元)	4 392	5 682	6 472	7 333	9 644
绵阳农民(元)	7 183	8 213	9 257	10 326	12 349
北川增长率(%)	23.9	16.2	13.9	13.3	11
绵阳增长率(%)	20.9	14.3	12.7	11.5	9.5

图 10-6　北川 "十二五" 期间农村居民人均纯收入与绵阳市全市对比

3. 旅游带动农民增收情况

政府鼓励农民通过改扩建设施，积极创办农家乐增加收入。全县发展农家乐 180 家、其中星级农家乐 32 家，辐射带动 1 800 多户 5 400 余人受益，每年实现户均收入 4 万元以上。同时，政府鼓励引导农民将茶叶、猪肉、土鸡、水果等农特产品商品化，依托旅游景区、农家乐等游客集中区域开展精准营销，分享旅游发展带来的"红利"。2016 年全县 3 260 户贫困群众通过就地销售农特产品，实现户均增收近 1 000 元。

10.5.4 旅游优化产业结构

北川作为灾后异地重建的成功范例，在 2010—2015 年大力加强农村基础设施建设。按照"精致县城、风情集镇、特色村寨"的思路，绘就全县"一幅画"。北川先后建成 1 个 5A 级景区，4 个 4A 级景区，并按照 4A 级景区标准新建禹穴沟、石椅寨、莫尼山、名岛 4 个景区。北川大力创建四川省乡村旅游强县，建成 2 个省级乡村旅游示范镇，打造吉娜、石椅、五龙等 12 个精品羌寨。北川坚持城乡一体、产村相融，累计建成 72 个幸福美丽新村，支撑起了处处皆美的全域覆盖。

北川加快旅游业的发展，将旅游业与其他产业相结合，如农业与互联网相结合等，积极探索电商模式，推进第一、三产业互动，"接二连三"，增加农民收入。旅游与其他产业的结合，有利于产业结构的优化。第一、二、三产业结构由 2010 年的 25.8∶41.4∶32.8 变为 2015 年的 23.9∶40.10∶36，逐渐缩小第一、二产业占比的差距，产业结构逐步优化（见图 10-7）。

图 10-7 2010—2015 年北川三次产业结构变化图

10.6 联动效应

10.6.1 社会文化效应

北川坚持以打造景区的理念规划全县,以景点的要求建设乡村,对城镇、村庄等各个点都精雕细琢,用心打造处处皆美景的"大美羌城"。向美丽绵阳看齐,实施新县城"绿化、美化、亮化"工程,改造提升新县城入口等重要节点建(构)筑物景观,加快水上游乐项目、安昌河水景观、水幕电影、禹羌文化主题广场等项目建设,丰富旅游元素。以新老县城黄金旅游线为重点,积极推进擂鼓、曲山、禹里、桂溪等小城镇建设,成功打造 2 个省级乡村旅游示范镇。大力实施美丽乡村工程,建成幸福美丽新村 72 个,使乡村更美,环境更优。

北川将线的打造作为联通点与点的桥梁,撑起覆盖全域的骨架,打造景观廊道,发展特色文化,促进跨越式发展;同时,致力于道路景观化、景观道路化建设,累计建成 2 700 余千米旅游交通道路,绿化、美化、亮化新县城、A 级景区、精品村寨生态景观路和游步道 100 千米。北川累计投资 1.38 亿元,全面改造提升城乡电力、通信设施,构建起各乡镇、景点、村寨相串联的全域格局。

以创建全国文明城市为契机,结合全国农村精神文明示范县建设,持续开展"文明家庭""文明市民""十星级文明户""四好村"等创建,积极开展村、乡镇、县评星评模,扎实做好新风培育,用社会细胞单元提升整体文明程度。城乡卫生环境有效改善,邻里关系、干群关系、居旅关系更加和谐,将人文风景打造成了北川吸引游客的靓丽"软名片"。

以旅游发展为契机,通过广播、电视、报纸等传统媒介投放广告 500 余次,借力"互联网+",利用微信、微博等新媒体鼓气造势,开通"大爱北川""微北川"等微信公众号,得到 2.5 万余人的动态关注,吸引力进一步提升。

10.6.2 环境效应

1. 旅游业对自然环境的影响

北川地处号称"神秘天地线"的北纬 31 度附近,属国家重点生态功能区。地势西北高,东南低,境内插旗山最高峰海拔 4 769 米,最低点香水渡海拔 540 米。全县林地面积 2 413 平方千米,森林覆盖率达 55.5%,保存了全球同纬度最完整的生态系统。气候温和湿润,年平均最高气温不超过 30℃,平均相对湿度为 72%~85%。全年环境优良天数超过 340 天。空气负氧离子浓度达 11 万个/立方米至 28 万个/立方米,是北京、上海、成都等中心城市的 20 倍以上。"5·12"特大地震后，北川开发了多个自然保护区，例如，小寨子沟国家级自然保护区和竹林沟省级自然保护区等。有野生脊椎动物 515 种，大熊猫、川金丝猴等国家一、二级重点保护动物 74 种。有野生植物 2 150 种，珙桐、红豆杉等国家一、二级重点保护植物 13 种。旅游业的发展使得北川更加注重生态环境的保护，同时，旅游业的发展也促使当地民众、政府的环境保护意识增强。

2015 年北川争取中央、省、市各级环保专项资金共计 3 589 万元，其中，国家重点生态功能区转移支付资金 3 345 万元、省级环境保护专项资金 44 万元、市级环保扶贫资金 200 万元。

2. 旅游业对人文环境的影响

北川是古人类遗址区，四川省境内古人类用火痕迹首次在这里发现。北川是中华民族的人文初祖之一、夏王朝的缔造者、治水英雄大禹的诞生地，境内至今仍保存着大量有关大禹的历史遗迹，每年农历六月初六大禹诞辰举行祭祀活动的民间习俗延续至今。北川地处少数民族与汉族结合部，民族交流频繁，是全国唯一的羌族自治县和最年轻的自治县。北川是革命老区，1935 年春，红四方面军进入北川县境，著名的千佛山战役在这里打响。这里有羌族民俗博物馆、"5·12"汶川特大地震遗址纪念馆、红军长征纪念馆等各类纪念馆 6 个。羌年入选国际非遗保护名录，羌年、禹的传说、口弦音乐被列入国家级非遗保护名录，羌戈大战、羌族沙朗等 16 项被列入省级非遗保护名录，还有市级非遗保护名录 25 项、县级非遗保护名录 39 项。著名作家沙汀在这里出生，并留有《在其香居茶馆里》《淘金记》等著名文学作品。为发展旅游业，北川对当地特色文化进行深度规划和开发，促进了当地文化的发展、传扬。

11 地震遗址区乡村旅游发展情况

"5·12"汶川特大地震灾害发生后，受到地震影响的地区先后进行了灾后恢复重建工作，龙门山构造活动断裂带周围受到地震影响的区域先后制订了适合自身发展的旅游发展战略规划和实施方案。这些地区借助地震效应，积极发展旅游业，进行产业结构调整和转型升级。早在 2008 年，国家发改委针对地震灾区灾后恢复重建和产业结构调整就明确指出，严重受灾区域属于限制开发区域，应以生态保护为主，重点发展旅游业及服务业，适度发展农牧业和极少数资源环境可承载的工业。龙门山地震灾区大部分属于重要的生态功能区，本来就不适宜大力发展传统工业和农业，而灾后优先发展旅游业可以发挥旅游业的带动和促进作用，较快地推动地震灾区的经济恢复。这也是促进灾区人民就业、改善生活的惠民产业。龙门山地震灾区绝大多数属于农村地区，灾后发展乡村旅游业对解决灾区的民生及社会稳定问题具有不言而喻的重要作用。本书主编成都理工大学傅广海所带领的研究团队自 2008 年承担四川省旅游协会组织的关于四川省地震旅游产品开发的研究以来，一直密切关注地震灾区的旅游发展效果，多次自费组织研究团队到龙门山构造带沿线区域进行实地考察，了解这些地方地震遗址旅游和乡村旅游发展状况及其社会经济效应。2017 年 6 月，研究团队再次实地考察并详细调研了德阳绵竹的年画村、什邡的马祖村、汶川的三江乡和水磨古镇以及北川的两个羌寨——吉娜羌寨和石椅羌寨。实地调研考察的几个村庄均开展了特色乡村旅游，但是其效果不尽相同。

11.1 德阳绵竹年画村

11.1.1 绵竹年画村区位

绵竹年画村，位于绵竹市孝德镇射箭台村，年画村景区距离绵竹市区 5 千米，距离成都市 73 千米，位于成都一小时经济圈内，交通十分畅通。景区与成绵高速复线、德阿路、成青公路、成兰铁路等主要交通干线相连接，可入性好。全村内部有硬化道路 12 千米，步行道 20 千米。

11.1.2　绵竹年画村旅游资源

年画村景区（见图 11-1 至图 11-3）核心区域为 1.17 平方千米，内有四区，包括入口接待服务中心、年画民俗体验区、乡村田园风光区、年画产品展示区，是一处以休闲度假、农业观光体验、美食娱乐、文化体验交流、养老养生、科学教育、年画创意生产加工为主，结合新农村建设的精品型乡村民间工艺文化旅游景区。

景区内旅游资源丰富，文化旅游产品开发日臻完善。

一是，年画村利用国家非物质遗产——绵竹年画资源，在村内建设了占地 46 667 平方米的年画街坊、占地 10 000 平方米的年画展示馆，开发形成了年画博物馆，集年画商品研发、生产、销售、展示、体验等为一体。年画产品已在国家知识产权保护局进行了知识产权申报与保护。

二是，全村已建设具有观赏性的 333 333 平方米的葵花园、40 000 平方米的荷塘、80 000 平方米的桃园和梨园，为游客提供休闲农业与乡村旅游产品。

三是，通过举办葵花节、菊展、郁金香展、荷花展、灯光展、紫荆花展等节庆活动，以及每周末开展歌舞比赛、钓鱼比赛、自行车骑游、年画体验等活动，做到四季有主题、月月有活动，吸引了人气，树立了品牌。

图 11-1　德阳绵竹年画村年画创作基地①

---

① 图片来源：图 11-1 至图 11-5 由编写团队成员杨晓宇拍摄。

图11-2　绵竹年画村民间年画坊

图11-3　绵竹年画村年画展示馆

11.1.3　绵竹年画村旅游业发展成就

绵竹年画村2009年获得"四川省乡村旅游示范村"称号,2011年4月19日获得"国家AAAA级旅游景区"称号,同年11月,被评为"四川省省级文化产业示范基地"以及"国家级非物质文化遗产生产性保护基地",2014年被四川省纪委确定为"四川省廉政年画创作基地",2015年8月被国家旅游局评为"中国乡村旅游模范村"。

11.1.4 绵竹年画村旅游从业人员

1. 旅游从业人员培训

年画村坚持人才培训与储备，已开办年画专业培训5期，培训300余人。加强景区从业人员培训，每年景区开展各类培训10次以上，景区从业人员培训率达100%，持证上岗率达100%。至2016年，景区常年配备景区解说员22人，绿化保洁人员30余人，景区巡逻队伍40余人，其他各类服务人员2000余人，为游客提供了安全、舒适、舒心的服务。

绵竹年画村三彩画坊及就业示范基地见图11-4和图11-5。

图11-4 绵竹年画村三彩画坊及就业示范基地（一）

图11-5 绵竹年画村三彩画坊及就业示范基地（二）

2. 旅游从业人员收入

（1）年画村旅游从业人员概况

在"5·12"特大地震恢复重建工作初步完成的 2010 年 12 月，由大乘村、射箭台村和原石墙村合并而成的年画村在政府和当地群众的努力下积极恢复年画村的原貌，依托传统的年画发展致富。至 2010 年年底，年画村全村总面积为 7.5 平方千米，全村下设 26 个组，2 716 户，总人口为 5 894 人。到 2016 年，全村从事旅游相关经营活动的农户数为 484 户，占年画村总户数的 21.74%；有 2 400 余人在景区从事与乡村旅游有关的各项工作，占全村劳动力的 72.8%，带动当地农户人均年增收 3 500 元以上。

2013—2016 年，年画村居民通过各种途径致富，大多数是依托年画村的"年画"这一产业从事相关的旅游活动，如开展农家乐，开发年画平台，经营观光车以及在年画村的年画路一带售卖纪念品等。年画村人均纯收入逐年递增，人均纯收入从 2013 年的 12 500 元左右增长到 2016 年的 17 000 元左右，每年约增长 1 500 元，远高于当地农村居民的人均纯收入（见图 11-6）。

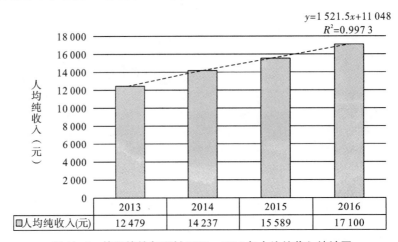

图 11-6　德阳绵竹年画村 2013—2016 年人均纯收入统计图

（2）年画村从事年画产业人员概况

目前，年画村有 4 家年画公司和 28 家个体年画作坊，年画产品种类超过 200 种，从业人员有 600 余人，年产值为 3 000 余万元，形成了中国（绵竹）年画节庆旅游品牌。全村常年从事年画产业人员 110 余人，相继开发出刺绣年画、陶版年画、金丝年画、竹编年画、木雕年画、年画服装等 200 多种年画产品，畅销全国各地，远销美、法、英、日等 50 多个国家和地区，年销售收入为 800 余万元。

11.1.5　绵竹年画村旅游收入概况

年画村在灾后恢复重建后的第一年就建有农家乐 40 余处，同时接待游客 4 000 余人，在 2011 年"五一"期间，就接待游客 25 000 余人，年画村旅游取得初步成效。到 2016 年，年画村旅游业发展逐渐成熟，产业发展逐步稳定，年画旅游产业链逐渐形成，有乡村旅游接待单位 78 家、专业合作社 3 家、农家乐 30 余家、年画创意加工企业 12 家、乡村主题酒店 1 家，区域餐饮接待企业能同时为游客提供 30 余种特色菜品，极大地满足了不同档次游客的需求。2016 年年画村接待游客 65.8 万人次，实现旅游综合收入 4 800 多万元，其中年画创意产品销售额为 2 500 余万元（见图 11-7、图 11-8）。

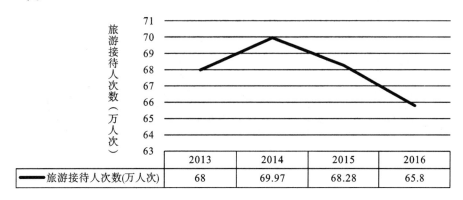

图 11-7　德阳绵竹年画村 2013—2016 年旅游接待人数情况图

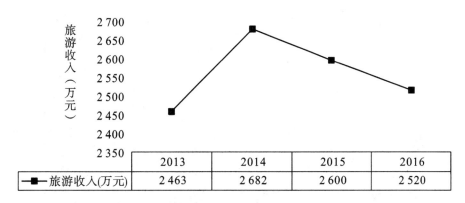

图 11-8　德阳绵竹年画村 2013—2016 年旅游综合收入情况图

11.1.6　绵竹年画村环境效应

1. 年画村自然环境效应

年画村在各院落集中的地点，统一设置垃圾池，实行户集、村收、镇处理，做到生活垃圾无积存，无臭气和固体废物污染。生活垃圾及时清运、定点存放，清运率达 100%。

德阳绵竹年画村牌坊、德阳绵竹年画村年画路一角见图11-9、图11-10。

图11-9　德阳绵竹年画村牌坊①

图11-10　德阳绵竹年画村年画路一角

2. 年画村人文环境效应

村内有游客中心1个、停车场3个、购物场所16家、旅游厕所6个、游步道20千米、用于健身的广场2处、游泳池3处、农家书屋1处、村诊所1处，能为村民提

---

① 图片来源：图11-9至图11-11由编写团队成员杨晓宇拍摄。

供农业技术培训、政策宣传、体育活动等各项公共服务。村内有专门的网站，能为游客提供咨询服务、旅游预订服务等。村内有天网，对主要路段及游客集中区域实现全覆盖。由镇派出所常驻的民警、村民兵及景区管委会工作人员共同组成景区安全巡逻队伍，对村内进行日常巡逻，及时排除安全隐患。由镇卫生院与村诊所共同组建卫生防控小组，对食品安全及公共安全提供保障。同时，景区管委会和村两委共同组建了应急小组，制订了应急预案，有效地防止了游客突发事件的发生。截至目前，村内未发生一起旅游安全事故。

绵竹市年画村年画开发中心（见图11-11），专注于开发兼具艺术性与实用性的日常生活用品、办公用品，受到消费者的青睐；同时，还以年画村为培训基地，凭借团队优势，多次开展回乡大学生、特殊人群、留守儿童、社会人员创业培训，着力传承非物质文化遗产。胡美人新年画艺术馆，由绵竹年画四川省代表性传承人胡光葵创办，主要展示其年画作品及绵竹当地传统古典家具、古董字画，长期进行传统文化和创新年画的宣传、展示、交流，旨在将年画文化发扬光大。

图11-11　德阳绵竹年画村年画开发中心

11.2 德阳什邡马祖村

11.2.1 什邡马祖村区位

马祖村位于马祖镇东北部，北京大道旁，距离城区 7 千米，全村区域面积为 1.8 平方千米。马祖村因中国禅宗八祖马祖道一诞生之地而得名，至今已有 1 300 多年的历史。该村民风淳朴，较好地保留了自古以来的风俗习惯。

四川德阳什邡马祖村有明显的区位与交通优势，是重要枢纽、咽喉要地。该村属于成德绵经济圈腹心区域；毗邻什邡市区，是市区通往省级风景名胜区——蓥华山风景区的过渡地带。"六大交通要道"——北京大道、106 省道、成绵高速复线、广岳铁路和正在建设的成兰铁路、成都三绕交汇贯穿马祖全境，见图 11-12、图 11-13。

农禅小镇——马祖镇区位示意图

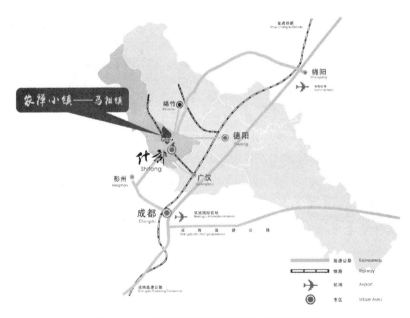

图 11-12 四川德阳什邡马祖镇交通区位图①

----

① 图片来源：由德阳什邡马祖村村委会提供。

图 11-13   德阳什邡马祖故里入口①

11.2.2   什邡马祖村旅游业发展现状

什邡马祖村是以"农禅"为主题的文化特色村落（见图 11-14 至图 11-18）。自灾后重建以来，马祖村推行"支部+业主委员会"的管理服务新模式，选择以"举农业旗、走旅游路、唱文化戏、打养生牌"的思路去谋求发展，形成了马祖村第一、三

图 11-14   德阳什邡马祖故里一角

---

①   图片来源：图 11-13 至图 11-34 由编写团队成员杨晓宇拍摄。

图 11-15　德阳什邡马祖村禅心湖

图 11-16　德阳什邡马祖村六和廊

图 11-17　德阳什邡马祖村马祖寺（一）

图 11-18　德阳什邡马祖村马祖寺（二）

产业同步良性循环发展，逐步实现了村和、民富、产业强、村容村貌优的设想，从而实现了马祖村的第二个十年规划目标。

　　什邡马祖村主打"文化旅游""产业配套""新村建设""信息服务"四张牌，将农耕文化和禅宗文化融入乡村文化旅游建设中，引导产业发展，吸引了大量游客，为当地创造了更多的发展机遇。

11.2.3　什邡马祖村产业发展概况

什邡马祖村通过震后的经济恢复和产业创新，逐渐形成了具有当地特色的优势产业，形成了"农户+基地+专合社+龙头企业+科研院所+互联网+旅游"，第一、二、三产业融合发展的格局。该村主要打造了两大产业，一是康养服务产业，另一个是文化创意产业。德阳什邡马祖村百草园见图11-19和图11-20。

图11-19　德阳什邡马祖村百草园入口

图11-20　德阳什邡马祖村百草园

1. 马祖村康养服务产业

什邡马祖村拥有两大产业基地。一是西南最大的无公害车前子（万亩）基地。车前子产量占全国总产量的1/3，主要有效成分接近《中华药典》标准的两倍。马祖车前子国家地理标志认证已通过省质监局初审，正申报国家评审。二是马祖皇菊产业基地。该基地取得了有机认证、QS认证，实现了O2O线上线下销售模式，是阿里巴巴优质供应商，获得"56个国家和地区畅销旅游商品""四川省群众喜爱产品"称号。马祖村以中医药服务业为特色，拉长产业链，以生态环境为依托，打造养生、养心、养老全产业链。

为进一步推动皇菊产业发展，当地村民还组建了什邡市六合家园种植专业合作社（见图11-21、图11-22）。在省、市、县多级专家组成的皇菊技术指导组的帮助下，六合家园种植专业合作社培育打造出了高品质的皇菊茶、皇菊宴、皇菊酒、菊花糕点等养生产品。马祖皇菊的种植渐成规模，2015年达到133 333平方米。下一步，六合家园种植专业合作社准备将种植规模扩大到全村，带动全村600户农户一起发展皇菊产业，让更多老百姓实现增收致富。

图11-21　德阳什邡马祖村六合家园种植专业合作社（一）

图 11-22　德阳什邡马祖村六合家园种植专业合作社（二）

2. 马祖村文化创意产业

马祖村以农禅文化为支撑，精准发力文化创意产业，推动文化产业规模化、融合化发展。一是发展会议经济。如举办马祖国际文化节、马祖金身还乡等活动。二是发展禅修产业。如成立佛乐团，举办梵乐演奏会；马祖书院举办禅修培训、讲座，展销书法、美术作品。三是研发禅茶、禅食等文创商品。四是举行农事体验与观光采摘活动。五是举行"赏民俗、住民宿"活动。马祖文化创意产业园已被列为什邡市"十三五"重点项目。

11.2.4　什邡马祖村荣誉

马祖村被什邡市民政局定为"农村社区试点"，被德阳市确定为"新农村建设示范村""十大美丽新村"，被德阳市妇联评为"德阳市巾帼文明示范村"，被四川省委评为"省级新农村示范村"，被四川省旅游局评为"四川省乡村旅游示范村"，被四川省委、人民政府评为"四川省省级生态村""城乡统筹示范村""环境优美示范村"，被中央文明委员会授予"全国文明村""四川省乡村旅游精品村寨"称号。2016 年马祖村入选"四川十大幸福美丽新村"等。

11.2.5　什邡马祖村旅游收入及村民增收

2013 年以来，什邡马祖村旅游业以超过 20% 的速度增长。"吉祥格桑花·马祖祈福游"活动已连续举办 3 届，百草园内的车矢菊、薰衣草也竞相开放，吸引了大批游客。如今，在马祖书院诵经、在农户庭院品茶、在禅心湖垂钓、在百草园采摘，已成为游客在马祖过周末的新时尚。2014 年，全村旅游业综合收入达到 1 500 余万元，接待游客 60 余万人次。2014 年，马祖村集体收入达到了 80 余万元，人均收入 20 000余元，超出了什邡市农村人均收入水平近 7 000 元。2015 年马祖村旅游业综合收入实现 8 000 万元，占地区生产总值比重达 5%。当地居民收入也有了相应的增长，以"依托万亩西南最大无公害车前子基地和千亩皇菊养生花草种植园"为例，2015 年仅此一项就实现助农增收人均 570 元。2016 年，马祖村全村旅游业综合收入为 1 500 余万元，接待游客 60 余万人次，马祖村集体收入达到了 100 余万元，人均收入为 20 108元，超出什邡市农村人均收入水平近 4 000 元。

该村主要以旅游业为主导产业，村民通过经营农家乐或者在当地产业园中务工获得收入。同时该村成立了专业合作社，让村民入股，成为合作社的股东，从而使村民得到更多的分红。自 2014 年马祖村调整产业结构以来，马祖村人均收入远远高于什邡市农村人均收入。同时，入股专业合作社的居民每年分红利润也比较可观。2016年，贫困户带田入股每亩租金和分红达 3 000 元，务工收入每月达 1 500～1 800 元。

11.2.6　什邡马祖村居民就业

全村共有 8 个小组，584 户，1 281 人。其中：村民小组 6 个，农业人口 434 户，931 人；居民小组 2 个，居民 150 户，人口 350 人。全村以旅游业为主要产业，增收方式主要包括两种，一是农家乐，二是园区务工。马祖村已发展有 6 家农家乐，全为本村村民自建，平均每家农家乐从业人员 10 人。其中"百汇海棠·花园农庄"的园林式农家乐，特色突出。马祖村现有旅店（酒店）16 家，均为村民利用自家房屋进行经营的小型旅店，平均每家旅店有床位 6 个。村里现有专业合作社和果民共建、占地面积 133 333 平方米的"百草园"，用以发展旅游业，主要生产金丝禅菊、蔬菜、瓜果等，能够解决 100 人以上的村民就地就业，最多时可吸纳 400 人就业。

11.2.7　什邡马祖村电商发展

2014 年，马祖村调整了农业产业结构，将皇菊作为支柱产业和主导产业，利用"农户+基地+专合社+龙头企业+科研院所+互联网"的新型农业经营体系，产业合作社适当流转土地 200 000 平方米，农户"带田入社"53 333 平方米，建立了四川第一个皇菊种植基地。2015 年，马祖村通过吸引社会资金建成了皇菊加工生产线，实现"一、二产业互动"，围绕"有机"标准进行生产、加工和线上线下销售，成立了电商平台，拓宽了增收渠道。2016 年，全村皇菊产业产值每平方米为 33.5 元，总产值达到 2 000 余万元。该村计划吸引更多的电商在马祖村安家落户。

11.3　汶川三江乡

三江乡（见图 11-23）位于四川省西北部，阿坝藏族羌族自治州汶川县境内，因中河、西河、黑石江在此交汇，顾而得名"三江"。三江乡辖区面积为 485.22 平方千米，占全县总面积的 12.26%。平均海拔为 1 080 米，年平均气温为 12℃，森林覆盖率为 90%以上，空气负氧离子含量达 24 000 个/立方厘米，平均降水量为 1 143.5 毫米。乡域内植被茂密，风景气候宜人。全乡共 1 147 户，3 925 人。2009 年三江乡被纳入国家 4A 级风景区编制范围，2013 年被阿坝州委授予"民族团结进步模范集体"称号，2013 年三江乡麻柳村被人民网、国际旅游学会授予"最具文化创意旅游乡村"，2013 年，三江乡联合水磨镇和映秀镇通过国家 5A 级特别旅游区评定。

图 11-23　汶川三江乡

11.3.1　地理区位

汶川三江乡东接水磨镇，南与崇州市连界，西南与大邑县、芦山县交界，西与卧龙自然保护区及宝兴县、小金县相连，北与本县的耿达乡、映秀镇接壤。

11.3.2　交通区位

汶川三江乡从汉代到清朝乾隆年间，一直是成都平原通向大小金川的必经之路。三江乡距离汶川县城 95 千米，距离都江堰 50 千米，距离成都 100 千米，距离国道213 线 25 千米。

11.3.3 旅游区位

汶川三江乡处于卧龙自然保护区的中心区和保护区，既有青城之幽，又具卧龙之奇，是卧龙世界自然遗产的重要组成部分，境内素有"熊猫家园，珙桐之乡"的美誉，同时三江乡处在紫坪铺水库的生态协调区。

11.3.4 三江乡旅游发展概况

汶川三江乡在震后的恢复重建期按照"农旅统筹，全域景区，一三互动，接二连三"的发展思路，坚持发展、规范、提升并举，加大政策引导力度，紧扣市场需求发展旅游业。在多方的支持和努力下，三江生态旅游风景区顺利通过检查验收，成为震后汶川第一个4A级景区，并于2012年获国家5A级旅游风景区称号。三江乡积极抓住机遇，在旅游的发展过程中不断发现问题，不断地调整适合自身的发展思路。经过不断地探索，三江乡逐渐找准旅游发展定位，即利用自身资源和藏羌文化资源发展"康养旅游"。

三江乡紧紧围绕县委、县政府《关于建设康养汶川，加速经济转型发展的决定》的工作部署，以推动"五型经济"为抓手，以五大健康体系为主引，依托自身"三度优势"即特色产业基础、优越的区位优势和良好的生态环境，加快推进康养经济项目建设，提升服务标准化水平，瞄准经济增长点，以"两避两养"为重要内容，建设健康、绿色小镇，奋力实现"三好两富"的愿景，成功打造了麻柳村鹞子山养生堂、潘达尔景区、水乡藏寨等景区，同时带领当地居民发展特色农家乐，实现旅游业致富。

汶川三江乡惠州援建纪念碑见图11-24。

图11-24 汶川三江乡惠州援建纪念碑

11.3.5 三江乡旅游经济

在"5·12"汶川特大地震中三江乡景区——三江生态旅游区的房屋、旅游基础设施和服务设施遭到毁灭性破坏，通往景区的道路严重受损，步行游道被掩埋，旅游宾馆被损毁。震后通过多方面的积极努力，三江乡政府利用丰富的水资源、森林资源和深厚的历史文化及民族文化，将茶马古道、古羌栈道等景点融入其中，将三江景区建设成为美丽的"水乡藏寨"。

在恢复重建后的第一年，即 2012 年，三江乡吸引了大量游客。2012 年，全乡经济总收入达 3 383.16 万元，比 2011 年同期增加 32%，其中第三产业收入达 394.68 万元；全乡实现农民人均纯收入 7 045 元，比 2011 年增加 1 530 元，增长率达 27.74%。当地居民在党和政府的指导下积极发展特色农家乐，延伸产业链，提升价值链，努力形成不同档次、不同形式、能够有效满足不同消费需求的农家乐业态。2012 年全乡有农家乐 141 家、星级农家乐 43 家，共有床位 3 388 个，可同时容纳 7 000 人就餐，全年接待游客 32 万人次，同比增长 10%。

在恢复重建后，汶川三江乡不断探索适合自己的发展道路，在旅游发展过程中不断调整。经过几年的发展，三江乡结合汶川县"南林北果·全域旅游+生态康养"的整体规划，以"康养"为主线，做实健康文化，发展旅游经济，打造了以"康养"为主题的多个项目，如鹞子山养生堂、潘达尔景区、水乡藏寨等。在 2016 年，三江乡经济总收入达 6 403.17 万元，同比增长 4.23%，第三产业收入达 2 948.06 万元，人均纯收入达到 14 000 元，累计接待游客 70 万人次，实现旅游收入 8 000 万元。汶川三江乡已经成为成都周边康养避暑胜地。全镇现有农家乐 231 家（其中星级农家乐 53 家），共有客房 2 975 间、床位 8 020 张，能同时容纳 10 000 人就餐。

11.3.6 三江乡环境效应

1. 自然环境效应

"5·12"汶川特大地震后，广东省惠州市对口援建三江乡，政府驻地一直在街村一组（见图 11-25）。街村地处三江乡集镇所在地，经过三年灾后恢复重建的努力，这里交通便捷，集镇功能齐备，区位优势明显，东与照壁村相邻，南与河坝村连接，西与席草村紧靠，北与草坪村相接。这里修建了 10 处垃圾集中处理点，建成环境绿化工程 2 800 平方米，建成生态公园 1 个，建有集中供水自来水厂 1 个。全乡 100% 完成通水、通电、通村、通公路，100% 覆盖通信、电视信号。

汶川三江乡藏家风情园见图 11-26。

图 11-25　汶川三江乡政府附近街道

图 11-26　汶川三江乡藏家风情园

2. 人文环境效应

三江乡震后建设配备了锅庄广场以及健身器材、标准的篮球场和羽毛球场、乒乓球桌等体育文化设施，并充分利用文化室、图书室、活动广场活跃丰富人民群众业余生活。辖区现有三江小学、三江幼儿园（见图 11-27）。三江卫生院设施设备齐全，能满足全镇卫生医疗需求（见图 11-28）。

图 11-27　汶川三江乡三江小学

图 11-28　汶川三江乡政府大门

11.3.7　典型案例——三江乡草坪村的乡村旅游

草坪村是汶川三江乡乡村旅游发展最好的村子，是三江生态旅游风景区的入口村寨，其乡村旅游相对于三江其他村子发展较好。草坪村现有户籍人口388人，常住人口400余人。全村村民收入来源以乡村旅游收入为主（约占60%），外出务工收入为辅（约占30%），农耕收入占比较小（全村现有耕种面积66 667平方米）。

汶川地震前全村有农家乐20余家，规模较小；地震之后，全村积极发展农家乐，目前约70户，正常营业的农家乐有60余户，其中7~8户农家乐由外地人租用本地人所建农家乐进行经营。

2010年草坪村何某的农家乐（在村里为中等偏上的农家乐）正式恢复营业，全年旅游接待纯收入约8万元。2011—2012年旅游接待收入年均8万~9万元，同期进行扩建，到2013年其农家乐收入为10万元左右。2017年年初，该农家乐通过向银行贷款40余万元再次进行扩大和装修，现有房间34间、床位68个，入住计价以床位为单位，淡季收费80元/人，旺季收费100元/人（长期租住为2 000元/人，包吃），旺季基本为7、8两个月，9月以后，入住量开始减少。

据初步统计，草坪村40余户农家乐，其一年总的纯收入为300余万元（见图11-29至图11-34）。草坪村仍有10余户人家没有经营农家乐，其主要原因有二，其一为资金不足，其二为经营不善或缺乏经营技能。

图11-29　汶川三江乡草坪村入口

图 11-30　汶川三江乡草坪村农家乐（一）

图 11-31　汶川三江乡草坪村农家乐（二）

图 11-32　汶川三江乡草坪村农家乐（三）

图 11-33　汶川三江乡草坪村街道

图 11-34　汶川三江乡草坪村临河景观

11.4　汶川水磨古镇

汶川水磨古镇位于四川省汶川县南部的岷江支流寿溪河畔，早在商代就享有"长寿之乡"的美誉，时称"老人村"，后更名为水磨。水磨古镇旅游以其羌寨民俗文化、村寨景观等资源为依托，大力发展生态农业，以民俗风味与特色鲜明的村寨旅游项目、餐饮、娱乐、购物等活动为主，具有浓郁的民族风味。

11.4.1　水磨古镇的旅游区位

水磨古镇位于四川省汶川县南部，东临都江堰，南倚青城山，西接卧龙大熊猫自然保护区，北靠震中映秀，是阿坝藏族羌族自治州的南大门。水磨古镇距离"5·12"汶川地震震中映秀镇 7 千米，距离三江旅游区 6 千米，距离成都市 70 千米，距离都江堰 36 千米，距离青城山 15 千米，距离卧龙自然保护区 70 千米，都汶高速、213 国道、三江旅游快速通道穿越而过。此外，水磨古镇坐落于川内七大旅游黄金线的九寨沟—黄龙旅游线上。水磨古镇的旅游区位优势突出，对外交通连接便利。

11.4.2　旅游景区（点）建设成就

由于地势开阔，靠近都江堰，1985 年水磨镇被规划为工业区。震前，水磨镇积聚了高耗能、高污染的企业63家，工业发展初具规模。灾后的水磨镇由广东佛山投资83亿援建。援建团队对古镇进行了全新规划，充分挖掘历史文化资源和地震遗址旅游资源，优化产业布局，完善城镇功能。水磨古镇重建了"禅寿老街、寿西湖、羌城"三大景区，以及禅寿老街、禅城桥、春风阁、西羌汇等十多个景点，已建成集旅游、商贸、休闲为一体的西羌文化生态名镇，并联合三江乡和映秀镇成为国家5A级旅游景区。2010年4月水磨古镇正式对外接待游客。

11.4.3 水磨古镇经济效益

1. 水磨古镇经济发展概况

2008年5月12日汶川大地震后，水磨全镇近2万人受灾，92人死亡，大量居民住房倒塌或严重损坏。其中，老人村遭到了毁灭性的破坏，房屋全部倒塌，伤亡人数占全村人口四分之一，死亡13人。水磨镇公共设施损毁严重，水磨中学、水磨小学、水磨二小、镇政府、信用社、卫生院、邮政支局等基本损毁。震后，对外道路损毁较严重，桥梁未坍塌但存在安全隐患。

2010年，水磨古镇逐渐恢复，古镇经济也有了发展。水磨古镇借灾后恢复重建机遇积极准确地寻找正确的发展定位，积极调整产业结构，逐渐降低工业的生产比例，发展农业和服务业。在灾后恢复的三年黄金期，服务业在当地得到了迅速的发展。

自灾后恢复重建至2016年，水磨古镇的经济总收入逐年递增，只是增长的速率有所下降。2011—2013年，水磨古镇的经济总收入从2011年的3929万元增加至2013年的6839万元，增长了约1.7倍。2014—2016年，水磨古镇经济总收入增速变缓，逐渐趋于平稳，2016年古镇经济收入接近8 000万元（见图11-35）。由于灾后产业结构的调整，相应的古镇三产业各自的总收入情况也发生了变化。第一产业农业收入占经济总收入的比例逐渐下降，从2010年的47.53%下降到2016年的38.67%，下降了近10个百分点；第二产业工业收入比重在20%左右徘徊不定；尽管近两年古镇旅游发展受到影响，然而第三产业收入比重仍然处于增长状态，从2010年的10.59%到2016年的29.17%，旅游收入比重增长了近20个百分点（见图11-36）。水磨古镇正在积极进行旅游项目投资，从而改变目前水磨古镇出现的旅游产品单一、旅游季节明显、基础设施不健全、资源不足、特色产品附加值低等现象。我们相信在不久以后，水磨古镇将成功实现产业转型，将成为"康养休闲、幸福宜居"的小镇。

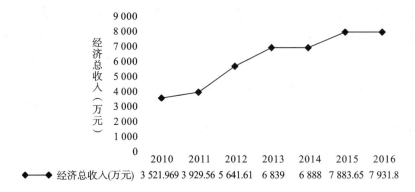

图 11-35　水磨古镇 2010—2016 年经济总收入分布图

注：经济总收入不包括农民外出务工收入。

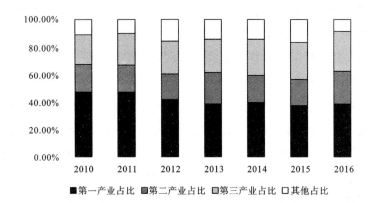

■第一产业占比　■第二产业占比　□第三产业占比　□其他占比

图 11-36　2010—2016 年水磨古镇第一、二、三产业以及其他总收入分布图

2. 水磨古镇居民收入概况

恢复重建后考虑到地震遗址的旅游效应，水磨镇逐渐将其主导产业调整为第三产业，但是由于多方面的原因，水磨古镇仍然以农业为主。水磨古镇居民增收主要有三种方式：一是位于水磨古镇核心旅游区的居民自己经营店铺；二是将位于旅游核心区的店铺租出去，每年收取一定的租金；三是外出务工获得劳动报酬。水磨古镇人均纯收入自灾后恢复重建以来一直处于上升的趋势。2013 年村民人均纯收入超过 10 000 元，相比于 2010 年的 4 000 多元，增长了约 2.5 倍；2016 年人均纯收入为 14 826 元，相比于 2013 年，增长了约 1.5 倍。水磨古镇村民主要的谋生方式之一——外出务工所获得的收入的增长趋势与水磨镇人均纯收入趋势类似（见图 11-37）。2013 年，水磨古镇外出务工人员人均收入超过 5 000 万元。水磨古镇正在加快发展农业生产，加快产业联动发展，坚持数字农业与生态农业相融，推动产业多元化发展，大力发展休闲农业与乡村旅游；同时巩固提升现有资源品质，对产业发展进行新布局，从而打开旅游发展新面貌，吸引更多的游客，为村民增收带来更多的发展机遇。

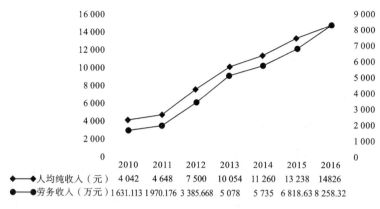

	2010	2011	2012	2013	2014	2015	2016
◆人均纯收入（元）	4 042	4 648	7 500	10 054	11 260	13 238	14826
●劳务收入（万元）	1 631.113	1 970.176	3 385.668	5 078	5 735	6 818.63	8 258.32

图 11-37　水磨古镇 2010—2016 年劳务收入和村民人均纯收入情况图

注：人均纯收入＝（经济总收入+劳务收入-总费用）÷总人口

3. 水磨古镇旅游经济效益

　　水磨古镇充分利用地震遗址遗迹资源、民族文化资源和乡村景观资源，开发和打造多样化的旅游产品，吸引了众多旅游者，促进了古镇旅游经济的发展，提高了古镇居民的收入。2007 年水磨镇人均纯收入为 2 986 元，2009 年水磨镇人均纯收入为 3 549 元，2010 年人均纯收入超过 4 000 元，2011 年人均纯收入为 4 648 元，2012 年人均纯收入超过 5 000 元。震后水磨古镇的人均纯收入显著增长，古镇旅游在促进地方经济的发展和提高人均收入方面起到了积极的作用。2016 年水磨镇接待游客 320 余万人次，旅游业创收约为 3 500 万元。

　　经历了三年的黄金期后，水磨古镇逐步淡出特色小镇旅游圈，旅游经济逐步萎缩，旅游产品开发缓慢，灾后重建旅游项目的自限性进一步突出。为有效解决水磨古镇旅游发展存在的问题，水磨镇党委、政府对旅游开发、扶贫攻坚、受灾群众安置三件大事统筹安排，在广泛调研论证的基础上，利用大槽头、啷凤岩两村的自然气候、地质地貌和县委、县政府南部片区打造康养旅游的契机，提出了两村联合打造花谷项目、发展生态庄园经济的构想。

　　2015 年 3 月，水磨镇召开水磨花谷项目建设动员会，正式启动项目建设工作。2016 年 1 月，花谷项目建设完成，被正式命名为"仁吉喜目谷"，5 月正式开门营业。自花谷景区试运营起至 2016 年 4 月底，来到仁吉喜目谷休闲旅游的游客持续增多。一年内，接待游客约 25 万人次，实现门票收入约 130 万元，让当地老百姓真真切切尝到了产业扶贫的甜头。水磨镇借助资源优势助推脱贫奔小康的"产业扶贫"模式也成为四川省"精准扶贫"新亮点。随着仁吉喜目谷的游客逐步增多，景区对内辐射周边农村和农民的作用逐渐显现。水磨镇党委、政府动员周边的村寨围绕景区建设、猕猴桃、中药材三大优势特色产业，整合 3 个合作社，带动 30 户农户发展特色产业。农民不仅可以通过销售特色优质农产品受益，也可以通过为庄园打工获得劳动报酬，从而提高收入水平，实现脱贫致富。

11.4.4 水磨古镇居民就业概况

水磨古镇采取就近就业的原则解决居民基本的生计问题，同时，出台了众多的优惠政策，鼓励当地居民进行创业，从而为当地居民创造了更多的就业机会。水磨古镇为创业者提供了一个创新创业基地，同时给予创业者相关的创业理论方面的培训以及实践过程中的指导。水磨古镇的西羌汇园区就是集合了多平台的创业基地，其中包括四川通发广进人力阿坝职业培训学校、汶川县妇女创新创业示范基地、汶川返乡农民工创新创业孵化园以及汶川县青年大学生创新创业孵化园等。

截至 2017 年 6 月底，水磨古镇现有餐厅 85 家，宾馆、饭店 80 家，农家乐 30 家。其中，星级农家乐 5 家，共有床位 5 500 个，提供了 1 300 余个工作岗位。2017 年上半年，水磨古镇共接待游客 150 余万人次，实现旅游收入约 3 500 万元。在仁吉喜目谷项目建设中，水磨镇优先使用本地贫困劳动力和安置小区闲置人员，让群众就近务工，就近增收，在旅游产业建设过程中受益。至 2016 年，项目建设过程中已经解决就业常设岗位 60 个，带动解决附近就业岗位 1 000 个，解决贫困人口就业 12 人，实现劳务收入约 80 万元。

11.4.5 水磨古镇环境效应

水磨镇灾后重建在满足迅速恢复的基本要求的基础上，调整产业结构，挖掘自然景观和历史文化资源。水磨古镇定位为"汶川生态新城，西羌文化名镇"，将"生态"和"文化"作为灾后重建的核心理念。水磨古镇由震前的高污染、高能耗、高耗水的"三高"工业重镇逐渐转变为环境友好、独具羌藏特色、以第三产业为主导的山水旅游小镇。经过两年重建、三年恢复，水磨古镇整体环境有了很大的改善。

1. 自然环境效应

水磨镇始终围绕"一湖两岸四区"的总体空间布局，坚持"旅游统筹、一三互动、接二连三"的发展思路，精心打造以文化、教育、安居、旅游和现代服务为主的"世界汶川·水墨桃源"。水磨镇大力发展生态化城镇，城镇配套功能进一步完善，羌城新城镇和旅游集镇初具规模；大力实施"三百"示范工程，创建了 2 个精品旅游村寨、16 个幸福美丽村寨。城乡基础设施、人居环境、群众生活水平得到全面改善，人民生活水平和生活质量明显提高。水磨镇深入推进川西藏区生态建设与保护，认真开展秋季、春季植树造林工作，完成义务植树 1 200 余株，绿化荒山荒坡 80 000 平方米，新造柳杉 4 288 667 平方米，农业产业化发展奖补种植中药材 473 333 平方米。

2. 人文环境效应

积极开展关心爱护干部工作，加强群众心理卫生服务工作，主动搞好服务，积极做好农民就业培训，同有关部门结合，有计划地组织好劳务输出，鼓励农民"离土离乡"闯市场；按照全县发展要求，借助高校的教学科研成果和人才优势，推进水磨镇社会、经济、文化全面发展；完善污水管道、吊桥、绿化等生活配套设施建设，完成水磨镇档案服务中心建设；继续推行"两免一补"和"分级诊疗"政策；全面完成计划生育各类指标和任务；做好五保户供养工作，集中敬老院供养 9 人；教育工作稳步推进，在校中小学生巩固率达 100%，全镇中小学适龄儿童入学率达 100%。

水磨镇政府定期组织对景区旅游市场环境的监督检查，针对水磨古镇旅游发展存在的问题组织了旅游环境专项整治 13 次，整治规范了景区经营管理活动、经营秩序、景区交通环境，提升了景区旅游行业综合形象。针对旅游景点及周边无照经营、超范围经营、非法营运、私拉倒运等行为，进行重点查处。

11.4.6　水磨古镇的智慧景区建设概况

水磨古镇现在虽实行了全镇无线网覆盖，但其覆盖范围有限，仅仅局限于禅寿老街景点，今后将推行"互联网+物流"模式，加快"智慧水磨"网络推广平台建设，构建"微游水磨、微购水磨"，以智慧营销带动周边产业联动发展，为"指尖控"旅游族提供舒适旅游体验。

11.5　北川县吉娜羌寨和石椅羌寨

11.5.1　擂鼓镇吉娜羌寨

北川县擂鼓镇东接通口镇，南邻永安镇，西靠安县千佛镇，北抵曲山镇，"5·12"震前为北川县的重点镇，属北川县的南大门。擂鼓镇距原县城（曲山镇驻地）8 千米，距离绵阳市区约 60 千米，距新县城永昌镇约 25 千米，是县城通往安县、新县城和绵阳的门户，安（县）北（川）公路穿境而过，连接北川新县城和北川老县城（现为地震遗址公园）的山东大道穿镇而过。镇域面积 145 平方千米，耕地 10.87 平方千米，辖 30 个村、1 个居委会。全镇总人口 18 327 人、5 418 户，农业人口 16 544人，少数民族人口 3 175 人，镇驻地人口 6 800 人。擂鼓镇是北川县的工业基地，现有大小企业上百个。2015年，实现镇域生产总值8.03亿元，其中工业生产总值5.74亿元，农业生产总值1.24亿元，第三产业实现收入1.05亿元；农民人均纯收入7 399元，城镇居民人均可支配收入17 620元。

1. 吉娜羌寨概况

吉娜羌寨系北川县擂鼓镇猫儿石村一社、二社范围内羌族居民聚居的村寨。寨子左边是花椒坪，右边是厚皮山，正背面是扎口寺。吉娜羌寨在"5·12"大地震中损失惨重，羌寨71户人家有69户房屋倒塌，26人遇难。

吉娜羌寨是震后第一个恢复重建的寨子，被誉为"羌乡第一寨"。2008年年末，280多名原羌寨居民已全部搬回新寨，迁入新居。羌寨从山麓顺次而上，依山就势，层层叠叠，错落有致，与自然山水和谐相融，美观而有特色，堪称现代羌族民居一绝，故按羌寨极品之意取为吉娜羌寨，是一处保护、传承和发扬原生态羌族文化的样板地区（见图11-38至图11-41）。

图11-38　北川擂鼓镇吉娜羌寨碉楼①

---

① 图片来源：图11-38至图11-51由编写团队成员杨晓宇拍摄。

图 11-39 北川擂鼓镇吉娜羌寨村道路

图 11-40 北川擂鼓镇吉娜羌寨文化广场

图 11-41　北川擂鼓镇吉娜羌寨一角

2. 吉娜羌寨的乡村旅游

吉娜羌寨由于其地震效应以及独特的地理优势，在恢复重建期间借势发展旅游，使得人民的生活有了保障。吉娜羌寨较快地完成了灾后恢复重建工作，在 2009 年，吉娜羌寨开始发展旅游业，重建时仅有 71 户人家。在恢复重建期间，羌寨中大多数人员从事旅游经营活动，收入也以旅游收入为主，约占总收入的 60%，同时外出务工收入约占 30%，剩下的 10% 为政策性收入。2009—2012 年是吉娜羌寨旅游发展的黄金时期，全村平均每年接待游客 50 余万人次，实现旅游收入几百万元。2013 年以后，羌寨旅游经营情况变差，且旅游收入极不稳定，最好时年旅游收入可达 10 余万元每户，最少时仅有几千元每户。吉娜羌寨的乡村旅游存在诸多问题，如村民意见不同、思想意识不同、缺乏专业经营管理者、村民只种望收的思想格局、无电商平台等。这些使得吉娜羌寨旅游发展受到严重制约。

北川擂鼓镇吉娜羌寨农家乐见图 11-42。

图 11-42　北川擂鼓镇吉娜羌寨农家乐

11.5.2　曲山镇石椅羌寨

"5·12"大地震前，曲山镇曾经是北川县的县政府所在地，是当时北川的政治、经济、文化中心。大地震后，县城整体搬迁至距离老县城 23 千米、处于永安镇与安昌镇之间的永昌镇。永昌镇是新北川版图的第 29 个乡镇，名字取相邻的永安、安昌两镇首尾一字，寓意着北川县永远繁荣昌盛。而曲山镇也向南迁徙 2.5 千米，震后镇政府改驻地任家坪村。曲山镇现有人口 10 735 人，辖 21 个村、2 个社区，其中农业人口 6 500 余人，城镇人口 4 200 余人，辖区面积 112 平方千米。2016 年，城镇居民人均可支配收入为 12 797.7 元，农村居民人均可支配收入 8 230 元。曲山镇震后前两年由于地震效应吸引了大批的游客旅游，带动了当地经济，同时促进了旅游业的发展。据调查，曲山镇震前仅仅只有石椅村和江家坝进行小规模的旅游发展，大多数村寨的旅游发展是地震带来的效应。曲山镇以农业为主，除了石椅村以旅游为主打产业外，其他村落从发展旅游业中获得的收益大约占总收入的三分之一，且旅游发展不成规模。2016 年，曲山镇用于旅游接待的床位数为 300~400 个，农家乐约为 30 个，接待游客约 20 万人次，全年旅游收入约 1 500 万元。其中石椅村旅游收入接近 600 万元，加上其他种植收入、水果收入等总共接近 1 000 万元。

1. 石椅羌寨概况

北川羌族自治县曲山镇石椅村，又称石椅羌寨（羌语称"拿巴日格"），位于北川老县城东线，紧挨地震遗址纪念馆和唐家山堰塞湖。全村面积 3.6 平方千米，辖区面积 3.5 平方千米，辖 3 个村民小组，92 户，328 人。耕地面积 0.12 平方千米，辖区面积 2.67 平方千米，2016 年农民人均纯收入 16 000 元，收入以水果产业和旅游业为主。

在"5·12"大地震中，石椅村房屋受损，在各级政府的大力帮助下，石椅村按照羌风羌寨规划，重建受损房屋，实现了环境与建筑、人居与旅游发展、羌文化与现代生活的有机结合。石椅村已形成田园式新农村综合体的雏形，成为"产村相融"的示范村，并先后荣获"四川省乡村旅游示范村""三星级农家乐""全国文明村"等荣誉称号。

石椅羌寨地理环境独特，被称为"水果之乡"，以盛产早、中、晚熟绿色无公害李子，质好、品种优良的大五星枇杷，梨子，猕猴桃等水果而闻名，是四川省无公害农产品生产基地。森林覆盖率为 95%，其中，25% 为原始森林，30% 为人工造林，45% 为果园林地和茶园，生长着红豆杉、银杏及千年古树。野生动物有黑毛猴、灰毛猴、野猪、野兔、麂子、锦鸡、野鸡等。近年来，石椅羌寨依托独特的自然环境和地域文化资源大做绿色果蔬这篇文章，已经形成"石椅枇杷"品牌效应，"游神奇羌寨，品高山枇杷"也逐渐成为绵阳周边旅游的新亮点。石椅羌寨通过对"石椅枇杷"品牌的培育与深挖，以融入枇杷文化的羌族民俗歌舞为支撑，以推动线上线下定向精准营销为引领，辐射带动任家坪、治新村、楼房坪等各村新建枇杷种植基地 0.4 平方千米，同时还将相关种植技术推广到小坝乡，带动当地农户种植枇杷 0.27 平方千米。

北川曲山镇石椅羌寨情况见图 11-43 至图 11-46。

图 11-43　北川曲山镇石椅羌寨寨门

图 11-44 北川曲山镇石椅羌寨农家乐（一）

图 11-45 北川曲山镇石椅羌寨非物质文化展示馆及农家乐

图 11-46　北川曲山镇石椅羌寨群众文化广场

2. 石椅羌寨的旅游产业

"5·12"特大地震后，曲山镇党委政府在农房重建的基础上，坚持风景与建筑、人居与环境、羌文化与特色旅游有机结合，鼓励村民重新开办农家乐（见图 11-47），并确定了以"羌乡风光，茶香果甜"为核心竞争力的旅游发展方向。2009 年 8 月，在"村两委"带领下，5 户羌民以住房、果园和现金等作为资本入股，组建了北川石椅羌寨文化旅游有限公司，2013 年又成立石椅村旅游合作社，采取"公司+合作社+农户"的模式。石椅村旅游合作社现已吸纳社员 40 户，成功带动发展 7 户农家乐。2014 年全村全年累计接待游客 8 万人次左右，毛收入 500 余万元，净利润 120 余万元。2016 年，石椅村经营农家乐 13 个，累计接待游客 15 万人次左右，全村总收入接近 1 000 万元，其中旅游业收入为 600 万元左右。

图 11-47　北川曲山镇石椅羌寨星级农家乐

3. 石椅羌寨农家乐案例——绿丰园

石椅羌寨中一家名为绿丰园的农家乐（见图 11-48、图 11-49），是"5·12"地震前较早从事旅游接待的农家乐，地震前一年收入约为 10 万元，其中"石椅枇杷"销

图 11-48　北川曲山镇石椅羌寨农家乐（一）

图 11-49 北川曲山镇石椅羌寨农家乐（二）

售收入为 2 万~3 万元。目前它是全村规模最大的农家乐，一年接待游客人数为 7 000~8 000 人次，一年纯利润为 20 万元左右，一楼用餐，二楼接待住宿。绿丰园现有床位 66 张，分为 80 元和 100~120 元（分淡旺季）一间两种档次。其他农家乐一般年接待人数为 5 000~6 000 人次。

4. 电商情况

2016 年石椅村开始尝试电商销售，可接受游客在网上预订房间，同时开始在微信朋友圈销售"石椅枇杷"，最远销至天津、河南等地。村上有农村淘宝（见图 11-50）和邮政便民服务（见图 11-51）两个站点，但价格较贵，以一箱五斤的枇杷为例，快递价格高达 25 元。这样的电商模式仍处于探索阶段，仅有部分农家乐开始尝试。与吉娜羌寨一样，石椅羌寨在网络销售中面临较大困难，具体表现为：利益分配不均导致农村合作社难以维持，无法将全村人团结在一起，品牌影响力弱；缺乏相应的技术支持，网站建设举步维艰。

图 11-50　北川曲山镇石椅羌寨农村淘宝服务站

图 11-51　北川曲山镇石椅羌寨邮政服务站

11.6　地震遗址区乡村旅游现状分析及发展建议

2017年6月，傅广海教授带领研究团队实地调研考察的六个乡村均是在"5·12"汶川地震后发展乡村旅游的，由于地震旅游产品效应和政策的原因，吸引了大量的游客，旅游的社会经济效应凸显。有的村落在发展乡村旅游的过程中成效显著，有的村落已经形成了比较成熟的产业链。但是，在调研考察中也发现，地震遗址区的乡村旅游在地震旅游产品效应逐渐减弱的背景下，由于缺少创新，对外地游客的吸引力开始下降，游客人数和旅游收入的增幅放缓甚至有所下滑。

德阳绵竹年画村震后经过几年的发展，已形成较为成熟的年画产业，带动了当地经济发展和居民就业。同时，年画村规划了与季节相关的水果种植产业以及养殖业。年画村已经逐渐形成了较为成熟的年画产业，也有了自己的年画品牌以及创业基地。但是，年画村仅靠观光旅游已经不能够留住大量游客，也不能增加游客的回头率。年画村缺少旅游体验项目，不能够满足大众游客的需求。

德阳什邡的马祖村是以禅宗文化为主题的小镇。马祖村抓住震后旅游发展机遇，发展旅游业。马祖村当前的旅游开发模式属于自给自足的模式，没有外来投资商，所有旅游项目发展均是通过当地居民自筹，旅游基础设施不完善。马祖村目前整个村落的农家乐数量不到10家。同时马祖村以禅宗文化打造的康养服务产业处于起步阶段，品牌效应较弱，旅游宣传不给力，旅游产品单一，没有能够留住游客的拳头旅游产品。

汶川三江乡在震前就已经开始发展乡村旅游，打造了一个景区——三江生态旅游风景区。"5·12"汶川特大地震使景区受损严重。三江乡借灾后恢复重建机遇在恢复三江生态旅游风景区建设时，积极打造其他景区，如鹞子山养生堂、潘达尔景区、水乡藏寨等景区，但是由于体制不健全、基础设施不完善、资金问题，后期经营不善，没能够与三江生态旅游风景区形成互补优势，因此，三江旅游发展不够理想。

汶川水磨古镇是景区与村镇合二为一的社区，在旅游发展中具有典型性。水磨古镇借助震后恢复重建的机遇，积极进行转型升级，试图由工业小镇转型为以第三产业服务业为主的旅游小镇，但是，仍然任重道远。目前仅有禅寿老街及其周围能够吸引游客，其游客量较震后高峰期减少较多，古镇上许多商业小铺呈现歇业状态。水磨古镇亟须解决旅游发展动力不足的问题，用管理体制创新、经营模式创新和产品创新来驱动发展。

北川的两个羌寨——吉娜羌寨和石椅羌寨也要考虑可持续发展问题。位于北川地震遗址中心的曲山镇在震后发展了多个品牌，如防灾减灾文化品牌、石椅枇杷品牌、年猪文化节品牌、腊肉品牌、手工茶品牌、乡村旅游品牌等，但是这些品牌没有形成相应的品牌效应，其特色产品多是当地居民以户为单位的小规模经营，未能像绵竹年画村的年画那样形成一条产业链。曲山镇现在的重点项目，如创建并提升"绿韵羌香"生态旅游区、打造应急产业先行区、优化农业结构创精品农业、"互联网+"助推现代农业发展、促进旅游与羌文化融合等，目前只是处于初步构想阶段，其发展速度较慢。其中的"互联网+"项目，涉及范围和对象不够全面。

通过实地典型调研，我们了解到，地震遗址区乡村旅游存在的主要问题是旅游发展后劲不足，旅游的季节性太强，旅游产品开发深度不够、产业链太窄，宣传力度持续性不够、有效性不强等。

今后要在旅游环境提升和产业化上下功夫。所谓旅游环境提升，实际上就是提升旅游产品的吸引力。这是一个系统工程，即通过持续的生态修复、国土整治、环境管理、服务水平提升，让游客在旅游过程中和旅游目的地随时感受到随处可见的美景、触手可及的温暖、无微不至的服务。这是"全域旅游"时代背景下对旅游供给侧改革提出的新要求。所谓产业化，就是拓宽和加深旅游产业链，从政府到旅游行业都要下功夫，完善吃、住、行、游、购、娱六大产业链。实施全产业链旅游化、全生产要素旅游化，推动门票经济、景区经济与全旅游要素经济、产业经济共生共荣，形成"全域布局、全业支撑、全民参与、全程服务"的发展新模式。这种旅游供给模式是把旅游作为生活有机构成部分的现代小康社会的大众所期望的。

要大力推动从观光旅游向休闲度假旅游转型、从传统农家乐旅游向现代乡村度假旅游转型，强化乡村体验、乡村购物、乡村休憩功能，在打造核心产品和个性化特色服务上下功夫。而当地政府要在公共信息、公共交通、公共安全方面提供保障。

参考文献

［1］林天宏，贺延光. 变成坟墓的村庄［N］. 中国青年报，2008-06-15.

［2］范晓. 地震堰塞湖从达摩克利斯剑到新景观［J］. 中国国家地理，2008（9）：16-18.

［3］邵琪伟. 中国旅游业应对重大自然灾害机制研究［M］. 北京：中国旅游出版社，2012.

［4］马星. 灾后青川县乡村旅游发展研究［D］. 杭州：浙江农林大学，2011.

［5］杨丽梅，王复国. 都江堰市聚源中学"5·12"综合救援案例评析［M］//魏礼群. 应急管理国际研讨会论文集. 北京：国家行政学院出版社，2010.

［6］李忠东. "地开花"，埋了整个村子——银厂沟风景区纪实［J］. 人与生物圈，2008（4）：20-30.

［7］谌文武，张景科，向忠阳，等. 都江堰深溪沟地震遗迹现状及初步保护方案［J］. 敦煌研究，2010（6）：46-53，129-132.

［8］曾秀梅，谢小平，陈园园. 青川东河口地震遗址公园景观与旅游解说系统的构建分析［J］. 云南地理环境研究，2010（6）：76-79，95.

［9］韩扬. 彭州领报修院的震后修复研究［J］. 中国名城，2009（4）：51-56.

［10］邱沛篁. 汶川地震报道中我国传媒力量透视［J］. 西南民族大学学报（人文社科版），2008（11）：185-188.

［11］王怀茂. 百年教堂瞬间逝 记忆长存教友心——四川白鹿镇领报修院［J］. 中国宗教，2008（7）：62-63.

［12］刘庆余，李娟，张立明，等. 遗产资源价值评估的社会文化视角［J］. 人文地理，2007（2）：98-101，47.

［13］任葆德. 对我国地震旅游资源开发利用的探讨［J］. 灾害学，1993（4）：86-91.

［14］高书军. 上海市旅游业经济效应分析——基于投入产出方法的实证研究［D］. 上海：上海财经大学，2007：1-2.

［15］周丽. 湖南省旅游产业经济效应实证分析［D］. 长沙：湖南师范大学，

2011：47-48.

[16] 刘艳. 甘肃省旅游业经济效应分析 [D]. 兰州：西北师范大学，2012.

[17] 王起静. 旅游产业经济学 [M]. 北京：北京大学出版社，2006.

[18] 戴伯勋，沈宏达. 现代产业经济学 [M]. 北京：经济管理出版社，2001：116.

[19] 徐桂华. 外部性理论的演变与发展 [J]. 社会科学，2004 (3)：26-30.

[20] 沃西里·里昂惕夫. 投入产出经济学 [M]. 崔书香，译. 北京：中国统计出版，1990：89.

[21] 吴伯磊. 旅游经济效应的理论与实证研究——以北京市为例 [D]. 北京：中国社会科学院，2008.

[22] 楚义芳. 旅游空间经济分析 [M]. 西安：陕西人民出版社，1992：126.

[23] 陆林. 旅游区域经济效应 [J]. 南京大学学报，1997 (2)：53-59.

[24] 李江帆，李美云. 旅游产业与旅游增加值的测算 [J]. 旅游学刊，1999 (5)：16-19.

[25] 戴斌，束菊萍. 旅游产业关联：分析框架与北京的实证研究 [J]. 北京第二外国语学院学报，2005 (2)：7-15.

[26] 高书军. 不同实证研究中的旅游业经济效应测算范围比较分析 [J]. 经济师，2007 (4)：239-240.

[27] 刘迎辉，郝索. TSA 与 I/O 法评价旅游经济效应的比较研究 [J]. 旅游学刊，2010 (10)：18-22.

[28] 魏敏. 中国旅游经济效应的预测检验及优化研究 [J]. 财政研究，2011(12)：35-37.

[29] 张英，曾晨明. 甘肃省旅游产业关联效应和波及效应分析 [J]. 中南民族大学学报，2012 (6)：102-107.

[30] 张静，朱红兵. 黄山市旅游产业对国民经济发展贡献的分析 [J]. 黄山学院学报，2013 (4)：18-23.

[31] 邱亚利. 入境旅游对国民经济增长的贡献分析——基于省级面板数据的实证研究 [J]. 经济问题，2013 (1)：125-128.

[32] 吴娜，栾贵勤，韩婧雯. 上海旅游业创汇与就业效应分析 [J]. 中国发展，2014 (4)：71-75.

[33] 朱桃杏，陆军. 高速铁路背景下旅游经济发展空间与效率特征研究 [J]. 铁道运输与经济，2014 (7)：1-8.

[34] 吴从越. 基于旅游卫星账户的旅游业区域贡献统计方法研究——以浙江省为例 [D]. 杭州：浙江大学，2006：12.

　　［35］宋海岩，张凌云. 中国旅游发展笔谈——旅游统计与数据分析（一）［J］. 旅游学刊，2016，31（3）：3-4.

　　［36］宋海岩，张凌云. 中国旅游发展笔谈——旅游统计与数据分析（二）［J］. 旅游学刊，2016，31（4）：1-3.

　　［37］王晶. 我国旅游经济统计核算方法现状及问题分析［J］. 中国乡镇企业会计，2013（2）：95-96.

　　［38］常莉，康蓉，李树民. 世界旅游组织与我国旅游统计体系的比较［J］. 统计研究，2005（7）：24-27.

　　［39］任鸣，邱宏亮，金建江. 国内旅游统计的问题及对策建议［J］. 中南林业科技大学学报（社会科学版），2013，7（2）：5-7.

　　［40］齐爽，张清正. 国内外旅游业经济效应研究述评［J］. 生产力研究，2012（5）：254-255.

　　［41］张恩英，薛婉婷. 旅游业统计问题研究［J］. 统计与咨询，2016，3：19-20.

　　［42］汪燕珍. 灾后汶川旅游业发展研究［D］. 成都：西南交通大学，2013：16-17.

　　［43］郑柳青，邱云志. 基于灾后旅游重建的"汶川模式"研究［J］. 四川师范大学学报（社会科学版），2011，38（3）：107-108.

　　［44］山东省援建北川工作指挥部. 北川新县城异地重建模式研究［J］. 四川行政学院学报，2010（3）：40-43.

　　［45］李庆娇. 北川灾后重建开发地震遗址旅游的必要性分析［J］. 实证分析，146.

　　［46］范晓，艾南山. 成都平原与龙门山：环境、可持续发展与灾后重建［M］. 北京：中国林业出版社，2009.

　　［47］MILLER R E, BLAIR P D. Input-Output Analysis：Foundations and extensions, Englewood Cliffs［J］. Prentice Hail, 1985.

　　［48］BLAKE A, SINECLAIR M T, SOFIA J A C. Tourism productivity：evidence from the United Kingdom［J］. Annals of Tourism Research, 2006, 33（4）.

　　［49］DANIELS M J. Beyond input-output analysis：using occupation-based modeling to estimate wages generated by a sport tourism event［J］. Journal of travel research, 2004, 31（1）：180-199.

　　［50］LAPIERRE J, WELLS S. A proposal for a satellite account and in formation system for tourism［J］. Presented at the WTO International Conference on Travel and Tourism, 1991.

　　［51］MASSIEU S. A System of Tourism Statistics（STS）：Scope and content［J］. John Lennon, 2001：4-14.

［52］ STATISTICS CANADA. Canadian Tourism Satellite Account Handbook. Income and Expenditure Accounts Technical Series, Catalogue No. 13 ［R］. Ottawa, 2007.

［53］ MORISSETTE C. Provincial and Territorial Tourism Macroeconomic Statistics: A Proposal for Developing Provincial and Territorial Tourism Macroeconomic Statistics ［R］. Ottawa: Statistics Canada, 2010.

后 记

2008 年 7 月，笔者接受四川省旅游协会的委托，对"5·12"汶川特大地震主要影响区域汶川、都江堰、彭州、德阳、绵阳等县（市）的震迹旅游资源进行了系统考察和梳理，在取得大量一手资料的基础上，对龙门山构造活动断裂带地震旅游产品开发的原则、思路、战略、策略等提出了系统的构想。多年来，笔者及所带领的研究生团队持续关注这些区域的灾后重建工作及效果。本书既有对地震遗址旅游产品开发的规划构想，又有对灾后地震遗址旅游所产生社会经济效应的系统分析。

在写作过程中，笔者需要收集大量的资料，并多次到实地进行考察，四川省旅游发展委员会（以下简称"四川省旅发委"）的胡斌副主任、四川省旅发委规划财务处的袁世军处长，特别是四川省旅发委规划财务处的庞军同志为我们提供了丰富而翔实的资料。北川县文化广电新闻出版和旅游局、汶川县旅游局、青川县旅游局、绵竹市年画村村委会、什邡市马祖村村委会、汶川县三江乡乡政府、汶川县三江乡草坪村村委会、汶川县水磨镇镇政府、北川县曲山镇镇政府、北川县曲山镇石椅村村委会、北川县擂鼓镇猫儿石村村委会的干部为我们提供了灾后旅游发展的第一手资料。研究生张涛、宋慧敏、余婷、骆廷、邓琼等人也为资料收集和整理付出了辛勤劳动。此外，成都理工大学的戈莹老师为调研工作提供了完善的后勤服务。在此一并致谢！

傅广海

2018 年 1 月 5 日于成都理工大学东苑